Siempre hay mediocres. Son perennes. Lo que varía es su prestigio y su influencia. En las épocas de exaltación renovadora muéstranse humildes, son tolerados; nadie los nota, no osan inmiscuirse en nada. Cuando se entibian los ideales y se reemplaza lo cualitativo por lo cuantitativo, se empieza a contar con ellos. Apercíbense entonces de su número, se mancornan en grupos, se arrebañan en partidos. Crece su influencia en la justa medida en que el clima se atempera; el sabio es igualado al analfabeto, el rebelde al lacayo, el poeta al prestamista. La mediocridad se condensa, conviértese en sistema, es incontrastable

El hombre mediocre

José Ingenieros

Prólogo

El texto que tiene en sus manos no pretende de ningún modo ser un libro de política y, mucho menos, una crítica alentada por posicionamientos ideológicos (casi invariablemente convertidos en una rígida armadura que sirve de sostén y protección a quienes carecen de ideas). Aunque los sucesos que se narran están íntimamente ligados a la vida pública y a la actual gestión gubernamental que, a lomos de un populismo recalcitrante, ha dirigido a nuestro país por los cauces de la polarización, la destrucción institucional, el autoritarismo y el estatismo, son tomados aquí como un mero punto de partida, como un cúmulo de nefandos eventos del acontecer nacional que nos permiten ahondar y reflexionar en lo que verdaderamente importa, en este nuevo mal que flagela a las sociedades contemporáneas y que, como la temible muerte negra que entre 1347 y 1350 barrió de la faz de la tierra a cerca de la mitad de la población de Europa, se extiende sin piedad sobre naciones enteras: El encumbramiento imbatible de los mediocres, de la medianía rastrera, de las percepciones alicortas, del conformismo, del prejuicio y la ignorancia que se exhiben ahora como áureas preseas, que se ofrecen a las masas como encomiables virtudes mediante una suerte de alquimia discursiva, de una infame transmutación ideológica que transforma en lealtad el servilismo, que convierte la rusticidad en sencillez, que culpabiliza los ánimos de perfección y la genuina ambición intelectual calificándolos de "aspiracionismo", que transfigura a lamebotas y lambones en apóstoles de "la causa", que rellena las oquedades cerebrales con su argamasa doctrinaria, con esas "ideas pétreas" que hacen de la racionalidad o la argumentación sus más acérrimos enemigos. Tocados por la vulgaridad, la desmesura, la pequeñez intelectual, la ausencia de escrúpulos y la ambición desmedida, los mediocres se adocenan, se aferran como lapas a sus monolíticos esquemas, a sus "verdades absolutas", imbuidos de cerrazón y fanatismo, reacios a la crítica y a la discusión de las ideas. Su vocación es el rebaño, la sumisión indigna, la incondicionalidad complaciente de las marionetas; se plegarán ante el capricho de algún mesías secular y defenderán como perros rabiosos sus "consignas doctrinarias", repudiarán el diálogo y la concertación, reducirán la riqueza, la pluralidad y la diversidad del hombre mismo a concepciones polares, a visiones maniqueas, a una empobrecida concepción binaria de la realidad, en donde lo blanco se opone a lo negro y el color es una especie de atentado imperdonable a su daltónico intelecto; renegarán del amplio espectro de matices y opiniones que han forjado el progreso y la evolución misma del pensamiento humano. De ahí su simplismo, su proclividad a los colectivismos, su propensión a las monomanías; la ciencia, la reflexión, las opiniones expertas, los hechos constatables y verificables, cederán el paso a los imaginarios colectivos, a los eslóganes irreductibles, a la invención pura y simple y, en el ejercicio del poder, a la narrativa de la demagogia y de la posverdad con la que intentan legitimar sus yerros, los abusos de su proceder autoritario, sus dislates ideológicos, sus "preceptos morales" hechos a la medida de su sinvergonzonería y su tartufismo. Así, entrenados para el seguidismo, entregados al "pensamiento gregario", desdibujados por la homogeneidad de su grey, se apuntalarán en la credulidad ignorante de las masas, en la instrumentalización del odio, de la pobreza o las desigualdades sociales. Donde reina la mediocracia, desparece el individuo; abandonar el redil, renegar de los moldes comunitarios que nos hacen "pueblo", tomar la bandera de la autodeterminación como derecho, aspirar al crecimiento, a la prosperidad bien habida y al perfeccionamiento intelectual, gozar de la independencia y del espacio de libertad que nos otorga el pensamiento, se convierte en transgresión, en un asomo de singularidad imperdonable y amenazador. Sofocar la grandeza, enlodar el mundo, pisotear cualquier brote de originalidad o de sensatez, sofocar la más mínima chispa de creatividad o de talento, son los rasgos inequívocos de la mediocridad, el sello distintivo de esas piaras rutinarias que, entre el hedor nauseabundo de su lodazal, pregonan a los cuatro vientos la idoneidad de su estercolero. Desde una perspectiva temporal, he centrado mi atención en la ya larga cadena de acontecimientos públicos que, desde mediados del 2020, parecen evidenciar los rasgos distintivos de este engendro ideológico, de este seudoproyecto de nación que sólo la "hybris" de un narcisista patológico o la pétrea e inamovible rigidez ideológica de sus adoctrinados, se atreven a catalogar como una gesta "transformadora", como un movimiento de "regeneración nacional" sin precedentes, equiparable por sus efectos y alcances a esos grandes cambios y revoluciones que han dejado su huella en los libros de nuestra historia. Se trata en realidad del imperio de la ignorancia y del simplismo intelectual, siempre aupado en la manipulación y en la complacencia popular; se trata de una demagogia deslenguada y cínica, de un desprecio inocultable por la ciencia y la experiencia, de una intolerancia furiosa a la reflexión y al disenso, de un repudio manifiesto a la diversidad de las ideas; todo brote de singularidad, todo asomo de superioridad intelectual debe ser asfixiado en aras de un servilismo despersonalizante y vil, de una adhesión incondicional que anula al individuo para convertirlo en masa; se trata de atizar los odios, las desigualdades, la marginación y la miseria para consolidar en el ideario colectivo un arreglo polar y maniqueo entre el pueblo bueno (cuya voluntad se encuentra invariablemente representada por las ocurrencias irreflexivas y dogmáticas de su autoproclamado "líder "moral") y las élites malvadas y dominantes. Así, en esta mecánica manipulativa y perversa, se tejen los populismos que, como un parásito insaciable, devoran desde el interior las instituciones y los valores democráticos que suponíamos inamovibles.

Se han acabado en la mesa los platillos de los que solían alimentarse los estadistas y los visionarios, los intelectuales y los verdaderos líderes sociales: ¡El festín de los mediocres ha comenzado!

Los rasgos inconfundibles de la mezquindad

Sin espacio para la bondad

En al ámbito estrecho de la mezquindad, no hay espacio para la bondad: A lomos de su intencionalidad utilitaria, de su voracidad egocéntrica y cruel, el mezquino atropella, jibariza, pisotea, escatima, deambula indiferente sobre el dolor de los demás.

Pronto a extender la mano ante el fulgor de los réditos, se abre paso con los codos, soslayando las iniquidades de su ambición desmedida. Desconoce el valor de la retribución, el sentido del resarcimiento, la nobleza de la gratitud, la magnificencia de la generosidad; replegado en sí mismo, atrapado en la retórica hermética del egoísmo y la autocomplacencia, rechaza la compasión, ignora la empatía, despreciando por igual la entrega o la renuncia, el desprendimiento o la indulgencia. Así, en el mundo solipsista del narcisista y del mezquino, se difuminan los demás, se desvanece poco a poco la presencia de los otros, devenidos en objetos, transformados en "cosas", en meros instrumentos de sus caprichos y pretensiones. Insensible al sufrimiento ajeno, justificará la estela cruel, el daño colateral, el mal necesario de su "infalible" trayectoria.

En uno de los puntos más álgidos de esta infausta pandemia, tras la muerte de casi 900 niños a consecuencia de la covid 19; cuando intentamos mitigar el miedo de nuestros hijos, detener la cadena de transmisión del virus y lograr la pretendida inmunidad de rebaño; cuando contabilizamos casi 90,000 niños contagiados en el marco de una enfermedad prevenible y mitigable; cuando la enfermedad en los niños expone a los adultos vulnerables al contagio y a la muerte; cuando numerosos países en el mundo se han unido a la vacunación de los pequeños; cuando el fallecimiento de un solo niño implica una vida segada de raíz y decenas de años perdidos por su muerte prematura; cuando la vacunación es un derecho universal de la infancia y una obligación irrenunciable del Estado; cuando se ha demostrado una y otra vez la inocuidad de la vacuna en la niñez; cuando un derroche de "austeridad" imbécil pone en juego la salud de nuestros hijos, ¿puede haber una muestra más reprochable de vileza y mezquindad extrema que la incomprensible negativa de nuestro intento de presidente de vacunar a nuestros pequeños? ¡Despliegue inaudito de ignorancia y de ruindad justificado sin recato por medicastros sin escrúpulos!

¡No señor Obrador!: No se trata aquí de pretensiones conservadoras o de intereses ocultos. ¡Se trata de las vidas que minimiza y desprecia, de su ruindad intolerable, de su inocultable mezquindad!

De los peligros del prejuicio: Las rutas de la intolerancia

El refugio de la ignorancia

Los prejuicios son la razón de los tontos

Voltaire

El prejuicio es a menudo la antesala de la ignorancia, la parálisis irreversible de la capacidad reflexiva; erróneo e inflexible, apresurado y prematuro, anticipa sus conclusiones cegándose a los hechos. Teje certezas sorteando los datos, ignorando la evidencia, prescindiendo del examen de la realidad y de los hechos. Es siempre obstáculo, opinión anticipada, deliberación impulsiva y apriorística que nos impide sumergirnos en el alma de los otros; descalificación insensata de lo desconocido, hostilidad injustificada que emana del preconcepto, de la visión deformada del mundo y de los "otros". Impermeable al conocimiento nuevo, establece a menudo su arreglo vertical, situando al prejuiciado en el plano superior, en el pedestal que lo sitúa por encima de los demás. De ahí la antipatía gratuita, el posicionamiento férreo, la evitación sistemática, los juicios sin fundamento, las generalizaciones sin sustento, el rechazo intransigente y automático de un individuo o grupo.

El prejuicioso reparte cualidades, rasgos y atributos, siempre a placer, desde la óptica ciega de quien se niega a ver. Elude al otro porque sí, atrapado en las redes de sus creencias preestablecidas, proclive al rechazo, a la descalificación insensata, al repudio precipitado e inconsciente.

En su dimensión emocional el prejuiciado odia; encerrado en su marco autorreferencial, incapaz de asomarse con visión abierta al ámbito de lo distinto, enjuicia sin conocer, señala sin mirar, descalifica sin oír, rechazando sin miramientos todo lo que considera ajeno a su entorno privativo. Pero el prejuicio no es inocuo; por sus caminos transita la destrucción injustificada, la exclusión del "diferente", la anulación y el acoso del que "no pertenece".

Inconcebibles en este contexto las ignorantes y prejuiciosas declaraciones de la directora general del Conacyt, María Elena Alvarez-Buylla Roces que, haciendo alarde de su analfabetismo funcional y en perfecto arreglo con las sandeces ideológicas de su mesías tropical, reveló en "La Jornada", su desnutrición mental:

"El neoliberalismo fue impuesto a la sociedad mexicana con base en el postulado de que todo es mercancía, idea perversa contraria al acuerdo civilizatorio que reconoce la existencia de derechos humanos inalienables. Este postulado promovió la privatización del conocimiento, de la ciencia y de la educación. Privatizar el conocimiento significa eliminar el papel de la escuela como servicio público [...].

La aquiescencia de la administración pública federal con el credo neoliberal dio lugar a problemas importantes. El más grave de los cuales radica en la mercantilización del posgrado. Cerca de 400 mil alumnos siguen estudios de posgrado en México, pero sólo 36 por ciento están inscritos en programas de IES públicas. La mayoría de los posgrados privados son un negocio que vende conocimiento con poco énfasis humanístico, científico o aplicado a la incidencia social y ambiental.

¿Por qué un mexicano preferiría seguir un posgrado privado y no uno público? Por una razón no muy distinta a la que explica por qué un niño prefiere comida chatarra peligrosa para su salud a la ingesta de alimentos nutritivos"

¡Menuda reflexión, si es que merece ese nombre! Despilfarro de imbecilidad empapado de prejuicios. ¡No señora...el sol no se oculta por sus gafas oscuras! Desde la óptica miope de su prejuiciosa torpeza, los matices desaparecen, la realidad se reacomoda, el mundo se ajusta a esa concepción simplista y absurda de su "mente" ideologizada.

¡Ay de Usted si no ha bebido en las inmejorables aguas de la enseñanza pública!: Renuncie a sus demonios y reniegue de su ignominioso e indeseable saber. !Extírpese el lóbulo frontal hasta que haya eliminado el último destello de su conocimiento privado! Y si aún queda en su dieta algún residuo de su mercantilizado discernimiento chatarra, refúgiese en la idiotez de la ignorancia y del prejuicio.

De la desinformación: La mentira por comisión y la omisión por conveniencia

El covidcito

Controlar, deformar, banalizar, minimizar, ocultar o tergiversar la información, incluso a contracorriente de los hechos, las evidencias o la ciencia, sólo para influir en la opinión pública, obtener un beneficio personal o favorecer determinados intereses políticos o económicos, constituye la esencia misma de la desinformación: Fenómeno distinto al desconocimiento o a la omisión involuntaria por su intencionalidad consciente, por su naturaleza manipulativa y sus pretensiones ocultas. En la intención de engañar, en la instrumentalización que hace el emisor de la ignorancia o de la credulidad irreflexiva del receptor (siempre proclives al seguidismo y a la sugestión), radica su poder, su capacidad para imponer esa nueva y extraña "realidad holográfica" en que se anulan los inconvenientes, en que se esconden los yerros; esa verdad distorsionada y ficticia en la que suelen montarse las opiniones favorables, la narrativa engañosa o las decisiones propicias a las intenciones del desinformador: Engaño de dos rostros, el de la mentira por comisión y el de la omisión por conveniencia. Propagación cínica de hechos falsarios o de medias verdades; ocultamiento silencioso paras esconder la realidad.

Travestida por esta suerte de alquimia retórica, la desinformación disimula los hechos, suprime las contradicciones, anula las evidencias, altera la naturaleza misma de los sucesos dotándolos de un halo de verosimilitud que hace posible la difusión descarada y cínica de toda clase de engendros narrativos. De ahí su impunidad, su desprecio patente por la evidencia y la congruencia interna; planificada y "creíble", estructurada y consistente, la desinformación consigue reemplazar la realidad, burlar el filtro de la reflexión y la coherencia, dar sentido aparente a la más evidente de las imbecilidades discursivas.

¿Puede haber mayor descaro desinformativo que la trivialización sistemática, las afirmaciones seudocientíficas y la red de mentiras que nuestro inquilino de Palacio y sus obedientes medicastros han construido en torno a la eminente cuarta ola de covid 19 en el país? ¿Puede haber expresión más mezquina y deleznable que minimizar los evidentes riesgos de Ómicron tras la crisis sanitaria y la saturación hospitalaria que viven las naciones más desarrolladas de Europa, a pesar de sus mayores tasas de vacunación comunitaria? ¿Puede haber mayor ruindad que negar la vacunación a la población infantil que se ha visto particularmente afectada por la nueva variante viral? ¿Hay acaso un mayor despliegue de mesianismo e ignorancia que suponer que la sobada "fortaleza moral" de nuestro líder bananero trazará en el destino sanitario de los mexicanos un rumbo distinto que el observado en Europa? ¿Puede haber una falta mayor de empatía y de desprecio por el valor de los demás que presentarse a su acostumbrada reunión mañanera con síntomas claros de covid 19?

Su aberrante declaración parece encerrar, en unas cuantas palabras, toda la vileza y la ruindad de la que es capaz:

"Tomen paracetamol, permanezcan en su casa, aíslense y eviten contagiar a otras personas, en la gran mayoría de las personas vacunadas la variante Ómicron es un covidcito', o sea, que no tiene la potencia que tenía la variante delta"

¡No hay peor "regla" para medir el tamaño verdadero de la covid, que la ignorancia y la estupidez!

Sobre la calumnia y la máscara rota de la mentira

Las orejas del asno

La verdad no requiere de ropaje alguno; desnuda y luminosa, diáfana y contundente, se expresa sin cortapisas, en el fluido lenguaje de la razón y de la sensatez: Sin el pesado lastre de la mendacidad y del embuste, transita ligera, impoluta ante la calumnia, serena ante la mentira, nítida ante la turbidez de la falsedad y la impostura.

Así la imaginó el insigne pintor florentino Francesco Furini en su "Alegoría de la Verdad". En esta obra maestra del arte barroco, la verdad es representada como una mujer con el torso desnudo que emerge luminosa de un ropaje azul, delante de un fondo tan oscuro como el engaño. En su mano se aprecia una máscara rota, frágil y hueca como la falsedad y el fingimiento; careta de los mentirosos y de los falsarios, de los calumniadores y los embusteros. Máscara ineficaz y quebradiza en la que se esconde la insinceridad, la pequeñez intelectual, la incompetencia o la maldad. Rostro inconfundible del mediocre y del cobarde; estigma de los espíritus mendaces y de las personalidades rastreras.

Nada más mezquino que la calumnia; calculadora y vil, clava sus dientes en la reputación ajena, ensucia al otro para limpiar su podredumbre; aconsejada por la impostura y alentada por la perfidia, se refugia en la maledicencia, se agazapa en las sombras para inyectar su ponzoña: Miente con facilidad, oculta e insidiosa, subrepticia y cínica; deshonra e infama, para ignorar en el espejo su podredumbre interna.

¿No son acaso la calumnia, la difamación, la insinuación falaz o la imputación mentirosa las expresiones más miserables de los envenenadores? Despreciables por su forma y reprobables por sus efectos, merecen el castigo del peor de los pecados.

¿Puede haber una muestra más deplorable de impudicia y deshonestidad que las declaraciones del Secretario de Salud Jorge Alcocer (avaladas y aplaudidas por su titiritero), en las que responsabiliza a los médicos de las miles de muertes que ha generado el desabasto imperdonable de medicamentos causado por su impericia e ineptitud? ¿De qué magnitud debe ser la desfachatez y la desvergüenza para que los artífices de una estrategia criminal y anticientífica en el contexto de la pandemia, se atrevan a señalar con dedo acusador a los médicos que ofrecen su vida para salvar otras?

Aunque entrecortado y a menudo incomprensible, su acostumbrado galimatías (inconcebible en un funcionario público de tal envergadura) reveló una faceta más de su infamia y su osadía:

"(...) Hay una serie de argucias y que son muy metidas en médicos, en personal de trabajadoras sociales, por señalar a alguien, no estoy estigmatizando, señalar quiénes participan en esa cadena.

Y quiero tan sólo mencionar la experiencia que quiero también agradecer al señor presidente la gran oportunidad de que nos haya ubicado el cambio de la sede de la secretaría a Guerrero. Guerrero tiene todo eso y en Guerrero hemos, y estamos trabajando, sólo nos quedan dos hospitales, dos centros de salud, ni siquiera hospitales, a visitar, y es desastrosa la situación.

Y en todos ellos hay almacén y en todos ellos hay situaciones de ese tipo que se tienen que asegurar que los médicos, y estoy diciéndolo puntualmente, porque cada rato lo encuentro, los médicos son los que manejan ese eslabón, esa unión, esa pieza, de que ellos dicen: 'no hay' y saben que hay, y todavía dicen: 'No le mandes la receta a fulano de tal porque él sí la va a pagar', es decir, la va a pagar el paciente.

Entonces, en la consulta misma definen quién va a pagar la medicina que está ya claramente identificada y firmado por los directores de los hospitales y de los centros de salud, que nos ha costado trabajo hacerlo."

¡Marioneta de la infamia y del engaño palaciego! !Tapadera infame de un genocidio que, en su servilismo y su ambición, pretende esconder tras el telón de la seudociencia! Sólo faltaba el peor de los recursos en su cadena infame de ocultamiento y de mentiras: La calumnia.

Nada más revelador de la condición del calumniador que una de las obras maestras del pintor italiano Sandro Boticelli: La calumnia de Apeles. En ella, el rey Midas (con sus orejas de asno), señala al calumniado, aconsejado por dos mujeres que le hablan al oído (la ignorancia y la sospecha). El calumniado se encuentra desnudo (pues nada oculta) y una mujer antorcha en mano (la calumnia), lo arrastra por el suelo asido por el cabello, acompañada por tres misteriosos personajes, inseparables compañeros de la calumnia (la impostura, la perfidia y el odio). Pero ahí, en la infamante escena, se yergue la verdad. Esa mujer desnuda y luminosa que apunta hacia el cielo para clamar justicia.

¡Bajo el gorro frigio de nuestro ínclito secretario, emergerán tarde o temprano las orejas de asno que ocultaba el rey Midas!

El valor de un libro: Algo más que papel y palabras

Los ridículos de la ignorancia

"La educación no puede cambiar el mundo, pero puede cambiar a las personas que pueden cambiar el mundo"

Paulo Freire

La educación es ante todo un camino y un proceso; el despliegue de las potencialidades individuales, el logro de la conciencia social entendida como reconocimiento del otro en un plano de igualdad, el reforzamiento de los valores universales, el surgimiento de la creatividad innovadora, la construcción de la identidad cultural que, en un sentido holístico, nos permite reconocernos en nuestros rasgos comunes y entender al mismo tiempo el derecho a la diversidad, son tan solo las resultantes, los propósitos últimos, las consecuencias deseables de esa larga trayectoria evolutiva, dinámica y transformadora que llamamos educación: Preparación para modificar y entender la realidad desde un plano de libertad, sin las ataduras del prejuicio o de los sesgos ideológicos; capacidad de análisis racional y de aplicación juiciosa de los conocimientos, las destrezas, las competencias y los valores que en cada etapa de nuestra formación añadimos a nuestro bagaje personal.

La educación exige algo más que un libro en las manos. Donde falta el sentido crítico y las herramientas para discernir; donde la ignorancia, el dogmatismo o la ideologización férrea restringen nuestra capacidad interpretativa; donde la precariedad, la pobreza o la marginación, impiden el acceso a los niveles superiores del saber y del entendimiento, el libro es a menudo papel y palabras o, empleado maliciosamente, un instrumento de imposición dogmática, un vehículo de propaganda ideológica o una herramienta perversa de adoctrinamiento y manipulación.

El libro como semilla de progreso y transformación, de renovación moral y consolidación de los valores sociales, sólo florece en los fecundos suelos de una formación intelectual sólida, en los amplios surcos del conocimiento universal, del pensamiento racional y del sentido crítico labrados en el marco de una educación esmerada, apegada a la verdad, libre de ataduras y de posicionamientos ideológicos.

¿Puede haber en este contexto declaraciones más falsas y absurdas que las expresadas por la señora Gutiérrez Müller en el marco del evento denominado "Fandango por la lectura", celebrado en la Ciudad de Obregón, Sonora, que en una mezcla inconcebible de puerilidad, ignorancia y pensamiento mágico, afirmó que obsequiar libros a los delincuentes habrá de modificar sus tendencias delictivas?:

"A ellos hay que regalarles un libro y decirles: Tregua, por favor. Lee, lee para que no ataques a nadie'. Les decimos: 'toma un libro'".

"A todos los agresores de estos pueblos y a los que violentan la paz de las personas, de las familias y de la nación, les decimos 'toma un libro, deja de hacer lo que haces y toma un libro'. Es el arma más poderosa que tiene una nación para vivir en paz"

¡No señora Müller! En una nación en la que el gasto educativo como porcentaje del PIB decrecerá en el 2022 un 0.06% para ubicarse en un insignificante 3.1%; en un país donde se denuesta y se ataca el pensamiento crítico, en el que se desprecia la ciencia y la intelectualidad, en el que se lesiona a las Universidades y a los científicos; en el país que de acuerdo con la OCDE registró en la pandemia la tasa más alta de no inscritos en la escuela; ante un gobierno que desaparecerá, en aras de la "austeridad republicana" trece programas educativos, sus palabras son un mero despliegue de cinismo y de desfachatez: Retórica falsaria y hueca.

Mein Kampf, el libro autobiográfico y el tratado político de Adolf Hitler, que comenzó a escribir en la prisión de Landsberg en 1924, tras haber sido condenado a cinco años de prisión, promovía las convicciones y los componentes fundamentales del nazismo (su antisemitismo rabioso, su creencia en la superioridad racial del pueblo alemán y su pretensión de obtener para el pueblo germano el deseado "lebensraum" o espacio vital). Desde 1925 y hasta el verano de 1945, el libro vendió más de 12 millones de ejemplares y se tradujo a más de una docena de idiomas, incluida una edición en braille para los invidentes alemanes. El libro no erradicó ningún tipo de violencia; antes bien, fue el catalizador doctrinario del holocausto y de uno de los más grandes desastres en la historia de la humanidad.

De la congruencia obligada entre el enunciado y la realidad: El intríngulis de la verdad

El artista del embuste

"La humanidad no se mantiene unida por la mentira. La confianza es la base de la sociedad. Donde no hay verdad, no puede haber confianza, y donde no hay confianza, no puede haber sociedad"

Frederick Douglass

La verdad, al menos en su caracterización más inmediata y natural, es coincidencia plena entre el enunciado y la realidad, entre el "dicho" y el "hecho", entre las creencias, juicios o pensamientos que expresamos y los sucesos que los corroboran. Describir con exactitud, al menos en sus rasgos esenciales, los fenómenos del mundo tal y como se presentan, adecuar nuestras afirmaciones al acontecer objetivo, confiere a nuestra narrativa su atributo de veracidad.

¿Cómo suponer que existe la honestidad donde falta la congruencia, donde la verdad se relativiza para ser lo que cualquiera quiera que sea? Cuando las apariencias, las interpretaciones personales, los deseos o la creencias se disfrazan de "verdades", cuando el discurso se monta en el viento, sin el sustento firme de la confirmación y la evidencia, sin el respaldo irrebatible de lo que vemos y lo que palpamos, no hay sino palabras huecas, "verdades de cartón", enunciados flexibles y acomodaticios, aseveraciones fatuas y mutantes.

¿Cómo creer lo que la realidad desmiente? ¿Cómo dar crédito al discurso falaz de nuestro cínico embaucador, de nuestro procaz y desvergonzado embustero, de nuestro "milagrero" de feria que a menudo reivindica, con ínfulas de iluminado, la sanación de sus cadáveres putrefactos y agusanados?

Tras las revelaciones de la Unidad de Inteligencia Financiera que dan cuenta de la adquisición por parte de Alejandro Gertz Manero, fiscal General de la República, de 122 autos de lujo por un total de 109 millones de pesos y de transferencias millonarias de la inmobiliaria Algerman (en la que son socios el propio fiscal y su yerno José Antonio Martí); tras haberse descubierto el ingente patrimonio inmobiliario de Santiago Nieto Castillo, ex titular de la Unidad de Inteligencia Financiera entre 2018 y 2021, que acumuló en sólo 25 meses cuatro propiedades y un auto por un valor de 40 millones de pesos; tras conocerse la "operación carrusel" encabezada por Alejandro Esquer, secretario particular del nuestro Inquilino de Palacio, en la que al menos 34 operadores de Morena cobraron, mediante cheques de caja, 42 millones de pesos de un fideicomiso destinado a los damnificados del sismo de 2017, ¿cómo puede nuestro prestidigitador de circo, nuestro embelecador profesional, nuestro artífice supremo de las verdades de humo, nuestro prototipo tercermundista de los embaidores y los sacamuelas, hacer tal gala de sus espasmos cantinflescos, de su "carismático" cinismo, de sus consabidas evasivas doctrinarias, y atribuir a "calumnias de la prensa conservadora" los hechos referidos?:

"Yo los considero gentes íntegras, no los considero deshonestos" [...] "Que se haga la investigación porque parece que el Reforma la trae contra Santiago (Nieto) y El Universal contra el Fiscal (Alejandro) Gertz Manero, así está. Ahora sí que, como diría el maestro (Carlos) Pellicer: sigan su camino, yo ya me voy a desayunar".

Perversión de la verdad, reconfiguración doctrinaria de la evidencia y de los hechos, menosprecio de la objetividad y los sucesos constatables; inconcebible componenda ideológica en aquel que se ostenta como el paladín de la honestidad, como el reformador moral de la vida pública, como el implacable combatiente de los vicios y la corrupción.

¡Artista consumado del embuste y la mentira, del engaño y del ocultamiento, del encubrimiento y del disfraz, del disimulo y del camuflaje! A la mentira, diría Thomas Fuller, "le gusta tener muchos vestidos. La verdad prefiere andar desnuda"

Tras la conferencia de Wannsee, donde los nazis afinaron la "solución final al problema judío", millones de personas fueron transportadas en vagones de ganado a Auschwitz-

Birkenau, Treblinka, Sobibor y a otros campos de exterminio ubicados en Polonia. Tras guardar en una maleta sus objetos de valor y sus pertenencias básicas, partían hacia el este bajo el engaño de la "reubicación". Al llegar a su destino y despojados de sus ropas, eran conducidos a las "duchas" para el necesario proceso de la "desinfección". El desenlace final lo conocemos de sobra. El humo de la mentira emergía por las chimeneas con el olor "dulzón" de los cuerpos calcinados.

La negación de la otredad como rasgo fundamental de las dictaduras: La tríada oscura de la personalidad

El festival del minotauro

En el código ético del verdadero estadista resulta obligado un rasgo fundamental, un componente definitorio e insustituible que representa el punto de inflexión, la brecha infranqueable, la frontera inmaterial (aunque visible) entre la mezquindad del político y la grandeza del visionario: El reconocimiento del "otro" en el marco de la gratuidad, en ese amplio y generoso espacio de lo "mutuo" y lo "recíproco", ajeno a la turbidez de los réditos, a la instrumentalización provechosa de las debilidades ajenas, al cálculo mezquino de las conveniencias, al ámbito egocéntrico de la necesidad personal, a las exigencias insaciables de la megalomanía. Alteridad auténtica, interlocutor hecho "sujeto"; reconocible en su individualidad y valioso en sus diferencias. De ahí la universalidad del altruista, la empatía del verdadero líder social, la capacidad del estadista de reconocerse en los demás (propios y ajenos, similares o distintos). Factor de unión y de consensos, de pluralidad y de condescendencia, de inclusión y tolerancia. Pero en este marco de mutualidad, en esta capacidad de desprenderse del "yo" para incursionar, más allá de nuestras fronteras y ambiciones, en la condición de los otros (vía inequívoca para la reconciliación, para el trabajo conjunto, pacífico y armónico de las fuerzas sociales, para sanar los rezagos y las profundas heridas sociales que han hecho sangrar las venas de nuestra patria), se levanta la amenaza, la ambición dictatorial, la mezquindad clientelar y electorera, el usufructo cínico de la ignorancia y la pobreza, la transmutación del otro en un "objeto aprovechable": Altruismo hueco, pretensión desmesurada de protagonismo y de poder, autocomplacencia ruin o hipocresía ventajosa.

Tales rasgos de insensibilidad y de egoísmo, tal incapacidad de reconocerse en el distinto; en ese que no halaga, que no asiente, que no aplaude, que no se pliega, que no desiste, que no se alinea, que no obedece, son los elementos comunes de esa malévola "aleación", de ese conglomerado bizarro y aberrante que caracteriza a los autócratas, a los dictadores, a los sátrapas de la historia; La tríada oscura de la personalidad; repulsiva fusión de narcisismo, maquiavelismo y psicopatía. Narcisismo que aporta su egoísmo, su sentido egocéntrico del derecho, su convicción de infalibilidad, su superioridad fantasiosa (que excluye de su núcleo la empatía y el interés verdadero por el "otro"), su grandiosidad poco realista; maquiavelismo, que empapa cualquier liderazgo con sus rasgos de crueldad, con su cinismo y sus facultades manipulativas, con su justificación de los medios en función de los fines, con su búsqueda de éxito a costa de los demás; psicopatía, que corona tal mezcla repulsiva con su impulsividad y su insinceridad, con su incapacidad para avergonzarse ante la desfachatez o la mentira, con su desinterés por las necesidades y los sentimientos de los demás.

¿Puede haber manifestación más pura de tan siniestra perversión de la personalidad que, en medio de la pandemia, ante la diseminación de la nueva variante del letal Sars-CoV-2, que ha sembrado la muerte y la enfermedad, que ha teñido de luto las casas de nuestros conciudadanos, que ha cobrado la muerte de 500,000 personas (más allá de las mentiras oficiales), que convocar a un "AMLO Fest"? Insensibilidad sin límite, antítesis de la empatía y del respeto por la vida. Culmen de la ignorancia y del desprecio por la ciencia, repugnante manifestación de narcisismo y megalomanía, de la inconfundible pequeñez de un idiota que se atraganta hasta saciarse con la lisonja y el aplauso.

Encerrado en su laberinto, inaccesible a los otros, insaciable y demandante, instintivo y cruel, insensible y vengativo, el infame minotauro, coronado por la enorme bestialidad de su cabeza, indiferente al dolor y al sufrimiento de los "otros", exigía su ofrenda desde el laberinto de Dédalo (inaccesible e intrincado): Las siete doncellas y los siete jóvenes que Minos le ofrecía para saciar su hambre. ¡Al carajo la sangre y el sacrificio, al diablo con la pérdida de vidas humanas!...El festival del minotauro ha comenzado.

La sobreestimación de sí mismo: El recubrimiento grotesco de la ignorancia

El delirio autorreferencial de la ignorancia

"Cuando se es mortal no hay que abrigar pensamientos más allá de la propia medida. Cuando la soberbia florece, da como fruto la pérdida del propio dominio y una cosecha de lágrimas."

Esquilo (Los persas)

En el mundo de la Grecia antigua, la mesura, la moderación y la sobriedad eran consideradas virtudes encomiables; "métron áriston" (cosa óptima, la mesura) sentenciaba Cleóbulo, y "medèn ágan" ("nada en demasía") rezaba el apotegma de Solón. La desmesura y la jactancia, la insolencia y el engreimiento, es decir, la "hybris" tal y como la entendían los sabios griegos, era merecedora de castigo divino: Quien tocado por un orgullo desmedido iba más allá de sí mismo, sobreestimando sus capacidades, sus logros o conocimientos, era devuelto trágicamente a la realidad por la ira de Némesis.

La incompetencia, la estupidez o la mediocridad, son a menudo las semillas de la fatuidad; la sobreestimación exagerada de sí mismo es tan sólo el oropel, el recubrimiento artificioso y grotesco en que se esconde la ignorancia, el reflejo mismo de la pequeñez intelectual, de la falta de atributos, de la cortedad de miras, de la incapacidad para reconocer la valía, las virtudes y los atributos de los demás. Nada más elocuente para ilustrar este binomio, esta aberrante "aleación" de la ineptitud con la vanidad que la frase de Charles Darwin: "La ignorancia genera confianza más frecuentemente que el conocimiento". Así, la estupidez se descara, se nutre del veneno dulce de la presunción y la autocomplacencia; encerrado en sí mismo, afectado por un sentido grandioso de la propia importancia, atrapado en sus fantasías de éxito y de gloria, convencido de que ha sido llamado por el universo para las grandes hazañas y las mejores causas, seguro de su naturaleza especial e irremplazable , tocado por la autoconfianza y los delirios de omnipotencia, persuadido de la rectitud moral de sus decisiones y propuestas, el idiota se entregará a su narcisismo, a sus fantasías de autoglorificación, al ensalzamiento desproporcionado de su propia imagen, a su exaltado mesianismo, al monólogo sordo de quien se piensa infalible, a la sobrevaloración del propio juicio y al desprecio por el de los demás.

Así, sin otro marco de referencia que el propio yo, encerrado en sí mismo, el ego hipertrofiado del mediocre despreciará la evidencia, los datos objetivos, el señalamiento ajeno, el argumento contundente de los hechos constatables.

En medio de este manejo criminal de la pandemia que ha ignorando la ciencia, que ha negado la vacunación a los niños y a los jóvenes, que ha posicionado nuestra estrategia de contención como la peor instrumentada entre los países de la OCDE; en este vórtice de violencia y de inseguridad que ha generado 100 mil homicidios dolosos en lo que va del sexenio (que superan ya los "muertos de Calderón y Peña Nieto"); en el contexto de esta gestión que, de acuerdo con el CONEVAL, ha generado casi 4 millones de nuevos pobres; en este país en el que han ocurrido, de enero a septiembre de 2021, 736 feminicidios (el doble de los registrados en el 2015); en el centro de este escalada de militarización preocupante que ha puesto al ejército a realizar una treintena de tareas civiles, a construir un aeropuerto y un tren, a repartir gas en los hogares, a impedir que los migrantes transiten por nuestro territorio; en el contexto de una empresa petrolera, posicionada entre las más endeudadas del mundo con una cifra de 100 mil millones de dólares y una pérdida acumulada de 22,993 mdp al cierre de la primera mitad del 2021, ¿cómo entender las absurdas declaraciones de nuestro Inquilino de Palacio?:

"Nada más imaginen, si no se hubiese dado el cambio en el 18, ya Pemex estaría en bancarrota, la Comisión Federal lo mismo, y un caos en el país. No soy adivino, pero tengo sensibilidad. Si no hubiese cambiado esa política de saqueo, el país estaría hundido, no hubiesen podido enfrentar la pandemia como lo hicimos, hubiese costado muchísimo más vidas, estaría el país destrozado.

Ahora no, nosotros tenemos estabilidad económica, financiera, no se endeudó al país, no se ha empobrecido al pueblo a pesar de la crisis económica y el prestigio de México está por lo alto".

¡Lamentable derroche de soberbia y narcisismo, expresión infame del delirio autorreferencial, sobrevaloración inconfundible del idiota y del ignaro!

La ruina de Jerjes I, quinto gran rey del Imperio Aqueménida, fue consecuencia de su desmesura y de su "jactanciosa temeridad". Con la intención de vengar la derrota sufrida por su padre Darío a manos de los griegos en la batalla de Maratón, emprendió la marcha hacia Grecia. Desafiando los dominios de Poseidón, intentó construir un puente de barcas sobre las aguas del Helesponto, para llevar a la orilla opuesta a sus numerosos ejércitos. Una tormenta generada por el dios, impidió el paso de sus hombres y destruyó los tirremes. Furioso, Jerjes ordenó un castigo ejemplar para "el agua del Helesponto", que fue "marcada" con hierros candentes, "flagelada" con 300 latigazos y "esclavizada" con los grilletes que sus hombres arrojaban al fondo mientras "la cargaban de baldones y de oprobios bárbaros e impíos, diciéndole: Agua amarga, este castigo te da mi señor porque te has atrevido contra él, sin haber antes recibido de su parte la menor injuria. Entiéndelo bien, y brama por ello; que el rey Jerjes, quieras o no, pasará ahora sobre ti".

Un nuevo puente sobre las aguas logró al fin el paso de los ejércitos. Pero aquel que "abrigó la esperanza de sujetar con cadenas, como a un esclavo, al sagrado y fluyente Helesponto, al Bósforo, a la acuífera corriente de un dios (...), aquel mortal, falto de prudencia que creía que iba a imponer su dominio a todos los dioses y, concretamente a Poseidón", fue castigado por su soberbia con la derrota y el oprobio.

La expresiones absolutas del pensamiento y la neutralización de la capacidad crítica: El peligro de las ideologías

Al pan, pan...

Recubiertas por "razones" inamovibles, planteamientos doctrinarios y creencias petrificadas, las ideologías adquieren su sólida apariencia, su engañoso oropel de contundencia "argumentativa", de verdad inapelable, de fortaleza conceptual. Tras sus trastrueques de ideas, sus burdos escamoteos intelectuales, sus malabarismos retóricos y su lógica parcial y mutilada, esconden su debilidad, su naturaleza tosca, su simplismo grotesco, su fundamentación superficial. Ajenas al diálogo con la realidad, a los ajustes derivados de la observación o la experiencia, a la vocación y a la voluntad autocríticas, se refugian en los "credos", en los manuales impuestos, en la repetición formularia, en el eslogan doctrinario, en la narración preconcebida que absolutiza el pensamiento; pretenden desarticular nuestra mente, confinarla a su función asimilativa, reconfigurarla a la medida de algún fin, cerrarla a toda injerencia relacional para evitar su "contaminación" con influencias ajenas. Las ideologías son a menudo el vehículo de la confusión, las armas letales que suelen esgrimir los ignorantes y los mediocres. De fácil digestión, achatadas por la sobresimplificación de los fenómenos complejos, afectadas por ese tipo de reduccionismo que desdeña la diversidad y desprecia los matices, dotadas de una fuerte carga emotiva y "visceral", planteadas a menudo como dilemas dicotómicos irreductibles e irreconciliables (liberal-conservador, "aspiracionista"-solidario, pueblo-antipueblo), las ideologías son un cristal opaco, una ventana estrecha para asomarse al mundo. Mientras la razón se inclina ante la verdad e intenta levantar el enorme edificio del conocimiento sobre una ingente cantidad de evidencias, sólidamente contrastadas y ancladas en la realidad, libres de prejuicios, de intuiciones o de valores subjetivos, la ignorancia del ideólogo rehúye la verificación, se atrinchera en la retórica, en la ponderación ciega de esas opiniones cerradas e inamovibles que rigen su espacio. De ahí su peligrosidad, su rigidez conceptual, su uso fuertemente "ideologizado" de las palabras y del lenguaje, su narrativa incendiaria y categórica, su pretensión de arrastrar bajo los fuertes vientos de la seducción y el prejuicio, todo intento de resistencia crítica. Así el demagogo, como el titiritero, sujeta a las masas con los hilos de su narrativa, condimentando cada palabra con una carga emocional, con el sesgo de la posverdad, dotándolas de un significado distinto, autónomo, irreflexivo, casi mágico: Así, palabras como "pueblo", "bienestar" o "transformación" han quedado convertidas en mantos de pureza, en referentes de legitimación, en sinónimos de bondad o de superioridad moral. Manipular el lenguaje es la vía más eficaz de controlar la realidad; a menudo Hitler llamó a la "paz" y afirmaba que su dictadura era la "verdadera democracia". Las ideologías intentan infiltrar en el lenguaje y en la cultura los sesgos convenientes, incorporar el prejuicio en el imaginario de las masas, modificando así su comprensión del mundo. De igual modo, como incesantes gotas que taladran la piedra, las palabras pueden horadar la mente, contaminar la conciencia con su infausto veneno, instrumentalizar los odios o el resentimiento social, capitalizar a favor de alguien el desconocimiento o la ignorancia: Así, transformado por nuestro manipulador por antonomasia en estigma y en pecado mortal, el término "neoliberal" (al margen de su verdadero significado, de sus matices, bondades intrínsecas, alcances, ventajas o limitaciones) se equipara a la maldad, a la inmoralidad misma, a la corrupción y al fracaso. Basta aproximarse a él para infectarse con la plaga inmunda, para contraer sin remedio la enfermedad mortal. Contaminación por cercanía, dardo ideológico infalible contra el disidente o contra el adversario, contra el incómodo o el crítico. No extrañan así las declaraciones aberrantes de nuestro ignorante supremo:

¿Qué hizo el neoliberalismo o qué hicieron los que diseñaron para su beneficio la política neoliberal, qué hicieron?

Una de las cosas que promovieron en el mundo para poder saquear a sus anchas fue crear o impulsar los llamados nuevos derechos. Entonces, se alentó mucho, incluso por ellos mismos, el feminismo, el ecologismo, la defensa de los derechos humanos, la protección de los animales.

Muy nobles todas estas causas, muy nobles, pero el propósito era crear o impulsar, desarrollar todas estas nuevas causas para que no reparáramos, para que no volteáramos a ver que estaban saqueando al mundo y que el tema de la desigualdad en lo económico y en lo social quedara afuera del centro del debate. Por eso no hablaba de corrupción, se dejó de hablar de explotación, de opresión, de clasismo, de racismo.

Se ha quedado muy corto en sus afirmaciones José Miguel Vivanco, director de la División de las Américas de Human Rights Watch, al señalar que la arremetida de Obrador contra "la protección de los derechos humanos", los "nuevos derechos", "el feminismo" y "el ecologismo" como meras excusas para robar, es la expresión de un "desquiciamiento total".

¡Llamemos al pan, pan... y dejemos al imbécil que cargue su imbecilidad!

Sobre la óptica monocromática de las ideologías: El ropaje en que se envuelve la desnudez racional

Sentado junto a Fidel

"La ideología tiene que ver directamente con el encubrimiento de la verdad de los hechos, con el uso del lenguaje para ofuscar u opacar la realidad al mismo tiempo que nos vuelve miopes"

Paulo Freire

Las ideologías son las jaulas cerradas, sin accesos ni salidas, en que se asfixia el pensamiento; rígidas armaduras que impiden el vuelo, corazas oscuras e impermeables que ciñen nuestras alas, que restringen el oxígeno vital a la reflexión y al discernimiento.

En su dimensión monocromática e inmutable habita sólo "lo ya pensado", "lo ya dicho", la "verdad ajena", las "ideas prestadas"; esas que disimulan la incapacidad de generarlas, las que no sirven ópara pensar, las que se adoptan como un útil "camuflaje intelectual" donde esconder las carencias, la incapacidad para adentrarse sin un plano predeterminado a los complejos laberintos del conocimiento y la razón.

Convertidas en frases muertas, en convicciones anónimas, en narrativa sin autor, las ideas devienen en dogma, en doctrina hermética; se convierten en las lentes que, a conveniencia de quien las porta, enfocan la realidad hasta empatarla con el deseo.

En el estrecho cajón de las ideologías no hay espacio para el cambio: Resguardan el prejuicio, las respuestas simples y unitarias, los atajos mentales, los sesgos cognitivos. Herméticas en sí mismas, las ideologías se acorazan, se blindan contra cualquier injerencia racional que debilite su estructura; a diferencia de la ciencia, que propugna la verdad y se inclina ante los hechos, la ideología debe "vencer", imponerse mediante la seducción, la amenaza o el ocultamiento, posicionarse mediante la censura, la cerrazón o la violencia. La ideología es el espacio común, el refugio colectivo, la trampa gregaria que aglutina las creencias, que sofoca las individualidades; en ese círculo de masas, nadie piensa lo que cree, se asume como verdad al margen de contradicciones, sin atender a los hechos, sin observar las evidencias que despliega la realidad. La ideología es así mero andamiaje, disfraz de racionalidad, pretensión crítica, argumentación aparente; "racional" en su forma pero hueca en su contenido: Postura acomodaticia frente a las complejidades del mundo, débil salvaguarda de la incompetencia y la ignorancia. Oculto tras la ideología, el idiota disimula su pobreza intelectual y rellena las oquedades de sus desiertos mentales. Así, la ideología esconde, disimula, brinda la apariencia deseada a la desnudez racional, enmascara los hechos que la contradicen o refutan, esconde su propia naturaleza disfrazándola de moral, de ciencia, de talento, de conocimiento o de argumentación racional: Peluca vana para la "calvicie de ideas".

¿Puede haber mayor aberración ideológica que, en medio de los cientos de miles de muertos que ha dejado la criminal gestión de la pandemia, en la cima misma de esta oleada irrefrenable de violencia que ha sembrado de cadáveres el territorio nacional, entre la miseria rampante que atenaza y fustiga a millones de familias mexicanas, en medio del dolor por los asesinatos de miles de mujeres que nuestro inquilino de contempla con indiferencia e impasible frialdad, entre los cientos de niños que mueren consumidos por el cáncer mientras fluyen las excusas y las acusaciones doctrinarias, se haga un panegírico, un verdadero homenaje en la Cámara de Diputados a un racista infame, a un asesino serial, a un psicópata sanguinario que, refugiándose en la ideología, fusiló sin miramientos a centenares de personas?

Sí, al mismo que confesó a su padre que le gustaba matar, al mismo que declaraba en televisión que los cientos de fusilamientos que tenían lugar en "La Cabaña" obedecían a sus órdenes expresas, al mismo que afirmaba la necesidad de andar por el "sendero de la liberación, incluso al costo de millones de víctimas atómicas", al que reconocía sin tapujos haberle dado un tiro en la sien a un hombre para luego arrebatarle sus pertenencias. ¡Sí, al mismo Che Guevara que la imbecilidad ideológica reinante ha sentado, al lado de Fidel, en un parque de nuestra ciudad!

Reflexiones filosóficas sobre la estupidez humana: El perro del hortelano

Las leyes infalibles de la estupidez

No hay más pecado que el de la estupidez

Oscar Wilde

Difícil señalar en el contexto de los comportamientos humanos leyes de tal precisión e invariabilidad como las que rigen, en el marco de las cuantificaciones reproducibles o de las deducciones calculables, los diversos fenómenos de las ciencias exactas; pero el economista italiano Carlo Maria Cipolla dejó para la posteridad (y especialmente para los que intentamos descifrar los inextricables peligros y desventuras del proceder irracional), un ensayo satírico, un mero divertimento intelectual que derivó, con el correr del tiempo, en una seria y aguda reflexión filosófica sobre el significado y los alcances de la estupidez humana. Escritas en 1976, mientras impartía la cátedra de Historia de la Economía en la Universidad de Berkeley, las "leyes básicas de la estupidez humana" parecen destinadas, aunque carezcan por completo de expresiones formularias, a revelar el trasfondo y la esterilidad absoluta de semejante aberración comportamental. En lo cuantitativo, la primera ley deja en claro que los estúpidos son más numerosos y comunes de lo que antes suponíamos; de este modo afloran y se multiplican, estupidez en mano, "en el lugar y en los momentos menos oportunos" para entorpecer nuestro mundo, para asediarnos con su monotonía y su vacuidad incesantes, para torcer sin remedio el curso de lo bueno. En el terreno de las proporciones, la segunda ley esclarece que una persona determinada puede ser estúpida al margen de cualquier otro de sus rasgos particulares. Así, la naturaleza democrática de la estupidez, reparte sin distingos; en chozas o en palacios, entre la gente de a pie o entre los poderosos y los potentados (presidentes hay que lucen con orgullo y desmesura su estupidez galopante). En el ámbito de las repercusiones, pasaré a la cuarta ley que nos señala sin ambigüedades que tendemos a infravalorar, para desgracia nuestra, el poder dañino de los estúpidos, su naturaleza destructiva y obstinada; esos devastadores efectos surgidos de su dogmatismo, de su resistencia a la rectificación, de su obcecación y terquedad, de las ataduras ideológicas que suelen sujetar, sin resquicio alguno, su psique petrificada, de ese gran cúmulo de verdades inmutables e irreflexivas con las que pueblan el desierto de su atrófico intelecto. Aunada al poder, la estupidez asuela, destruye sin miramientos, pretende reformar hasta sus cimientos todo aquello que no coincida con los planos mentales de su visión deformada; una institución, un fideicomiso, un aeropuerto, una organización ciudadana, un sistema de salud entero, una prestigiosa universidad, una reconocida organización de científicos, un sector entero de la sociedad o la democracia misma...da igual. Ignorar la cuarta ley, a decir del propio

Cipolla, "ha ocasionado pérdidas incalculables a la humanidad". De esta suerte, la vocación implacable e irrefrenable del estúpido por lo que supone destruir, nos conduce a la quinta ley: "La persona estúpida es el tipo de persona más peligrosa que existe".

Me he reservado para el final la tercera ley, la "ley de oro", que parece a mi juicio penetrar en la naturaleza misma de las personas estúpidas, que parece resumir en unos cuantos renglones su esencia misma, el elemento común a todas sus acciones, su rasgo toral y definitorio: A diferencia de los malvados (que buscan el beneficio propio a expensas del prejuicio ajeno), de los cándidos (que procuran el beneficio ajeno aun a costa del prejuicio propio), o de los inteligentes (que encuentran la fórmula del beneficio propio y del ajeno), los estúpidos reúnen sólo los rasgos deplorables, las condiciones negativas, la conjunción nefasta, la combinación lamentable del doble prejuicio (el propio y el ajeno); esterilidad pura, fracaso absoluto, camino sin destino.

Nada revela más la mano del estúpido que el balance final de la destrucción sistemática. A nuestro alrededor, contemplamos el ataque impío e irreflexivo que ha emprendido nuestro inquilino de Palacio contra todo aquello que supone un peligro para el anquilosado y osteoporótico esqueleto que sostiene (a duras penas) su deformada estructura ideológica (los fifís, los "clasemedieros", los poderes alternos, el INE, las feministas, la UNAM, los adversarios, la prensa, los niños con cáncer, los empresarios, los científicos, los conservadores, los historiadores, los intelectuales, los críticos, y una larga lista de espectros y de fantasmas emanados de sus delirios): ¿Y a cambio qué?...Miseria rampante, inseguridad y violencia, pandemia y muerte, negligencia y desprecio por la ciencia, regresión y vuelta a un pasado enterrado, estatización absurda y empobrecedora, nulo crecimiento, energías sucias e inflación, desempleo y demagogia, inacción y verborrea. Ésta es la fórmula del perro del hortelano que ni comía ni dejaba comer, la esencia misma de la estupidez humana.

Haga a un lado sus preocupaciones señor presidente: No pasará a la historia como un presidente mediocre. Le espera otro destino irremediable...¡Las leyes son las leyes!

Del diálogo como fuente del saber y fórmula del progreso

La atrofia del lóbulo frontal

El diálogo es el encuentro donde se habla y se escucha, el espacio de intercambio que presupone equidad, reconocimiento del otro, renuncia irrestricta a la pretensión de imposición (que imposibilita, ipso facto, la dimensión del diálogo). Quien "dialoga" sin escuchar, se regodea en sus monólogos. Así, el diálogo verdadero trasciende la palabra; es voz y oído, mensaje y recepción, expresión de un "yo" frente al reconocimiento de un "tú" o de un "ustedes".

El que enceguecido por el narcisismo, el anquilosamiento ideológico, los posicionamientos dogmáticos o los desvaríos del poder reclama para sí el monopolio de la "verdad", rompe la simetría del diálogo, nulifica e inhabilita al interlocutor, lo descalifica a priori como la "parte errada", le niega su capacidad de producir enunciados verdaderos: Demérito automático del hablante, pasmo intelectual, parálisis cognitiva, deconstrucción del espacio común, del encuentro productivo donde se gesta el saber. Donde se ausenta la "escucha", las voces transitan en paralelo sin posibilidad de encuentro. El apabullamiento narrativo, la "diarrea verbal", el grito y la consigna, el insulto y la descalificación, la burla y el escarnio, la impulsividad y la ofensa, son las heridas abiertas del diálogo roto, las señales inequívocas de la imbecilidad y el dogmatismo: Espacio cerrado a los matices, a la ciencia, a la reflexión, a los señalamientos del experto, a las visiones plurales, al amplio espectro de opiniones y pareceres que han forjado el progreso y la evolución misma del pensamiento humano. Para el dogmático no existe el diálogo ni la concertación. En el ámbito de la política se jactará de su sordera, de su vocación por el rebaño, por la sumisión indigna, por la incondicionalidad complaciente de los títeres y los chupamedias. Se plegará ante el capricho de su "mesías secular" y defenderá como perro rabioso sus "consignas doctrinarias". Para su empobrecida concepción binaria de la realidad, en donde lo blanco se opone a lo negro, el color es una especie de atentado imperdonable a su daltónico intelecto. De ahí su simplismo, su proclividad a los colectivismos, su propensión a las monomanías y al "pensamiento gregario". Vociferará junto a su grey para anular el diálogo, para imponer su ley a cualquier costo, aunque tenga que enlodar el mundo o asfixiar cualquier destello de razón o sensatez (rasgo inequívoco de la mediocridad, estigma inconfundible de las piaras domesticadas que, entre el hedor nauseabundo de su lodazal, pregonan a los cuatro vientos la idoneidad de su estercolero).

Tal fue la constante, el rasgo innegable del patético "diálogo" de sordos que entablaron los legisladores de Morena con la "oposición", en las discusiones para la aprobación del presupuesto de egresos de la Federación. Renuentes a la reflexión y al análisis, instruidos en el seguidismo y en la

obediencia irreflexiva, fieles a su vocación de lambones y de
lamebotas, condenados a la atrofia del lóbulo frontal que a la
larga produce la sumisión incondicional, defendieron la
consigna hasta la última coma.

Motivo de festejo para nuestro inquilino de Palacio, amo y
señor de las "verdades" irreductibles, culmen de la
ignorancia y del autoritarismo, que oculta hábilmente tras
una densa capa de demagogia y posverdad:

"Estuve pendiente del debate y estoy muy satisfecho porque
todas y todos ustedes participaron, aportaron argumentos
para defender la iniciativa de presupuesto y al final se logró
la aprobación mayoritaria"

¿Qué debemos festejar? ¿El espectáculo simiesco de sus
sicofantes obedientes? ¿El derroche grotesco de su
dogmatismo sordo? ¿Los desfiguros de los que son capaces
las masas descerebradas cuando se apuntalan en el número?
¿El desconocimiento sistemático de las voces de amplios
sectores de la población representados en el Congreso? ¿El
recorte por más de 8 mil millones al INE (única salvaguarda
de que sean los votos los que determinen la distribución del
poder) y al Poder Judicial (contrapeso evidente en su
aventura autocrática)? ¿La inyección desmedida de capital a
sus inservibles proyectos megalomaniacos y a sus
programas clientelares que, lejos de mitigar las
desigualdades, han sembrado la Nación entera con millones
de nuevos pobres?

El 23 de marzo de 1933, el parlamento se reúne en Berlín. En
la agenda legislativa del Reichstag se contempla la

aprobación de la "Ley para el remedio de las necesidades del pueblo y del Estado" (comúnmente conocida como ley habilitante), que cedía al gobierno y al Canciller (ocupados respectivamente por el Partido Nacionalsocialista Obrero Alemán y por Adolf Hitler) el poder de facto para aprobar leyes sin permiso del parlamento. La ley fue aprobada con el 85% de los votos. Los partidos que apoyaron a Hitler y el partido socialdemócrata que se opuso a la aprobación, fueron prohibidos en julio de ese mismo año. La ley para remediar las necesidades del "PUEBLO" dio paso a la dictadura y a una de las más grandes desgracias de la historia y de la nación alemana.

El monopolio de la verdad, la polarización y la politización de las fuerzas armadas como amenazas inminentes de las sociedades democráticas

El germen maligno de los ejércitos

El pluralismo político, entendido como la libertad que tiene cada individuo de expresarse, afiliarse o asociarse con arreglo a sus particulares convicciones, creencias, expectativas, intereses o aspiraciones, es el rasgo inequívoco de la verdadera democracia. En el ámbito del pensamiento, la pluralidad enriquece; aceptar la legitimidad y el derecho a existir -en un marco jurídico equitativo- de la amplia gama de posicionamientos políticos que participan libremente en el juego democrático, garantiza la existencia del amplio abanico de representatividad que demanda la composición heterogénea del espectro social y el carácter dinámico y a menudo voluble de la voluntad popular. Reconocer la alteridad en el marco de la política, supone una renuncia, un reconocimiento de las diferentes formas de entender el mundo y de ocuparse de los asuntos del Estado.

Sin embargo, el devenir histórico latinoamericano y las profundas desigualdades en el seno de sus sociedades han atraído una nueva plaga, que como la afilada espada de Damocles cuelga del fino pelo de una crin de caballo sobre la cabeza de la democracia: Los populismos radicales de izquierda. Arrogándose en principio el monopolio de la verdad, difieren de la democracia en sus premisas fundamentales: La construcción de lo que llaman "pueblo", una entelequia homogénea y monolítica que supone una dicotomía absoluta, un "nosotros", una voluntad infalible e inapelable -representada siempre por la figura de su mesiánico líder- enfrentada a un "ellos", a esa "oligarquía" imprecisa y mal definida que representa al "adversario", al enemigo del progreso y del bienestar popular. Tal arreglo dicotómico, exige invariablemente la expulsión definitiva, la extirpación radical del "enemigo" político. De este modo, la posesión del poder no es un hecho coyuntural; se trata de una posesión, de un "derecho moral" transferido por el "pueblo". De ahí las transgresiones, la vulneración frecuente del marco institucional, la necesidad de suprimir -sin importar su rostro, su filiación social o su posicionamiento político- a todo el que disiente, su afán de perpetuarse en el poder, ignorando el carácter transitorio de su gestión. En el marco de los populismos no existen los "estadistas"; incapaces de aceptar la diversidad social, de anteponer las visiones de futuro a sus pretensiones electorales, de gobernar sin distingos para todos los ciudadanos, de asumir una visión de Estado por encima de las medidas clientelares y cortoplacistas de sus intereses partidistas, abdican del mandato esencial de toda democracia: Velar por el bien común y garantizar condiciones de igualdad para todos los ciudadanos.

En esa dinámica de confrontación, en esa lucha maniquea del "pueblo" contra sus "enemigos", en ese enfrentamiento simbólico del "bien" contra el "mal", del omnipresente "líder plebeyo" que revestido con el manto inmaculado de la "sabiduría popular" cumple la misión histórica de erradicar al "adversario", en esa retórica de la pugna política traslada al terreno de lo moral, todo arbitraje o contrapeso debe ser suprimido, erradicado, controlado a placer; el poder judicial, las organizaciones ciudadanas, los organismos reguladores, las agencias tributarias, pero sobre todo, las fuerzas armadas.

En el marco de los regímenes populistas radicales -como el que ahora intenta instituir en México nuestro aprendiz de dictador- resulta indispensable el control de los militares. La adquisición "sine die" del poder exige su vinculación política, su respaldo ideológico, su protección coercitiva. En otras palabras una abdicación absoluta de sus rasgos apolíticos, de su naturaleza rectora de la "sociedad en general", de sus funciones exclusivas en la defensa y en la seguridad de la Nación. Así, incorporadas por nuestro régimen populista a actividades políticas y económicas (el manejo de puertos y aduanas, la construcción del aeropuerto y de un tramo del Tren Maya, que lo han convertido en una empresa privada expuesta, como ha sido demostrado recientemente, al poder corruptor del dinero), adquieren ahora la visión parcial, la filiación ideológica, la convicción dogmática, la suplantación de los intereses generales del Estado por los intereses privativos de un proyecto político, por las pretensiones especificas de un grupo o facción civil. El objetivo es simple: Inclinar la balanza del apoyo militar en favor de una visión política en detrimento de otra, romper el equilibrio mediante la intimidación y la coacción en pro de un determinado interés sectorial. Preocupa así sobre manera la disparatada declaración del Secretario de la Defensa, Luis Cresencio Sandoval, que invita a adherirse al proyecto de turno:

"Como mexicanos es necesario estar unidos en el proyecto de nación que está en marcha porque lejos de las diferencias de pensamientos que pudieran existir nos une la historia, el amor por la tierra que nos vio nacer y la convicción que solo trabajando por un mismo objetivo podremos hacer la realidad de México que cada día sea más prometedora"

"En lo que respecta a las Fuerzas Armadas, continuaremos poniendo todo el empeño en el cumplimiento de las tareas que tenemos encomendadas porque estamos seguros que ese es el camino para que el país siga desarrollándose"

¡Menuda traición a los valores castrenses, a la lealtad que deben a los ciudadanos y a la patria! ¡Apuntalar la visión parcial de un autócrata populista, renunciar a su misión constitucional de salvaguardar los intereses del Estado sobre los intereses del partido en el poder. Réplica infame del populismo chavista, burda expresión de las ambiciones autocráticas que contaminan como la peste los regímenes democráticos de nuestra América Latina!

Las unidades de la Wehrmacht, ejércitos regulares de Adolfo Hitler, imbuidos por la visión de superioridad racial del pueblo alemán, participaron en la guerra de exterminio de poblaciones "subhumanas" en el frente oriental y apoyaron las masacres de judíos perpetradas por los escuadrones de la muerte conocidos como Einsatzgruppen, para la gloria del Reich de los "mil años"

¡La ideología es el germen maligno de los ejércitos!

De las incongruencias entre las formas y el fondo

La inmaculada vestidura de los falsarios

Su posibilidad de ocultar los hechos y la realidad misma tras los espejismos retóricos de su engaño postfactual, o de envolver su narrativa en las pegajosas telarañas del prejuicio, de las prefiguraciones, de los apriorismos o de las rígidas convicciones y creencias del dogmatismo y de la inamovilidad ideológica; su facultad de procesar los odios, las desigualdades, los resentimientos sociales, la pobreza o la ignorancia a través de las impredecibles y potentes "reacciones químicas" de la manipulación, la demagogia y la posverdad; su derroche desvergonzado de mitomanía compulsiva con que pretende rellenar (en un despliegue insultante de falsedad e hipocresía) la brecha profunda entre lo que dice y lo que hace, entre la fingida pulcritud moral de su discurso manifiesto y la podredumbre interna de su proceder cotidiano; el encumbramiento de su impostura y fingimiento que, desde los más altos círculos del poder, se adueña de la comunicación de masas para injertar en el imaginario popular los bulos, las medias verdades y los embustes en que reposa su "credibilidad", han convertido a nuestro inquilino de Palacio en el maestro indiscutible del tartufismo, en el engañador por antonomasia, en el amo y señor del cinismo, de la mendacidad y de la hipocresía. En su moral de catecismo todo es simulación, insinceridad, mera apariencia, incongruencia entre las formas y el fondo o gesticulación falsaria. Pero fuera de sus herméticas burbujas ideológicas, de sus audiencias sectarias, de esas voluntades que se granjea transmutando las necesarias inversiones en salud, empleo, educación y progreso en subsidios clientelares que instrumentalizan el hambre, la esperanza de cambio y la ignorancia, su naturaleza embustera rezuma falsedad; pústula incontenible de podredumbre moral.

¿Puede haber mayor desparpajo y desvergüenza que mostrar su falsedad desnuda, su pequeñez moral y su cinismo inocultable ante la ONU y ante el mundo? ¿Qué clase de artilugio cognitivo permite a un individuo señalar la corrupción como el mal "del planeta", cuando la justifica y la consiente en sus familiares y allegados, en sus propios hermanos y en sus colaboradores más cercanos? ¿Qué clase de disociación en la conciencia le permite a un sujeto señalar con dedo flamígero la "adulteración de las leyes para legalizar lo inmoral" cuando emplea a sus lacayos y todos los recursos del Estado para perseguir, amedrentar e injuriar a científicos, intelectuales, adversarios políticos, prensa crítica, disidentes ciudadanos, organismos autónomos, empresas privadas o sectores enteros de la población (como los repudiados "clasemedieros" egoístas e insensibles)? ¿Cómo puede señalar sin vomitarse sobre sí mismo la ineficiencia en la atención de la pandemia quien colocó a México con su desprecio por la ciencia, su austeridad criminal, su renuencia a adoptar las medidas recomendadas y aceptadas en todo el orbe y su defensa a ultranza de medicastros y charlatanes, en el país con las peores cifras de mortalidad entre los miembros de la OCDE (que triplican la cifra media registrada en la organización), y en el tercer país al 1 de noviembre con la tasa de vacunación más baja de la OCDE? ¿Cómo puede hablar del derecho que tienen "los hijos y las hijas" de las naciones a gozar de seguridad quien niega las masacres que a diario tiñen de sangre la suya propia, quien suelta a un sanguinario narcotraficante para "salvaguardar" a la población de una escalada de violencia, quien pretende encumbrar a un violador a la gubernatura de un estado porque goza de la "simpatía popular", quien considera los reclamos de las mujeres por la violencia creciente de género y la denuncia de la ola creciente de feminicidios una invención de la política neoliberal? ¿Qué clase de rebajamiento debe albergar la hipocresía moral de quien defiende el "derecho a la salud" y se atreve a criticar las estrategias internacionales en el combate de la covid cuando acaba de impugnar una orden judicial para incluir a los menores de edad en las estrategias de vacunación (a pesar del torrente incontenible de evidencias internacionales sobre su conveniencia y beneficios), cuando ha cancelado el seguro popular para suplantarlo con una entelequia inservible que ha acarreado la muerte de miles de niños y de adultos a consecuencia del desabasto y la desatención sanitaria? ¿Cómo se atreve a mostrar el rostro con el ánimo aleccionador de un estadista quien regenta la fábrica más prolífica de nuevos pobres (de la que emergieron, sólo en 32 meses de gobierno, casi 6 millones de nuevos integrantes), y de muertos a consecuencia de la violencia (que rebasan ya las 100 mil víctimas y las cifras registradas en cada una de las tres gestiones presidenciales precedentes)?

¡La hipocresía, la falsedad y la impudicia son la carnada con la que se ceba a los mediocres, la vestidura inmaculada de los falsarios, la traición de nuestros pobres y la inevitable vergüenza de nuestra hermosa Nación!

Respecto a la argumentación como fórmula de la racionalidad y antídoto del fanatismo

¡Los cerdos que limpian!

Homo homini lupus ("El hombre es un lobo para el hombre")

Thomas Hobbes

Argumentar en el sentido de la lógica, al agregar una a una las premisas pertinentes para apoyar, probar o fundamentar, mediante procesos inductivos, nuestras proposiciones o conclusiones; argumentar en el sentido epistemológico, al ofrecer razones como sustento fundamental de nuestras convicciones o creencias; argumentar en el sentido retórico como efectivo mecanismo para convencer, persuadir o modificar las posiciones del otro (alejados de la imposición o la violencia), es la fórmula misma de la racionalidad. Vinculada al conocimiento, a la demostración constatable, a la explicación y al fundamento lógico y, sobre todo, al ejercicio pleno de nuestra capacidad intelectual, la argumentación es el vehículo, el instrumento necesario para legitimar (bajo una óptica racional), nuestras creencias y convicciones, lo que defendemos o pensamos, lo que hacemos o decidimos. Demostrar la naturaleza correcta de una afirmación, transita obligadamente por la senda de la argumentación, por las "buenas razones", por el lenguaje reflexivo, por la objetividad y la contundencia de los hechos y los contenidos; caminos de lógica, de apertura, de escucha mutua, de intercambio de ideas, de discusión constructiva, de asertividad y de renuncia al uso de la fuerza. El que argumenta se aparta de la hostilidad para reconocer en el otro al interlocutor, a la contraparte racional, al sujeto al que dedicamos nuestras "razones convincentes". Al colocar al otro en un plano de igualdad, la argumentación es sociabilidad, posibilidad de diálogo, intercambio productivo, garantía de interacción en el marco de la racionalidad, salvaguarda de la convivencia, árbitro eficaz para dirimir las discrepancias. Pero ahí donde la persuasión se transforma en imposición y el interlocutor en "objeto", donde la falta de apertura y la cerrazón nulifican la comprensión y el intercambio racional, no hay más argumento que la violencia, ni otro sendero que el del fanatismo. Las premisas se transforman en verdades "de piedra", en espacios cerrados e impermeables a toda evidencia y a toda reflexión. En este círculo de las verdades "absolutas", sólo hay cabida para los "pares", para los fieles seguidores; el otro, el adversario, el detractor, es un ser inferior, un ser sin voluntad de abandonar el "error", siempre "extraviado" e "irreflexivo", siempre ciego e insensato. De ahí la pretendida legitimación de la violencia como "argumento", la justificación del insulto, del grito y la denostación; instrumentos necesarios, herramientas justificables para alcanzar los fines, para aclarar el horizonte a quienes viven en la "oscuridad". El que renuncia al argumento se encierra en sí mismo, en su isla rocosa, en su rígido pregón de verdades inmutables.

Este es el rasgo distintivo, la característica innegable de ese esperpento indescifrable, de ese experimento bizarro y regresivo que el atrófico intelecto de algún idiota "iluminado" dio en llamar "cuarta transformación": Antítesis del argumento, imposición descarada, rígida armazón de prejuicios y de dogmas, ideología intolerante y coercitiva, sin otro recurso que la negación del otro, la intimidación, la descalificación o la violencia psicológica. Personalizada en los trogloditas impresentables que vociferan y ladran a diario desde la tribuna del Congreso, alcanzó su cima en las declaraciones de Paco Ignacio Taibo II, del impresentable "rellenalibros" que abandera la cultura como faro de la tolerancia:

"¡Vamos a ganar la reforma energética compañeros! ¡Nos los vamos a chingar! ¡Vamos a salir de la pandemia con un nuevo proyecto de salud vinculado a los ciudadanos! De salud pública, no privada.

"Vamos a salir de la pandemia con una sociedad de lectores, esa se las vamos a ganar a 'chingadazos'. No hay ninguna duda. Y, dentro de 3 años, habremos aumentado el nivel de lectura de este país. ¡Vamos a ganar la batalla de la lectura!"

Los aplausos no se hicieron esperar ante la contundencia y la claridad de sus "argumentos", ante la lucidez y contundencia de sus inteligentes disquisiciones.

Qué pena: !Ahora los cerdos se encargan de la limpieza!

En ocasión del fanatismo y la aberrante defensa ideológica de las dictaduras

Despliegue de fanatismo

"Temamos siempre el exceso a donde conduce el fanatismo. Déjese a ese monstruo en libertad, no se corten sus garras ni se arranquen sus dientes, cállese la razón, y se verán los mismos horrores que en los pasados siglos: El germen subsiste; si no lo ahogáis cubrirá la tierra"

Voltaire

Cuando la crítica dimite y el pensamiento unitario o doctrinario sustituye a la pluralidad, la tolerancia, la mesura y la ecuanimidad; cuando los dominios del entendimiento se tornan impermeables a la lógica y a la disertación; cuando la voluntad se robotiza, el pensamiento se cristaliza y la racionalidad, la lógica y el cuestionamiento crítico ceden el paso a las verdades inmutables, a las convicciones inamovibles y a la condescendencia irreflexiva; cuando la enorme escala de matices que caracteriza la propia naturaleza de los seres humanos se reduce a visiones polares, enfrentadas y antagónicas en las que se desprecia, se denuesta, se repudia, se reprueba, se rechaza o se violenta todo aquello que no se adscribe a las propias creencias o filiaciones; cuando a contraflujo de la ciencia se ponderan las creencias, los dogmas de la fe o el seguidismo gregario de los idearios colectivos, emana victorioso el fanatismo: Dócil sumisión a un mandato invisible que, apartado de la reflexión, la evidencia o la contrastación, reordena la identidad y sujeta al individuo al influjo "hipnótico" de las creencias petrificadas, de los lemas y la consigna, de las letanías estereotipadas o de los juicios de valor. El fanatismo es enajenación, mágica posesión de la "Verdad Suprema", seudopensamiento empobrecido y simplista que dinamita el razonamiento, vía inequívoca y directa hacia una despersonalización que desdibuja la identidad ante el objeto de culto. Ajeno a la flexibilidad y al dinamismo, incapaz de conceder algún asomo de verdad en el marco de las "diferencias", reacio a la autocrítica y a la discusión de las ideas, el fanático es radical, impositivo, autoritario, desmesurado, inflexible: Se aferrará a los "absolutos" en su calidad de prosélito, será el acólito del mesías secular, la marioneta obediente del iluminado advenedizo, el seguidor incondicional del líder arribista, investidos siempre con el don de la infalibilidad, con el poder irrefutable de la omnisciencia.

Detrás de todo fanatismo se oculta la inseguridad, la necesidad de pertenencia, los conflictos identitarios, la depauperación intelectual que predispone a la ejecución dócil, a la pasividad "programable". Alimentado desde el poder el fanatismo esclaviza, anula la reflexión, abotaga nuestro entendimiento, es instrumento de control y garantía de sumisión; se valdrá de la pobreza, de la desprotección o el abandono para sujetar mediante la promesa, para generar en las mentes predispuestas el espejismo de la esperanza; explotará la rabia social para crear revanchismos, para alimentar odios, magnificar vejaciones o exacerbar agravios: espoleará animadversiones, reconstruirá la historia, fomentará la ira contra el "enemigo conveniente".

Pero el fanatismo no es inocuo, divide y polariza, transforma el disenso en "herejía" o "apostasía". alimenta la violencia, pervierte toda "doctrina" al margen de su sello específico, lo mismo la comunista que la liberal, la populista que la nacionalista: Insensato monopolio de la verdad y la razón.

¿Puede haber mayor exhibición de ceguera fanática que la invitación de Miguel Díaz Canel, un dictador inescrupuloso y repudiable, a las celebraciones patrias (íntimas e identitarias) del Grito de Independencia? ¿Puede haber mayor ofensa para nuestros festejos libertarios que nombrar "invitado de honor" al continuador de un régimen infame que ha vulnerado durante décadas los derechos humanos, que ha silenciado toda oposición, que ha sumido a su pueblo en la miseria y que ha pisoteado sin reparos las libertades individuales? ¿Qué mayor despliegue de fanatismo que pagar "su peso en oro" a más de 500 seudomédicos cubanos para la "atención" de la pandemia en México, mientras nuestros médicos mexicanos debían conformarse con las "limosnas" de un contrato temporal? ¿Qué derroche más infame de fanatismo puede suponer destinar recursos a Cuba, mientras nuestros niños mueren por falta de medicamentos, mientras escasean las vacunas más elementales y el sistema de salud se desmorona a pedazos?

El fanatismo de nuestro presidente es la ceguera de un idiota. Habrá que recordarle a nuestro fanático por antonomasia uno de los más tristes párrafos del libro "Cuba sin ti" que parecen plasmar sin equívoco alguno la condición de los cubanos:

"No quiero que la muerte de Fidel Castro me desdibuje los recuerdos. Mis abuelos murieron durante el gobierno de Fidel Castro, mis padres crecieron y murieron durante el gobierno de Fidel Castro, mis hermanas y yo nacimos y crecimos durante el gobierno de Fidel Castro, mis sobrinos nacieron y se criaron durante el gobierno de Fidel Castro. A mis abuelos, mis padres, mis hermanas, a mí y a mis sobrinos, a cuatro generaciones de mi familia, el gobierno de Fidel Castro les señaló dónde trabajar, dónde y qué estudiar, a cuál hospital ir, en qué unidad militar combatir, qué programas de televisión ver y qué emisiones de radio escuchar, qué libros leer, en qué clínica nacer, en cuál funeraria ser despedidos, y en cuál cementerio ser enterrados"

¡A los fanáticos señor, los condena la historia!

Entre el narcisismo, las fantasías solipsistas y la simulación

¡Al senado no voy!

En el círculo del soberbio el entorno se desdibuja, se contrae o se expande al ritmo de su arrogancia; desconectado del mundo, hechizado por las reverberaciones de sus monólogos interminables, empantanado en las fantasías solipsistas con las que materializa en la realidad lo que su ego imagina, el narcisista se extravía, se adentra en su propia imagen como en el juego inagotable de un espejo frente a otro. Atrapado en el interminable sueño de su omnipotencia infantil, en su red de ficción, en su falaz andamiaje de mitos y relatos, se esconderá tras el telón para gozar de la tramoya, del escenario imaginario, para representar su papel triunfante, su rol protagónico; para regodearse en el despliegue de su yo hipertrofiado. Se expandirá inalcanzable en su espacio ficticio como el único protagonista, como el guionista y director de su farsa megalómana; congregará a su representación a aduladores y serviles, a sus apóstoles devotos y a sus hagiógrafos a modo para crear la burbuja, el hermético foro de la irrealidad y del éxito; espectáculo de simulación, realidad transmutada en fantasía "tangible".

Así, apartado del graderío donde se sientan los espectadores, donde la realidad golpea, donde el entorno desmiente, donde los datos innegables emanados de lo real desvelan su falsedad, el narcisista se refugia, se encapsula, pretende transmutar con su retórica estéril, con el poder ilimitado de su sólo deseo, la realidad que lo circunda. Cegado por los aplausos y la alabanza de sus cercanos, se supondrá infalible, llevará a las alturas sus pretensiones protagónicas, intentará figurar en la escena a expensas de lo que sea; querrá ocupar el centro del relato, el foco de la discusión, el eje del mundo. Recurrirá a la amenaza, al dislate, a la ocurrencia, al despropósito, a la nadería insustancial de su hinchada verborrea. Se sentirá merecedor del elogio y del respeto, del reconocimiento y la alabanza; la exagerada altura de su vuelo imaginario lo apartará de los otros, lo elevará por encima de la falibilidad mundana: ¿A qué exponerse a las críticas del mundo si quien rodeado de los "suyos", en su refugio de logros y de triunfos, en su esfera impermeable de elogios y de apologías, moldea con "otros datos" la realidad a capricho? ¿A qué asomarse a la verdad de los muertos, de la pandemia, del caos, de la inseguridad, de los feminicidios, de la pobreza rampante, de las masacres y las violaciones ante una irrealidad tan plástica y moldeable?

Así, nuestro inquilino de Palacio despacha desde su refugio, gobierna entre los suyos, asoma al palco presidencial a recoger el melodioso vocerío del populacho que aclama sus desfiguros, su retórica hueca e insultante. Así nuestro inquilino de Palacio se niega a acudir al Senado, para no exponerse a la incomprensión de su grandeza, para no mancillar la investidura presidencial que su megalomanía delirante ha cubierto de laureles. Y afuera de su Palacio, del espacio impenetrable de los ecos y los espejos, nuestra patria se desmorona, cae muerta por su propio peso entre el abandono y la ineptitud de unególatra impresentable.

En los últimos 10 años de su vida, el emperador Tiberio, hastiado de las banalidades de la política, se refugió en sus portentosas villas de la Isla de Capri donde "gobernaba" y "despachaba", alejado de la realidad del Imperio. Ahí, en su escondite egocéntrico de lujos y placeres, desentendido de las necesidades, la realidad y las penurias de Roma, se deshizo de sus adversarios y sus detractores obligándolos a arrojarse desde el punto más alto de un profundo acantilado (el "salto de Tiberio").

Obrador o Tiberio, da igual: Megalomanía, ineptitud y decadencia.

Acerca de la relación del victimismo con la personalidad narcisista: La exhibición de la desdicha

San Andrés de Calcuta

La cultura ilustrada del mérito que invadió la mentalidad de Occidente desde el siglo XVIII hasta la década de los setenta de la pasada centuria (en la que muchos de nosotros crecimos y nos formamos), nos permitió liberarnos de las cadenas del determinismo: Al forjar lo que somos, al labrar nuestra propia suerte con el cincel del esfuerzo, al entender el sentido del deber y de la responsabilidad, de cara a la sociedad y en la intimidad del espejo, asumimos nuestro ser con libertad y autonomía. Pero tales cualidades son a un tiempo pesadas cargas; se apoyan en la madurez, en la asunción personal de sus alcances y consecuencias. De ahí la tentación de dimitir al propio ser, de renunciar a la condición de "sujeto" activo, de eludir los compromisos, de evadir las culpas o las responsabilidades de los propios actos, de justificar los fracasos, de posicionarse como el juguete inerme de la exterioridad adversa, de tomar la ruta enfermiza, la escapatoria indigna del infantilismo y la victimación, esa variante mórbida de la cultura donde no se rivaliza en la virtud o en la excelencia sino en la exhibición de la desdicha, en la ostentación maliciosa y ventajista del infortunio y la desgracia. No se trata aquí de la víctima auténtica, del daño fortuito e indeseado que nos entrega involuntariamente a las garras del sufrimiento; se trata de una elección, de un rol que se asume con conciencia y ventaja, de un proyecto de identidad personal, de una posición existencial con la que se suelen explotar la "ofensa" y el "sufrimiento". La victimación confiere el valor social de la "criatura doliente" marcada por la adversidad, vapuleada por la fatalidad y la desdicha: Fuente de conmiseración y simpatía, de "prestigio" y "reconocimiento" que otorga relevancia social al "estoicismo" del sufridor.

El más insignificante e invisible de los sujetos puede hacerse "visible" en la escena pública mediante la ampliación desmesurada de su "humillación". Hará de cualquier gesto, de cualquier expresión o contacto (por nimio que sea), una ofensa exorbitante, una caja de resonancia de sus vejaciones y suplicios: Instante de gloria y purificación en el culmen del dolor. Pero en sus rasgos distintivos radica su falsedad; el victimista y su "desdicha" se despliegan como una mera extensión metafórica de la víctima real donde los hechos y las realidades objetivas que dañan y lesionan son reemplazados por el discurso hueco, por la retórica falsaria del sufrimiento y de la ofensa. Pero hay algo aún más indignante: El victimista es "reversible", un ente mutante y camaleónico; cambiará su perfil de ajusticiado a verdugo, de maltratado a ofensor, de agraviado a agresor. Expresión diáfana del fraude y la impostura, prueba fehaciente de la simulación y la teatralidad.

¿Pero donde radica la ventaja del sufrimiento? La desgracia y el dolor del victimista (siempre subjetivos, intensos y desproporcionados) orientan los reflectores sobre el "yo" del ofendido, alimentando su narcisismo, situándolo en el orden de una humanidad superior por encima de sus semejantes.

¿Puede haber un despliegue más patético y vergonzoso de victimación e infantilismo (indigno de quien pretende regir los destinos de nuestra Nación) que las recientes declaraciones de nuestro Inquilino de Palacio respecto a uno de tantos tuits que circulan en las redes y que presuntamente pertenecía a uno de los 31 científicos perseguidos por sus gobierno en uno de los actos más infames de revanchismo y demonización de los intelectuales, acusados por su gobierno de delincuencia organizada?

"Ofende a Beatriz y me ofende a mí, ¿qué tenemos que ver nosotros? Es producto de todo un proceso de deformaciones que se fueron creando durante el periodo neoliberal, cuando hablo de que fue peor esto que el porfiriato, puedo probarlo", comentó el mandatario.

Nuestro Inquilino de Palacio dio lectura al tuit: "Comiencen con la puta seudoescritora, seudoinvestigadora, ¿no saben quién es? La zopilota, esa idiota que no sabe ni escribir una frase sin faltas de ortografía, ella no tiene ningún fuero y gracias al pendejo, loco, imbécil, ese al que hoy limpian los zapatos ustedes y Gertz".

"Imagínense cuánto odio a Hidalgo por haber planteado la libertad de los esclavos, por haber dicho a los oligarcas que su dios era el dinero; cuánto odio que le cortaron la cabeza y la exhibieron en la plaza principal de Guanajuato por 10 años".

¡Patética demostración de victimismo! ¡Parodia ridícula del sufrimiento de nuestro prócer! Sed de notoriedad y admiración narcisista; justificación velada e inútil de que la ofensa, los ataques de sus adversarios y la desventura son la causa inevitable de su ineptitud y su fracaso. ¡San Andrés de Calcuta encumbrado a los altares! Ridículo intento de hacerse con la bondad, la virtud y la inocencia.

¡Deje de espolvorear sus miserias por el deplorable escenario de sus ridículos! Es hora de gobernar

A propósito de la identidad grupal y la manipulación histórica

Servirse de la historia

El sentido de identidad nacional deriva de la pertenencia, de la cohesión, de los símbolos que compartimos, de nuestros "lugares comunes", de las aspiraciones, costumbres y creencias que nos integran e insertan en el entorno social, de esos constructos unitarios pero abiertos que hacen posible la convergencia de la multiculturalidad, de la diversidad étnica, de la infinita variedad de tradiciones, lenguas, geografías y cosmovisiones sobre las que hemos edificado nuestra "mexicanidad"; expresión específica de nuestra "identidad grupal", reconocimiento mutuo cimentado en la confraternidad, la integración, la fusión y el consenso. Nuestra "comunión identitaria" emerge así de una cierta unidad de convicciones e intereses, de pautas, valores, comportamientos y patrones comunes, de esa "conciencia relacional" que nos convierte en un "nosotros" para distinguirnos del "ellos". Pero la identidad grupal no es esencia petrificada; como toda realidad social, como todo proceso sujeto a la transformación y al cambio, puede ser replanteada, reconfigurada o, en el peor de los casos, deformada o manipulada al servicio de oscuras intenciones ideológicas o a la medida de un proyecto político de Estado.

Alinear la narrativa histórica con los intereses particulares del régimen en turno, justificar los fracasos del presente mediante la reconstrucción falaz de los sucesos del pasado, manosear la memoria de los pueblos para forjar en las masas una "identidad cultural a modo" que empate a cabalidad con el discurso político y con las pretensiones y conveniencias del grupo en el poder, sembrar e injertar en las conciencias frágiles y en las mentes vulnerables del pueblo llano aquellas ideas, "realidades" o visiones de la historia (sin importar su grado de falsedad o sus implicaciones morales) que mejor se ajustan a los "dogmas" y aspiraciones del proyecto dominante, es un hecho condenable, un acto flagrante de mezquindad política que atenta contra la cultura, que resquebraja y deforma las raíces comunes y los vínculos identitarios en que se apoya la cohesión social y el sentido de la unidad. Así, nuestro Inquilino de Palacio, nuestro cronista de pacotilla, nuestro ignorante historiador de lo "blanco y lo negro", nuestro revisionista de opereta, nuestro escritor de pasquines de tres pesos, intenta imponer su "verdad", su ridícula y nefanda "visión de la historia"; esa farsa maniquea, esa narrativa de bronce y mármol, de héroes y villanos, de "buenos" y "malos", de "indios" contra "españoles", que suprime las complejidades, la diversidad y la riqueza cultural, la contribución innegable de los unos y los otros. Su apologética defensa de los pueblos originarios, reducidos por su diminuto e insignificante intelecto a una fantasiosa visión paradisíaca de la virtud y de la convivencia armónica, su condena y su denuesto sistemático del "conquistador español" como el prototipo inconfundible de un ser malévolo, sanguinario y genocida, replica su visión polar, su reduccionismo ideológico, su arreglo dicotómico entre el "pueblo bueno" (al que redime y representa) y las fuerzas oscuras del mal, la figura del "otro", del colonizador, del asesino, del responsable de las desgracias pretéritas, de los males presentes y las desgracias del porvenir. Se trata en esencia de confrontarnos, de situarse siempre en el extremo glorioso, de arrogarse el legado de las figuras convenientes, de posicionarse del "lado adecuado" en el ideario colectivo. ¿Puede haber una retórica más perversa y facciosa que la asentada en la "visión histórica oficial" plasmada en el video introductorio que precedió a la transmisión nacional de la ceremonia del Grito desde Palacio Nacional?:

"Hace 700 años fundada entre el agua y el cielo, México-Tenochtitlán, ciudad conectada con los puntos cardinales, es la casa anunciada por los dioses al pueblo del sol. Guiados por Huitzilopochtli, los aztecas salieron de las Siete Cuevas desde el mítico Aztlán, marcharon en busca de las señales para encontrar la tierra prometida en la etapa del Quinto Sol, así llegaron para empezar a construir una ciudad sobre un lago, fundando una majestuosa obra arquitectónica y de ingeniería que se convertiría en la capital del Imperio Mexica, orgullo de los mexicanos. Cultura milenaria que nos dio "rostro y corazón", sabiduría plasmada y transmitida en códices, legado de la grandeza de nuestra civilización al patrimonio de la humanidad [...]. Tiempo después un grupo de españoles, comandados por Hernán Cortés desembarcó en territorio mesoamericano, dominio del emperador Moctezuma. Hubo un choque entre dos formas de ver el mundo. El 13 de agosto de 1521, Hernán Cortés, con un puñado de españoles y miles de indígenas totonacas de Zempoala y tlaxcaltecas, con los que habían formado una alianza, invadieron la gran Tenochtitlán. Sitiaron la ciudad, arrasaron todo a su paso, sembraron muerte, no quedó piedra sobre piedra; por algún tiempo la ciudad sería inhabitable. Este episodio trágico constituyó la caída del Imperio Azteca y el surgimiento de la Nueva España. Los españoles dejaron una herencia de exterminio y muerte, enfermedades como la peste, la viruela, los piojos, el sarampión y otras calamidades. De esta tragedia se empezó a construir nuestra nación mexicana [...].

Con esta narrativa maniquea, tendenciosa e ignorante, sin más sustento que su imaginación, nuestro Inquilino de Palacio perpetúa su "bipartición", su dinámica de la confrontación, su arreglo polar entre ese pueblo "bueno e impoluto" al que salva y reivindica (por cierto, una visión muy alejada de la realidad histórica del imperio mexica), y el implacable enemigo en cuya sangre transita el torrente putrefacto de las plagas y la enfermedad, de la corrupción y de la muerte, y que nada ha aportado a nuestro devenir histórico más allá de la desgracia y la calamidad.

Y ahí, en su Zócalo colorido de luces y de circo, entre luminosos penachos y pirámides de utilería, con su soberbia acostumbrada y su mirada al "infinito", abrazado por las serpientes emplumadas de los pueblos originarios, pero de espaldas a nuestro pasado colonial, a nuestra herencia española y a nuestra riqueza multicultural, entre luces de bengala y vivas a la "justicia, al "amor al prójimo" y a la "igualdad", se levanta lastimosa la realidad de sus muertos, de sus mujeres asesinadas, de su violencia sin freno, de sus niños sin medicamentos, de su mezquindad y su ruindad en el manejo de la pandemia: ¡No sanará con sus desaforados vivas a la "fraternidad universal" el odio que siembra a diario en la conciencia de los mexicanos, ni resarcirá la miseria y el abandono de sus 10 millones de nuevos pobres desgañitándose con la falsedad y el cinismo de sus "vivas a la igualdad".

Nada más despreciable que un farsante sirviéndose de nuestra historia.

El manejo de la pandemia: Alusiones a la ruindad y a la mezquindad humana

Mezquindad a dúo

En el ánimo de los mediocres, la crueldad se acobarda; sin coraje para la criminalidad o para el abierto ejercicio de la impiedad, los espíritus mezquinos se regodean en la vileza. Rastreros y pusilánimes, esconden el puñal en los dobleces de su ropaje; traicionan o calumnian, emboscan o envenenan. Seguros de su impunidad se tornan despreciables. Incapaces de bondad, sus gestos "solidarios" son dinero dado a usura, esperanza innoble de réditos y recompensas. La mezquindad es la soga en que se asfixia la grandeza, el rasgo deleznable, el impulso abyecto, el atributo miserable de su oquedad interna; emergerá inconfundible en el furor de las calumnias, en la saña inocultable de la difamación, en el estigma y en la ofensa con las que acallan su impotencia. La mezquindad atropella, transita sin miramientos sobre el dolor de los demás; es ciega al sufrimiento y sorda a las necesidades. Repele como a un veneno la compasión y la empatía; se solaza en el insulto, se recrea en la burla, se complace en su sarcasmo transformado en crueldad. Hará de la debilidad ajena su principal fortaleza; la mezquindad es el gusano que se nutre de la herida, el hacha que se ensaña con la leña caída.

Ahí donde hay virtudes el mezquino encuentra "afrenta"; donde hay bondad, "perjuicio"; donde hay sinceridad, "malicia". Corroe y corrompe para mantenerse vivo; ensuciará con su suspicacia los más límpidos actos. Incapaz de comprender la grandeza o la bondad, disparará sin piedad a las aves en vuelo; en el fondo profundo de la mezquindad, habita la envidia, la ineptitud, la impotencia y el resentimiento que emanan de la pequeñez.

La mezquindad suele entrar por donde sale la magnificencia: ¿Puede haber mayor ruindad, que ignorar los señalamientos de los principales organismos sanitarios a nivel mundial, como los Centros para el Control y Prevención de las Enfermedades, que recomiendan de forma inequívoca que "TODAS las personas de 12 años de edad o más se vacunen contra la covid-19 para protegerse" y ayudar a combatir tan devastadora enfermedad? ¿Puede la mezquindad alcanzar más altos cotos que entender la solicitud de vacunación contra el covid-19 de una niña de 12 años con diabetes mellitus tipo 1 como un "asunto de intereses alentado por las farmacéuticas"? ¿Puede haber un ser más miserable y despreciable que quien supone que "por cada dosis de la vacuna contra la covid-19 que se desvía hacia un niño o una niña a través de amparos, se le quita la oportunidad a quien tiene un riesgo mayor"?

Lastimoso lamer el suelo por donde pisa el amo; vileza sin recato, servilismo ignominioso, podredumbre rastrera, inmundicia hecha palabra que ensucia y envilece. Culmen de la bajeza, apoteosis de la ruindad; reprochable por sus consecuencias y despreciable por sus alcances. Presidente y medicastro, titiritero y marioneta. Distintos en el mando e idénticos en su miseria: El uno niega y el otro secunda, el uno escatima y el otro le aplaude, el uno desnuda y el otro se mofa, el uno miente y el otro lo encubre.

¡Nada más infame que la mezquindad compartida, la mezquindad a dúo!

Reflexiones sobre la mentira moderna y el discurso populista

A la mitad del camino

Repetir mil veces una mentira no la convierte en verdad. Tal como lo afirmara Charles P. Scott en ocasión del centenario de "The Guardian" en 1921, "comments are free, but facts are sacred" ("los comentarios son libres, pero los hechos son sagrados"). Pero el modus operandi de la falsedad política sacraliza los dichos, exige pleno derecho a externar sus opiniones y supone que la libertad de expresión permite proclamar como "verdades", a partir de una libre interpretación de los hechos, los más burdos embustes. La mentira moderna abandona sus refinamientos, los intrincados recovecos de la justificación y del ocultamiento; es pedestre y vulgar como el contenido de sus aserciones, sin respeto alguno por la verosimilitud y la coherencia. El discurso político del populismo actual, apunta al inconsciente, a lo que el otro pretende oír; se fabrica siempre con fines internos para crear marcos mentales, percepciones subjetivas, actitudes sesgadas o creencias irreflexivas, para consolidar ese tipo de visceralidad que nulifica la objetividad y el análisis racional, para imponer la agenda que aleje a la opinión pública de los hechos "inconvenientes", para instalar en el receptor la realidad "alterna". La mentira pública se legitima en la credulidad, se impone como certeza al margen de la evidencia; revestida de hipérboles retóricas, de sensacionalismos fatuos, de anecdotarios a modo, de representaciones circenses, de montajes simbólicos, de escenificaciones calculadas o de engaños propagandísticos, elude la barrera de la reflexión para insertarse sin filtros en el imaginario colectivo. Es consumida compulsivamente, sin el tamiz de la crítica, sin la necesaria confrontación con el "lenguaje de la realidad". Su penetración irreflexiva promueve la "desmemoria", la pasividad receptiva, la indulgencia ciega, el desapego informativo; infiltra la mente del oyente como un mal silencioso para inducirlo a la movilización, a la inacción, al aplauso, a la aprobación, al combate o a la resistencia, según convenga. La fórmula es simple; conectar con las emociones y con las distorsiones cognitivas del oyente, encauzar su descontento, instrumentalizar sus agravios, acicatear sus resentimientos, fomentar sus prejuicios, encontrar símbolos que le movilicen, tergiversar los hechos, manipular la historia a gran escala para dar sustento a la mendacidad del discurso. Edificada la posverdad, la distorsión deliberada de la realidad circundante, la reconstrucción visceral de los hechos y los dichos, la mentira transitará impune, descarada y cínica. Sólo así se explica el triunfalismo, la embustería descarnada, el inaudito despliegue de falacias y de engaños, la impudicia y la desvergüenza del discurso con que, nuestro "pinocho compulsivo", aderezó su Tercer Informe de Gobierno. Mientras fluía su verborrea mendaz, su desfile delirante de "récords históricos", su transformación irreversible y prodigiosa, la realidad misma confirmaba su mentira, su malabarismo embaucador, su retórica falsaria.

Ahí, en la verdad de los hechos, en la realidad que nos golpea con la firmeza de lo inevitable, desfilan sus corruptos (hermanos y parientes, protegidos e impresentables, violadores y beneficiarios), las crecientes remesas de los "expulsados", los muertos de su "pandemia domada", los 92 mil homicidios dolosos de su malogrado gobierno, sus 3.8 millones de nuevos pobres, su debacle económica con una contracción de -5.5%,, su desabasto en el sector salud, el abandono de sus niños con cáncer, su ruindad y desconocimiento en el manejo de la pandemia, su desprecio por la ciencia, su polarización infame, su indiferencia ante el feminicidio, sus masacres cotidianas, su nepotismo descarado, su combate a la pluralidad, su mecenazgo clientelar, sus ataques reiterados a la libertad de expresión, su bienestar de pacotilla.

¡Tenga paciencia mi señor! Se coronará algún día como el rey del parloteo, como el amo y señor de la mendacidad y del engaño. Los retrocesos, concuerdo con Usted, no son fáciles, su mentira ya corroe la realidad; alcanzará por fin el culmen de la estafa, sólo que vamos "a la mitad del camino".

Sobre el poder legítimo, la "tiranía de las mayorías" y la paranoia política

Crónica de la paranoia palaciega

La concesión del poder político encuentra su justificación racional en el logro del bien común. La sociedad transfiere a algunos de sus miembros la facultad de dirigirla, habida cuenta que el ejercicio del poder tendrá como fin último el bienestar de sus integrantes. Quien gobierna debe ser capaz de identificar, en medio de una amplia gama de grupos e intereses en ocasiones contrapuestos, el común denominador, el "consensus omnium" para hallar soluciones y tomar decisiones en el punto de equilibrio, en la frontera exacta entre el beneficio máximo y el mínimo perjuicio. Tal es el rasgo primordial de un "buen gobierno", el ropaje ideológico de los "hombres de Estado": El logro común supone siempre una renuncia, una negociación, un ceder para obtener, un intercambio benéfico en aras de la convivencia, de la pluralidad y la diversidad, del crecimiento orquestado y de la realización comunitaria. Pero ahí donde el poder se transmuta en dominio, donde priva la subordinación sobre el consenso, las políticas clientelares sobre los beneficios universales, la imposición sobre el acuerdo, la coacción sobre la persuasión, la promesa sobre el resultado, el miedo sobre el respeto, el capricho político sobre los límites de la legalidad, la legitimidad se desvanece y el poder se atrinchera en el foso de la intimidación, tras el alambre de espino de la persecución y del estigma, tras el invisible parapeto de la amenaza y la exclusión. Así, el poder legítimo va más allá de la capacidad de imponer, a través de la fuerza o la coerción, la obligación de obedecer; exige racionalidad, apego a la legalidad, respeto a la pluralidad, espacio para el disenso, equidad frente a la ley. Los populismos latinoamericanos han transformado la voluntad "mayoritaria" depositada en su líder en tiranía inequitativa, desigual y excluyente, en pasaporte inobjetable para atropellar a las minorías, para burlar los ordenamientos legales e institucionales, para desmantelar y deslegitimar a la oposición y a los contrapesos, para abatir y sojuzgar a detractores y adversarios. Surge así la tormenta perfecta, la confrontación irreconciliable, la dinámica insalvable de los polos enfrentados; en el "otro" se conjugan la conspiración y la amenaza. Emana así la paranoia política, la vigilancia atenta, el ansia de control, la creación delirante de "enemigos" y de "complotados", la restricción de los derechos y las libertades individuales, las sospechas recurrentes, la obsesión por la confabulación: Instalado en la paranoia surgida de su impericia, de su incapacidad crónica para dirigir y gobernar, de su gestión inestable y tambaleante, de su visión maniquea de la realidad y del mundo, nuestro inquilino de Palacio, nuestro enfermo mental ambulatorio, delira despierto, atrapado siempre en la retórica de la sospecha, en la garras de la desconfianza, en la amenaza del boicot; su megalomanía (burda compensación de su insignificancia constitucional) aviva en su mente el sentido de "autorreferencia": Todo confabula en contra suya, el mundo le persigue, los periodistas le atacan, los conservadores le acechan, la clase media aferrada a su clasismo, a su egoísmo constitutivo y a su "aspiracionismo" perverso intenta arruinar sus proyectos, dinamitar su transformación y su indefectible tránsito por la historia. La paranoia es sin duda el sello del dictador, el atributo distintivo del demente y del autócrata: de Stalin a Gadafi, de Iván el Terrible a Amín Dada, de Chávez a Obrador. Cada mañana la cantaleta delirante, la obsesión monomaníaca, la difamación y la calumnia, las acusaciones sin sustento, los enemigos espectrales del ayer y del mañana, la amenaza velada, la retahíla de insultos, apelativos, ofensas y descalificaciones. Sólo la sumisión o la incondicionalidad, evaden su persecución. ¡No hay medias tintas! Su paranoia asume a cualquier otro como extraño o como enemigo; los manipuladores de ciudadanos que instrumentan el boicot, la prensa que se ensaña con su figura impoluta, las hordas implacables del conservadurismo, los fantasmas del Salinismo y del "prianismo", los niños con cáncer de la "derecha internacional", los embates egoístas de esa clase media que deberá ser reemplazada por sus decisiones en las urnas, los órganos autónomos, el INE y el Tribunal Electoral, las organizaciones de la sociedad civil, los jueces del viejo régimen, los empresarios nacionales y extranjeros. Y a un lado de sus delirios, de su discurso inútil y enfermizo, desfilan sus muertos, sus pobres en crecimiento, sus enfermos abandonados a su suerte, sus mujeres asesinadas, sus masacres del día, sus niños con cáncer, su economía a la deriva y su inseguridad rampante.

Crónica de la paranoia y del fracaso, del delirio y la inutilidad, del engaño y la ignorancia.

Sobre la función política del odio: El repudio del "otro"

El inútil tránsito por la historia

Colocado en el centro de la narrativa, infiltrado en la retórica oficial, el odio cumple su función política: Configurar al "adversario", transformarlo en receptor de los estigmas, en eje del mal, en el enemigo a ultranza del bienestar y del logro, en el obstáculo a vencer, en el depositario unívoco de la perversidad y la malicia; insertar en el imaginario popular la dinámica de la confrontación, el enfrentamiento dual entre el "bien" y el "mal", el antagonismo irreconciliable y sin matices que, derivado en absoluto, destierra de sus dominios la figura del "otro", la presencia del odiado. En los arreglos radicales no hay equilibrios ni conciliaciones; convenir con el otro es pactar con "el mal". El "contrario" es desvirtuado, despojado de su realidad compleja y móvil; convertido en arquetipo, en enemigo monolítico, en la representación misma de lo indeseable y lo condenable; despojado de sus rasgos individuales, de su argumentos específicos y de su "racionalidad" intrínseca, se deposita en la misma cesta, en el cajón de sastre del opositor y el disidente; ahí convergen la prensa y la crítica, los empresarios y los "clasemedieros", los "prianistas" y los fifís, los neoliberales y los colonizadores, los conquistadores y los inversionistas, los "aspiracionistas" y los "clasistas". No se trata ya de ese odio individual que nos enfrenta cara a cara, de ese odio concreto, íntimo e interpersonal que reconoce rostros y motivos legítimos; se trata del odio en plural, impersonal y difuso, prototípico y abstracto; vehículo de la sinrazón, de la visceralidad y el dogma, de la cerrazón y las monomanías. Es odio a la "otredad", repudio a la "diferencia", intolerancia al disenso. El reduccionismo del odio permite la bipartición, el "nosotros" contra el "ellos", la separación artificiosa de los "buenos" y los "malos" que redirige la animadversión, que cataliza las tensiones, que legitima la violencia, que justifica el repudio y el rechazo ciegos, que anula la pluralidad y que denigra al contrario para despojarlo de su legitimidad. En los arreglos del odio público los rasgos se desdibujan, las individualidades se diluyen; de ahí su utilidad, su fuerza cohesiva, su instrumentalización recurrente. El odio es alentado desde el poder no solo para destruir al "otro", al enemigo común, al disidente o al discrepante; genera adhesiones, fomenta consensos, aglutina a los adeptos, atrae a los "leales", crea lazos comunes y poderosos vínculos identitarios, refuerza las alianzas, las coaliciones doctrinarias, la "lucha" común, la reelaboración reactiva del "nosotros" frente al "ellos".

La encarnación en el "adversario" de todos los males posibles y pensables, da sentido a su destrucción, centraliza las agresiones, focaliza el repudio social y justifica en los hechos la violencia de Estado, la ideologización de las políticas públicas, las transgresiones a los ordenamientos de la ley, los ataques frontales a las instituciones o la violencia descarada y abierta de grupos y colectivos en contra de los "señalados", del "enemigo común", de esa amenaza difusa y "fantasmal" que cambia de rostro y de identidad a conveniencia del gestor, del alimentador del odio, del que utiliza los afectos para "controlar" a los demás.

Bajo esta dinámica perversa, bajo esta retórica absolutista del odio y la confrontación, no hay espacio para el consenso, no hay sitio para la negociación, no hay oportunidad para la paz; el "adversario" no es legítimo, carece de interlocución, de reconocimiento en la pluralidad. Sus razones o creencias se consideran "engañosas", "desviaciones" inaceptables del pensamiento "correcto"; sin cabida para intercambios, sin posibilidades de disertación, sin interlocutores en el horizonte, el otro es tan sólo el enemigo a vencer, el "hostis humani generis" que debemos repudiar. ¡Nuestro Inquilino de Palacio lo sabe! De ahí su "vocación polarizante", su afán "incomprensible", su insistencia infatigable, su desesperación evidente por materializar a toda costa la "Revocación de Mandato", no como herramienta legitima de democracia participativa ni como un afán genuino de "empoderar" a la gente; es la herramienta infalible de la confrontación bipolar, la institución de la dinámica del odio transmutada en "consulta", la recreación de esa pugna entre el "nosotros" y el "ellos", la instrumentalización de la visceralidad y del prejuicio ciego. Se trata de legitimarse, de cohesionar a sus huestes frente a la amenaza "externa", de posicionarse en el imaginario popular como el "elegido" por la historia para plantar cara a las agrupaciones del "mal", de reforzar los vínculos identitarios con la figura de "el pueblo", de confrontarlo artificiosamente con la figura del "adversario" en la que convergen a un tiempo el disenso y la pluralidad.

El odio es siempre de doble signo; separa y cohesiona a la vez, nos distancia del otro pero nos convoca en el "rechazo", en la "aversión común", en la "inquina compartida". No es casual que la "Revocación de Mandato" haya sido aplicada en 2004 contra el mismo presidente que impulsó su incorporación en la Constitución de la República Bolivariana de 1999: Hugo Chávez Frías. Bajo un traje legítimo y en manos de los populistas, la Revocación de Mandato es la herramienta perfecta para capitalizar el odio, para dicotomizar a la sociedad, para trasladar sus confrontaciones subterráneas al plano de lo público, para materializar en la esfera de lo legal la dinámica de la pugna, la trampa maniquea con que se atiza la enemistad, con que se afincan los prejuicios, con que se reconstruyen en la sociedad las divisiones y el rencor: "Conmigo o contra mí", expresión inequívoca del reduccionismo ignorante, del repudio insensato a la diversidad y al pluralismo, de la imbecilidad que desconoce el poder de la conciliación. Imposibilitado por sus limitaciones congénitas y por su atrofia cortical, incapacitado por su microscópico intelecto para convertirse en un hombre de Estado, nuestro Inquilino de Palacio, nuestro paradigma de la ignorancia rupestre y patética, recurre al ábaco del simplismo, a los arreglos reduccionistas y dicotómicos del idiota, a la visiones en blanco y negro de la sociedad y de la historia.

¡No mi señor! La revocación de mandato no apunta a consolidar la máxima de "el pueblo pone y el pueblo quita"; es fuego en el caldero de los odios convenientes, de la polarización a ultranza, de las visiones reduccionistas del "nosotros" y el "ustedes". No caeremos en la trampa. Usted se irá de cualquier modo por la fuerza de sus fracasos, por la realidad de sus muertos, por la incompetencia de sus cercanos, por la inutilidad de sus actos, por su inacción y su impericia. Se irá dejando tras de sí su estela de miseria, de promesas incumplidas, de retroceso evidente. Se irá entre los masacrados y las asesinadas, arrastrando su ineptitud, sus "abrazos sin balazos", su derrota inequívoca, su inútil tránsito por nuestra patria y nuestra historia.

Sobre el pensamiento racional y los riesgos del pensamiento mágico

La mágica pirámide

"Cuando el fanatismo ha gangrenado el cerebro, la enfermedad es casi incurable"

Voltaire

Mientras transita por la lógica y libra su feroz batalla contra la subjetividad y las distorsiones cognitivas que emanan de las emociones; mientras se sumerge en la esencia misma de la realidad, alejado de los sesgos de la intuición, del acartonamiento del dogma o de la inflexibilidad del prejuicio; mientras intenta escudriñar el mundo bajo la lente de la razón y de la crítica, aferrado siempre a las bondades del "método", a la solidez del análisis sistemático, a la férrea estructura del entendimiento y la argumentación; mientras abre sus puertas al escepticismo y a la duda para privilegiar lo constatable, para conformar el conocimiento universal, objetivo y verificable que sobreviva al embate de las creencias particulares, el pensamiento racional nos libra de la incertidumbre, nos acerca a la comprensión de las leyes que proporcionan sustento y explicación a nuestro mundo:

Sólida plataforma de certezas alejada del mito y la ficción, de los pantanos de la irracionalidad, de las imprecisiones que pueblan la niebla de las casualidades o de las asociaciones espurias. Pero este marco de sólida certidumbre, este hilo conductor que nos permite caminar con firmeza por los oscuros laberintos de la incertidumbre, reclama su demostración, su esencia reproducible, su rigor intelectual; deberá partir siempre del concepto, del juicio y del razonamiento, sólo para volver a ellos una y otra vez, para eludir la puerta falsa donde se alojan las creencias, las apariencias o las preferencias. Ante tal exigencia se abren a menudo las tentaciones del pasado, las fórmulas arcaicas de la existencia primigenia: El pensamiento mágico, esa mezcla amorfa de sentimientos y cogniciones, esa forma de "leer" la realidad que emerge de lo arbitrario, de la desinformación y del prejuicio, ese espacio donde la realidad física y material se confunden con la realidad mental y simbólica, ese foro rudimentario de nuestra mente donde no media el argumento, donde se elude la explicación. Tales fórmulas inacabadas o parciales a las que se aferran la irracionalidad, la ingenuidad o la ignorancia (que contaminan como una plaga el discurso de nuestros políticos, las redes sociales y la opinión pública), conducen a menudo a callejones sin salida, a derivaciones imprecisas de la realidad, a "medias verdades" plagadas de credulidad y de "fe" con las que se pretende combatir la evidencia "reconocida": Ideas cerradas, incontrastables, frágiles como una estatua de arena, carentes de método y de valor factual.

El pensamiento mágico y regresivo domina ahora nuestra vida pública; se extiende como una plaga para construir el dogma oficial, la verdad irrefutable, la "razón" indiscutible. Y ahí, en el frágil albergue de la irracionalidad y del prejuicio, en el ámbito mismo de la seudointelectualidad y de la seudociencia, nuestro inquilino de Palacio (y su abundante estela de imbéciles e ignorantes) construye las soluciones, las fórmulas "salvadoras" que "transformarán" la patria, el "detente" que acabará con la pandemia, los abrazos que desalentarán al criminal, los exorcismos morales que acabarán con las masacres. Cuando entre el deseo y el logro no media la acción, no hay otra cosa que pensamiento mágico, formulismo estéril; suponer que la transformación es un rasgo contagioso, que la mera pretensión garantiza la conquista, es tan solo puerilidad inútil, conducción fatua, promesa mesiánica.

En su mundo primitivo y mágico reinan la imprecisión, el misticismo, el poder hechicero de la intencionalidad; saldremos a presenciar los festejos patrios, la sólida pirámide luminosa de cartón y "saliva" que al lado de la original, ilumina a nuestros ancestros, sólo para dejar atrás y de una vez por todas la inoportuna pandemia; mandaremos nuestros niños a las escuelas protegidos por el aura impoluta de "San Andrés de Loyola" que sostendrá entre nubes su "detente", nos quitaremos del rostro los inútiles barbijos repudiados por la infalible "ciencia" de nuestras ínclitas autoridades sanitarias (criminales impresentables de blanca bata), y elevados a la categoría de "bozal" por la desnutrición cerebral de numerosos políticos (imagino que es debido a que les impide "ladrar", lamerse sus heridas o morder a sus "adversarios"), saldremos a festejar los 500 años de la Fundación de Tenochtitlán que algún imbécil iletrado se saco del fondo de la manga para agradar a nuestro pedestre "Tlatoani" palaciego.

Así, mientras en el régimen mágico-socialista de Daniel Ortega, su mujer Rosario Murrillo asegura con convicción absoluta hablar con "Rubén Darío" y haber parido en la figura de su hijo a la reencarnación misma de Sandino; mientras Nicolás Maduro recibe a Hugo Chávez transformado en pájaro para recibir su bendición y su impulso hacia la victoria, nuestro charlatán supremo, nuestro Iluminado de Macuspana, convocará a la Nación entera (en medio de la Pandemia) a inmolarse en su mágica pirámide.

Reflexiones sobre los límites de la libertad de expresión y la retórica de la descalificación

La gangrena de la hipocresía

La libertad de expresión, como un derecho natural e inalienable de los seres humanos, se encuentra profundamente enraizada en nuestra cultura occidental y es considerada hoy día como uno de los atributos primordiales de las sociedades democráticas; fue consagrada en su momento por la Declaración de Derechos y Deberes del Hombre y el Ciudadano tras la Revolución Francesa de 1789 como un derecho fundamental vinculado a los principios básicos de igualdad y libertad, que se transformarían más tarde en la conocida divisa revolucionaria (Liberté, Égalité, Fraternité). Así, es posible leer en el artículo 11 del texto votado por la Asamblea nacional constituyente, que "la libre comunicación de pensamientos y opiniones es uno de los derechos más preciosos del hombre; en consecuencia, todo ciudadano puede hablar, escribir e imprimir libremente". Pero tal libertad no se presenta como un derecho ilimitado o irrestricto, pues su ejercicio es "a trueque de responder por su abuso". Podemos plasmar la esencia de la libertad de expresión utilizando la famosa frase de Evelyn Beatrice Hall (erróneamente atribuida a Voltaire); "estoy en desacuerdo con lo que dices pero defenderé hasta la muerte tu derecho a decirlo". Tal expresión parece resumir, enfatizar y ponderar nuestra idea central de que las sociedades democráticas tienen la obligación de defender a ultranza la libertad de expresión, evadiendo la censura y las "verdades oficiales". Pero la utópica idea de que nuestro derecho a comunicar o expresar nuestras opiniones y pensamientos no debe estar sujeto a restricción alguna, no se condice a plenitud con la realidad legislativa de los Estados democráticos. Ahí donde la difamación, la calumnia, el odio o la injuria se adueñan del discurso, donde se vulneran los derechos de los otros o se violenta la ley, donde se viola el derecho a la intimidad, donde se lesiona la dignidad o el honor del "otro", la libertad de expresión alcanza sus cotos.

Arropados en los derechos que nos otorgan las sociedades democráticas, y arrogándose incluso la defensa misma de la libertad de expresión, los políticos de hoy han introducido en su discurso el lenguaje del odio, las estrategias de la descalificación, las tácticas de la difamación, especialmente en el contexto de la creciente "plaga populista" que azota nuestro continente y que, al margen de su posición en el espectro ideológico, siembra la confrontación, la división y la escisión social. Nada más alejado de la "información" o de la comunicación de ideas, pensamientos u opiniones mediante el uso del lenguaje (que apunta siempre en último término a la construcción de "sentidos" y "significado"), que el discurso violento, que la retórica de la adjetivación, la estigmatización y el denuesto (que persigue siempre la destrucción o la descalificación del "otro"). Imbuido de este mal, nuestro Inquilino de Palacio, nuestro fracasado poeta del insulto, nuestro exponente supremo del tartufismo y la mentira, parece haber olvidado la premisa básica, la condición primordial que diferencia la comunicación política de ese bodrio de denostación mañanera que él supone un "diálogo circular". Pero ahí donde no hay argumentos sino descalificaciones, donde se excluye la posibilidad de respuesta, donde se suprime el derecho a la réplica y al intercambio de opiniones o de razones políticas, donde se denigra moralmente al "adversario" o se le despoja de su dignidad, donde se intenta imponer "verdades" ideológicas o "credos" supuestamente irrefutables, donde el lenguaje político toma la forma de un monólogo para evitar que en el diálogo se impongan las "razones" o los "mejores argumentos", donde se instituye desde las cúpulas del poder (con los ilimitados recursos del Estado) una persecución implacable y ventajosa del disenso, donde se institucionaliza un instrumento inquisitorio en contra de los medios de comunicación y los periodistas que cometen el "pecado capital" de cuestionarlo o de señalar su errores (el "Quién es quién en las mentiras de la semana"), no hay democracia posible. Las expresiones desde el poder se reducen al acoso, a la persecución, a la segregación, siempre en un visible marco de prejuicios e intolerancia. La consecuencia esperada, la resultante de tal sumatoria es siempre la misma: Infamar, acrecentar la hostilidad, el odio, la discriminación o la estigmatización contra esas personas o grupos de personas, que el microscópico intelecto de nuestro habitante palaciego ha focalizado en la prensa crítica y en sus "rivales" políticos.

¿Cómo puede llevar su hipocresía a tales excesos de fingimiento y falsedad? ¿No es acaso una manifestación extrema de simulación y fariseísmo que el principal promotor del odio contra la prensa se lance en "defensa" de los periodistas amenazados? ¿Cómo puede reprobar los ataques y las amenazas a la prensa el "Torquemada" de ese infame Tribunal de censura y linchamiento que, bajo el ridículo nombre de "Quién es quién en las mentiras", constituye la manifestación más clara e inequívoca de su vocación antidemocrática? Aquí las declaraciones de nuestro Inquilino de Palacio:

"Quiero expresar mi solidaridad con la periodista Azucena Uresti por la amenaza que recibió de una de las organizaciones de la delincuencia. Quiero decirle que cuenta con nosotros. Desde que me enteré, di instrucciones para que se le atendiera. Ya se estableció comunicación con ella, el subsecretario Alejandro Encinas la atendió y ya se estableció un mecanismo de protección.

Repruebo completamente esas amenazas, no admitimos que se actúe de esa forma. Y vamos a proteger a Azucena y vamos a proteger a todos los mexicanos, es nuestra responsabilidad la protección de los mexicanos, que no sean dañados, que no sean intimidados, que no sean amenazados por nadie. De modo que reitero mi solidaridad a esta periodista, Azucena Uresti, y a todos los periodistas, con la garantía de que siempre nuestro gobierno va a proteger a quienes llevan a cabo este oficio, quienes se dedican al noble oficio del periodismo, y a todos, dirigentes sociales, y a todos los ciudadanos, es nuestra responsabilidad y la asumimos".

Si la estupidez, el cinismo y la hipocresía consumieran nuestro cuerpo como una gangrena, no conoceríamos ya al habitante de nuestro Palacio.

En relación a la democracia, la anulación del "otro" y la desconexión moral

La senda de la desconexión

La democracia es ese espacio abierto, dinámico e inclusivo que nos convoca en la diversidad, que nos inserta en el espacio público sin demérito de nuestra singularidad; al reconocer la alteridad, al abrirse al diálogo en el marco de la diferencias, al repensar la política como una actividad integradora que preserva la disimilitud y la individualidad, al valerse de la interlocución y del consenso para reunir a los diversos, la democracia nos iguala, nos ubica en esa dimensión horizontal en la que tienen cabida el argumento, la disidencia, el acuerdo, el contrapeso, la deliberación o el debate; al reconocer la "otredad", al entender que el diálogo y la mutua persuasión pueden transformar la heterogeneidad y las divergencias en puntos de encuentro, en acciones y en convergencias, en colaboración y en convivencia, la política adquiere su verdadero sentido: Mantener la unión de los unos con los otros, fomentar la interacción "inter homines", preparar el paraje en el que habrán de construirse los pactos y los acuerdos. La verdadera democracia no impone jerarquías; reclama su valor en la igualdad y se enriquece en la diversidad. Así, nada la amenaza en mayor grado que las posiciones irreductibles, los fundamentalismos, el dogmatismo radical, el pensamiento monolítico, la negación de la pluralidad (ese escollo primigenio en el camino de los totalitarismos).

Los autoritarismos nacen donde muere la pluralidad, donde la arrogancia, la megalomanía o el mesianismo, pretenden imponer sus "datos", sus "verdades absolutas", sus postulados "irrebatibles"; ahí donde se busca el control, la homogeneidad sumisa, la adhesión incondicional, la lealtad ciega, la anulación de facto del espacio político. En este nuevo arreglo, excluyente y cerrado, en el que se alientan la sumisión y la obediencia dogmática, en el que se exige al individuo la sujeción incondicional, el hombre deviene en masa (única posibilidad de "participación" y "agrupamiento"). Rehusarse a la alineación, escapar de la "fusión", negarse a formar parte de ese conglomerado plástico, amorfo y complaciente, supondrá el señalamiento, la estigmatización, el denuesto, la desconexión inmediata del núcleo social mediante arreglos maniqueos.

Tal es el tenor del "pensamiento" monolítico, de la monomanía enfermiza, de los rígidos posicionamientos ideológicos de nuestro cenutrio palaciego; ha emprendido la ruta sin retorno, la fórmula de la desconexión social, la que desoye y nulifica al "otro", la que evade el reconocimiento mutuo, la que escinde y excluye a todo el que disiente, al margen de su legitimidad o de la racionalidad de sus argumentos: Es esta la ideología de la desconexión, la que socava y enloda la imagen del crítico, las voces de la intelectualidad, las opiniones del experto, los reclamos justificados de los "separados" o los excluidos, los derechos individuales de las minorías pensantes. La solicitud de medicamentos y de atención médica devendrán en "golpismo"; las reivindicaciones feministas en "ataques orquestados por oportunistas y neoliberales"; la petición de una tercera dosis de vacuna para el personal médico, en "oscuros intereses de la industria farmacéutica".

Pero hay algo peor que la desconexión social, una ruta más perversa y pedregosa que amenaza la solidaridad y la democracia misma: La desconexión moral, la semilla cainita de la insolidaridad y del desprecio. Dicha desconexión permite lo inadmisible, justifica lo reprochable, pretende dar sentido y legitimidad a sus comportamientos insolidarios y a su negligencia criminal. ¿Cómo puede nuestro inquilino de Palacio acallar su conciencia, mantener intacta su apreciación de sí mismo, permanecer incólume en su megalomanía o suponer que escribirá con páginas de oro su paso por la historia, si no es a través de la desconexión moral absoluta de la realidad que lo circunda? Insensible a las necesidades de los demás, ajeno a los principios de la solidaridad y la empatía, nuestra acémila de dos patas se aferra a su insensatez, al autoengaño, a la supresión acomodaticia de su responsabilidad frente a la desgracia. Sólo la atrofia de la conciencia moral, la carencia de solidaridad y de empatía (que siempre dispone de "otros datos"), la desconexión de sus responsabilidades morales, pueden hacer posible que en medio de la pandemia y de la muerte, ante los índices más altos de homicidios y feminicidios de los que tengamos memoria, ante el desabasto de insumos y medicamentos que ha llevado a la muerte a decenas de niños con cáncer, ante los cientos de mujeres asesinadas mensualmente en nuestro país, ante la tragedia evitable de quienes murieron en el metro, ante los informes cada vez más alarmantes y frecuentes que dan cuenta de la pobreza en crecimiento, del desempleo rampante, de la desaparición de miles de empresas y de pequeños comercios, de las masacres y los asesinatos del crimen organizado, se aferre a la inacción, a los "abrazos sin balazos", al discurso hueco y demagógico, a las fórmulas obsoletas de un pasado enterrado. Para él, la tragedia y la muerte pueden esperar, pues hay aspectos de mayor importancia; combatir con denuedo los embates de sus "adversarios", desenmascarar las "mentiras" y las "descalificaciones de la prensa", revelar ante la opinión pública los inadmisibles "insultos" publicados en "twitter", ocupar el espacio público con su inútil verborrea, replicar en el Zócalo la antigua Tenochtitlán, silenciar a cualquier precio las voces de la disidencia. Es algo más que cortinas de humo, que distracciones manipulativas: Es el cáncer y la podredumbre de la descomposición moral.

Sobre los móviles internos del discurso populista: Sembrar, regar y cosechar el odio

El estigma imborrable

Al reiterar su vinculación primigenia con el "pueblo" (opuesto siempre en el discurso a personas o colectivos con intereses antagónicos), al apelar en todo momento a una identificación plena e invariable con la voluntad, las exigencias, las necesidades, los mandatos, los "ideales" y las aspiraciones "populares", la retórica populista pretende construir, en el núcleo mismo del imaginario social, una dinámica de confrontación, un enfrentamiento polar entre dos grupos de referentes simbólicos que conminan al interlocutor, que orillan al oyente a la "adhesión identitaria" (consciente o no) con alguno de los extremos ("pueblo-élite", "popular-culto", "pobre-privilegiado", "buenos-malos"), lo que suprime los matices, reduce nuestra realidad social a espacios de confrontación que privilegian las filias y las emociones (más que los argumentos de índole racional) y que generan la buscada cohesión doctrinaria e indisoluble entre el líder y sus adeptos. Tal polarización parece recrear los viejos dilemas del mundo y esa dualidad decimonónica entre "civilización y barbarie", en la que "el bárbaro" es siempre "el otro", en la que se considera al adversario incapaz de aportar algo o de albergar atributos "positivos", como si ciertos ideales, aptitudes, rasgos o cualidades humanas fueran privativos o exclusivos de un cierto grupo. Pero tales escisiones artificiosas en el seno de la sociedad, reforzadas por una fuerte carga de simbolismo y por una selección cuidadosa y conveniente de las palabras, no sólo favorecen la formación selectiva de vínculos sociales; son a un tiempo el ingrediente primordial de la división y la ruptura. De este modo, las disposiciones emocionales enfrentadas, la supresión del amplio espectro de opiniones, colores y matices que caracterizan el pensamiento humano y el devenir político y social, conducen al callejón sin salida de la polarización y el odio. Odio que será capitalizado, explotado como herramienta política, instrumentalizado como mecanismo de control de masas, dirigido y alentado selectivamente contra todo aquel que pueda ser incorporado mediante ciertos rasgos simbólicos a los grupos antagónicos, a las filas de los "adversarios". El odio invita siempre al acto prerreflexivo, moviliza a la masa, la impulsa a actuar al calor de los afectos (al margen de resultados, de evidencias o de pruebas irrefutables). Se espera que el pueblo "actúe" en respuesta a ese conjunto de dualismos interiorizados, que esté predispuesto a comportarse, a interpretar, a percibir la realidad o incluso a "pensar" en el sentido deseado. Nuestro inquilino de Palacio, nuestro experto en la siembra, en el riego y en la cosecha de los odios (al igual que muchos otros adefesios del populismo), emplean esta fórmula de dominación simbólica consistente en asignar, a cada uno de los polos enfrentados, una serie de atributos y cualidades opuestas (por supuesto, ocultando siempre la naturaleza arbitraria y prejuiciosa de tal distribución) para alimentar y usufructuar la dinámica del enfrentamiento. Así, el discurso presidencial, incendiario y resentido, violento y desafiante, plagado de epítetos, insultos y denuestos, invitaba a medir fuerzas, a enfrentar en la arena a las fieras en discordia, a medirse en la próxima consulta, a unirse de una vez por todas al "bando conveniente". Así señalaba el Inquilino de Palacio:

"Entonces, ya hay este precedente [el de la consulta reciente], viene ahora -lo dije ayer, lo repito ahora- viene la revocación del mandato en marzo y va a ser interesantísimo, no nos vamos a aburrir, no vamos a estar bostezando, porque el bloque conservador tiene la oportunidad ahora de reagruparse, como lo hicieron en junio, que querían que no contáramos con la mayoría en la Cámara de Diputados y se unieron todos: Políticos corruptos, la mayoría de los medios de información, los sectores más retrógradas.

Salió el pensamiento rancio, conservador, que siempre se mantiene en el país desde la época de los conservadores del siglo XIX, salieron todos y se agruparon porque les molesta mucho que se ayude al pueblo, les molesta mucho que el presupuesto se destine a ayudar a la gente más humilde. Aunque ellos van a la iglesia los domingos y se dan golpes de pecho, y confiesan y comulgan, olvidan los mandamientos porque su doctrina verdadera es la hipocresía. Imagínense.

¿Qué esperaban? Fíjense el grado de prepotencia, de arrogancia. Hace como un año, menos, los conservadores votaron en la Cámara de Diputados para que no se elevaran a rango constitucional el derecho a la pensión a los adultos mayores, votaron en contra para que no se entregara la pensión a niñas, a niños con discapacidad, votaron en contra de entregar las becas a estudiantes de familias pobres, votaron en contra -porque les molesta- que se entreguen de manera gratuita los medicamentos.

¿Y qué pensaban?, ¿que la gente no se enteró?, ¿que el pueblo es tonto?

No, los masoquistas son otros y tonto es el que piensa que el pueblo es tonto."

¡Clap, clap, clap, para el sembrador de intrigas, para su articulado y prolijo rebuzno! Invitar a la revocación de mandato; artificio perfecto para consolidar la confrontación, la polarización extrema, las adhesiones doctrinarias, las filias irreflexivas. ¡Conmigo o contra mí! ¡A unirse camaradas que el "adversario" está cerca! Su intención de deshacerse de "nosotros" exige nuestra cohesión, nuestra "unidad" indisoluble. Viejo y repugnante artilugio de las consultas populistas que, disfrazadas de democracia participativa, intentan perpetuar la pugna, aceitar la maquinaria de la confrontación y anular el pensamiento reflexivo en aras de la visceralidad.

¡Guárdese su consulta! ¡Se irá cuando deba irse con el imborrable estigma del fracaso y la inocultable mácula de la ignorancia!

Sobre el uso político de la historia

¡Saca tus manos de mi historia!

"Podemos aprender de la historia, pero también engañarnos a nosotros mismos cuando buscamos electivamente pruebas en el pasado para justificar lo que ya hemos decidido hacer."

Margaret MacMillan

La historia es esa gran pregunta que sólo es posible responder, de forma más o menos acertada, cuando contrastamos las diferentes versiones de los acontecimientos, comparamos y analizamos cuidadosamente las fuentes seleccionadas, determinamos su confiablidad, autenticidad, coherencia y pertinencia para construir con ellas una narrativa racional, objetiva, congruente y fundamentada (libre de prejuicios, de sesgos ideológicos y de visiones en blanco y negro), que proporcione esa explicación convincente y racional de lo acontecido en el pasado. Adherirnos a la verdad, entendernos en la complejidad y en el amplio espectro de matices que suelen albergar los hechos y las realidades pretéritas, desmitificar y desenmascarar las lecturas facciosas, autentificar el discurso histórico y dotarlo de significado, esclarecer a la par las causas y las consecuencias, da sentido a nuestro presente y nos proyecta hacia el futuro. El tejido de la historia sostiene nuestra identidad y enfila nuestro pensamiento hacia la comprensión del mundo; pero intercambiar lo pasado por "lo deseado", construir una memoria desde los sesgos del presente, empatar la historia con la agenda en turno, desdibujar los acontecimientos con el nebuloso manto de la fabulación y de la mitificación para injertarlos a modo en el ideario popular; enturbiar, desacreditar, deformar o negar una parte de nuestro pasado para implantar una determinada visión ideológica, imponer el lado más "conveniente" de la historia o vindicar con ella las posiciones, las decisiones o los yerros actuales, no es más que deformación demagógica, definición desde el poder de la "verdad histórica", oficialización manipulativa de esas "interpretaciones" que suelen afianzar y legitimar el poder. Mussolinni y la Italia fascista se adueñaron de los viejos mitos de la Roma imperial para conferir a su movimiento legitimación histórica y dar sentido al nuevo Imperio Italiano proclamado por "Il Duce" el 9 de mayo de 1936. Así, calificaría la celebración de la fundación de Roma (el "Natale di Roma") como una "jornada fascista"

Mediante el "uso político" de la historia, los populismos latinoamericanos (incluido el batiburrillo ideológico de nuestro ignorante supremo) buscan reinventar la "mitología nacional", trasladar a la historia sus visiones maniqueas, sus concepciones polarizantes, su divisionismo a ultranza; reforzar los lazos identitarios con que el líder se asimila a las masas, con los que se adueña del "mandato" y de la "voluntad" que emana de esa entelequia a la que llaman "pueblo", a la que revisten de virtud, de fortaleza moral y de sabiduría incuestionable para oponerla como barrera infranqueable a sus adversarios y detractores, para violentar las instituciones, socavar la democracia, sortear los obstáculos que plantea la ley y hacer prevalecer su pensamiento monolítico.

Es así que nuestro inquilino de Palacio, nuestro Chávez tabasqueño (motor de retroceso y de fracaso, paladín incuestionable de la mediocracia, derrochador infatigable de la ineptitud y la ignorancia, declarado combatiente de la superación y al "aspiracionismo"), ha decidido manosear nuestra historia, salpicarla con su insensatez, recrearla y mancillarla desde la óptica miope de sus dislates ideológicos, emplearla para refrendar su conveniente planteamiento del "ellos y el nosotros", para acicatear en el ideario popular las manidas visiones maniqueas que suelen separarnos en polos irreconciliables, en "buenos" y en "malos", en "víctimas" y "victimarios", en "conquistadores" y conquistados", en "invadidos" e invasores", en "humillados" y "ofensores": Simbolismos inconfundibles de las polarizaciones populistas (el "pueblo" y la "oligarquía", los "neoliberales" y los "progresistas", la "honestidad impoluta" y la "corrupción rampante", el "antes" y el "ahora"). Tras rescatar la "leyenda negra", tergiversar la historia para equiparar en el ideario popular al México de hoy con los pueblos procedentes del Norte que formaron el Imperio Mexica y que sometieron entonces a los pueblos nativos; tras asumir sin fundamento alguno que 1321 es la fecha de fundación de la antigua Tenochititlan (lo que a decir del propio Matos Moctezuma, máxima autoridad en la materia y director del Proyecto Templo Mayor, "no está basada en nada"), tras rescatar la vieja visión proindigenista para implementar las viejas prácticas del paternalismo y del asistencialismo, tras borrar de un plumazo las aportaciones hispanas y nuestra realidad mestiza y plural, tras recurrir incluso a panteones históricos ajenos (al conmemorar el 238 aniversario del Natalicio de Simón Bolívar, figura tantas veces utilizada por el Chavismo para legitimar y apuntalar ese engendro de manipulación y retroceso, esa dictadura infame e inhumana a la que llaman ahora "Revolución Bolivariana"), nuestro ignaro palaciego, nuestro nesciente mandatario, ha decidido reescribir la historia (menudo bodrio); ha decidido replicar la antigua Tenochtitlan en la Plaza de la Constitución (al lado mismo de las ruinas del templo mayor), ha cambiado el nombre del "Árbol de la Noche Triste" por el de "Árbol de la Noche Victoriosa", ha convertido nuestra Avenida "Puente de Alvarado" en "México-Tenochtitlan, ha proyectado el parque temático de Aztlán en los terrenos de la Feria de Chapultepec, ha sentado a Fidel Castro y al Che Guevara en una banca del parque Tabacalera y ha desaparecido para siempre al viejo Colón del Paseo de la Reforma.

Lejos de fomentar el conocimiento de la historia, de aproximarnos desde un enfoque académico a la verdad de nuestra esencia, de amalgamarnos en una sociedad multiétnica y pluricultural, enriquecida por nuestra herencia hispana e indígena, nuestro inquilino de Palacio, nuestro publicista sin sueldo de la imbecilidad y la rusticidad, nos sumerge en esa "historia" que confronta y divide, que polariza y confunde; la del "maldito gachupín", la del "Cortes sanguinario", la del "pueblo bueno", la del "imperialismo yanqui", la que solicita "disculpas a España", la que reniega de sus orígenes para arrancarse de la piel una parte de su identidad.

¡Saca tus manos de mi historia!

Una reflexión sobre la posverdad en la política y el populismo

Tiempos de posverdad

Designada en años recientes como palabra del año por el diccionario de Oxford, el término "posverdad" (surgido en la lengua inglesa en 1992 como "post-truth"), parece describir un fenómeno cada vez más prevalente en el ámbito de la política y de la comunicación social. Se refiere a esas circunstancias en que los hechos objetivos, los sucesos reales y verificables, los datos contrastables y comprobables, tienen menor peso, credibilidad, importancia e influencia para modelar la opinión pública que apelar a los sentimientos o a las creencias de las personas; en medio de un bosque de simbolismos y bajo el influjo de un discurso emocional (que nos dice a menudo lo que deseamos oír, que refuerza nuestros prejuicios o nuestras creencias, que nos impele o nos incita a actuar en el sentido deseado, que respalda y solidifica nuestro propio entramado de opiniones y convicciones), la veracidad se tambalea, la realidad se distorsiona, la objetividad se banaliza para dar paso a los imaginarios populares, a la invención pura y simple, a la subjetividad o la relativización, a la supremacía de la consigna o del eslogan, a los testimonios personales y anecdóticos. La verdad se diluye como criterio de juicio y la argumentación racional, la información precisa, la opinión experta, los hechos que pueden ser verificados y constatados en la realidad misma, son reemplazados por relatos "alternativos", por elaboraciones discursivas de corte emocional, por verdades distintas moldeadas a conveniencia. No se trata aquí ya de lo que "es", sino de lo que "aparenta ser", no es un asunto de "ética", sino de "estética". El discurso político en la era de la posverdad, como otros fenómenos de naturaleza emocional, elude la verdadera dimensión de los hechos circundantes para recrear el entorno, para confeccionarlo como un traje a la medida de sus intereses y pretensiones, para generar esa realidad distinta pero "equivalente" donde la veracidad de "lo que se dice" queda diluida por el impacto emocional que causa en el oyente, por esa "verdad "posfactual" impuesta desde una narrativa teatral, emotiva y atestada de prejuicios, que mina la racionalidad y el análisis lógico. La posverdad porta un mensaje emocional, contundente y categórico que opera sobre las masas, que impone esos relatos e interpretaciones que no requieren demostración o comprobación de cara al interlocutor, que resultan tan creíbles como confiables en tanto dispongan de la suficiente carga emocional para reafirmar sus convicciones. Así, la mentira se despenaliza, se torna aceptable y convincente. El político se despreocupa por el dilema esencial entre "lo falso" y "lo verdadero"; importan más las reacciones y las percepciones masivas. De este modo, los argumentos objetivos que esgrime el científico, el experto, el intelectual o la prensa veraz y responsable, son fácilmente desechados, nulificados y aplastados. Sin límites éticos no hay argumentación que valga ni deliberación o debate que resista el embate de la irracionalidad; se negará lo evidente, para apuntalar lo inverosímil.

Tras la publicación del artículo "Lack of medicines in Mexico" en "The Lancet", una de las más prestigiosas revistas científicas del mundo, que da cuenta del desabasto imperante desde hace 2 años en toda clase de medicamentos (no sólo los relacionados con el tratamiento de los niños con cáncer, sino de vacunas no relacionadas con el covid-19, insulina, metformina y otros muchos fármacos de uso común), de un incremento en el porcentaje de prescripciones no surtidas del 2% en 2019 a 8% en el 2020, de una disminución en la vacunación contra la tuberculosis, el tétanos y el virus del papiloma humano de un 92%, un 81% y un 73%, respectivamente en relación con el 2019, de la irresponsable y negligente cancelación del sistema de compras consolidadas de medicamentos que pasó del IMSS a la SHCP; tras situarnos con su criminal manejo de la pandemia en el cuarto lugar de mortalidad en el mundo por covid 19, tras tachar a los niños con cáncer de golpistas orquestados por la derecha internacional, tras el manejo político de las vacunas que se almacenan o se aplican a discreción bajo criterios de orden político y electoral, ¿cómo puede atreverse nuestro primate palaciego con evolución abortada, nuestro fracasado aprendiz de dictador, nuestro mendaz megalómano venido a menos (con el aplauso y el apoyo de sus nefandos e impresentables matasanos) a afirmar que estamos a punto de acceder a un sistema de salud tan eficaz como los que existen en Dinamarca o en Canadá, que la pandemia está domada, que está ya resuelto el problema del desabasto de medicamentos y de insumos médicos?

Triste posverdad de su populismo barato, de esa distorsión facciosa de la realidad que suplanta la opinión documentada de los expertos con la verborrea incontenible de un charlatán, que confunde el principio de igualdad democrática, donde "todos tienen derecho a opinar", con el principio de la equidad populista (donde "todas las opiniones pueden ser igualmente verdaderas") que ha encumbrado a un personaje cantinflesco, ignorante y pretensioso a las cimas del poder.

Hemos llegado al culmen del espectáculo político, a la arena de la posverdad, a esa etapa descrita por Ludwig Feuerbach en el siglo XIX que anticipaba como un mal presagio los rasgos de los populismos latinoamericanos (incluido el que comanda con descaro nuestro inquino de Palacio): "Nuestro tiempo, prefiere la imagen a la cosa, la copia al original, la representación a la realidad, la apariencia al ser"

En ocasión de las declaraciones de Enrique Krauze sobre la dictadura plebiscitaria; reflexiones sobre la autocracia de los idiotas

Imbecilidad plebiscitaria

El problema con el mundo es que los estúpidos están seguros de todo y los inteligentes están llenos de dudas.

Bertrand Russell

Acusado de negarse a promover la participación ciudadana en la próxima "consulta popular", el historiador Enrique Krauze fue blanco de la mofa y del escarnio de nuestro inquilino de Palacio quien, con su acostumbrada fluidez y agilidad de pensamiento, lo acusó de no saber "nada de política" al haber afirmado que en México se vive una "dictadura plebiscitaria":

"El otro día estaba leyendo a Krauze, pero más que nada su mensaje de Twitter, haciéndome una crítica, entre otras, dice:

'Dictadura plebiscitaria'.

Fíjense lo absurdo. ¿Cómo va a haber una dictadura plebiscitaria? Pues es un contrasentido, la dictadura no puede ser plebiscitaria porque el plebiscito tiene que ver con la democracia.

El problema de Krauze es que no sabe de política, no sabe de ciencia política y, además, si está ofuscado pues más se confunde."

La ignorancia es necia pues se ignora a sí misma. De ahí su atrevimiento, su conocida avilantez, su tendencia a mostrarse desnuda y descarnada; pero hacer de ella un espectáculo pirotécnico a gran escala, ondearla con frenesí como si fuese el pendón triunfal de un ejército victorioso, lucirla en la frente como la láurea corona de la imbecilidad olímpica o transformarla en un inspirado panegírico de la idiotez mediática, es poco menos que un abuso. Cuando la lengua no corre por los rieles de la razón y obliga a quien la activa a evidenciar la versión más cruda y lastimosa de su desnutrición encefálica, se requiere al menos una dosis de pudor. ¿Cómo se le ocurre señor Krauze meterle un plomazo intelectual a bocajarro a un individuo tan inerme e indefenso? ¿A qué espolear con tanta exaltación al destinatario de sus argumentaciones con las complejidades Weberianas de la democracia plebiscitaria o con el intríngulis de sus aberrantes degeneraciones dictatoriales, estando tan decrépita y escuálida la caballada? ¡La fijeza y la extrema atención que nos dedica una lechuza no significa que podamos discutir con ella los pormenores de la relatividad general o los intrincados misterios de la materia oscura! Así que deje para mejor momento sus exquisiteces académicas que en los desiertos mentales no florecen las ideas.

¡No señor Obrador! No existe contrasentido. La nueva plaga de regímenes totalitarios que amenaza el progreso de América Latina, utiliza a menudo los resortes de la democracia. Al igual que Usted, los nuevos líderes latinoamericanos suelen establecer un sólido vínculo emocional y visceral con las masas, una "liga" directa, identitaria y "reivindicativa" con "las mayorías" a través de un discurso demagógico, plagado de promesas huecas y milagrosas, de nociones vacías, de ilusiones encendidas al calor de la narrativa, que oponen a los procesos de largo plazo en la solución de problemas que caracterizan a la democracia.

Con su retórica maniquea, siembran la polarización y la división para crear en el imaginario popular una dinámica de confrontación entre el "nosotros" y el "ellos", entre el "pueblo que afirman representar" y sus "adversarios", los "enemigos de la voluntad popular", esos que presenta como responsables de sus yerros y sus fracasos, como los depositarios fantasmales de todos los males: En este juego perverso y de confrontación, los líderes como Usted suelen encumbrarse como los "salvadores de la patria", como los artífices de la transformación y el cambio. Una vez legitimado su poder a través de esa entelequia llamada "pueblo", revestidos de ese poder "superior" que convierten en un "cheque en blanco", que interpretan y dirigen a placer, socavan las instituciones, pisotean la ley, se adueñan como

Usted de los poderes alternos, diluyen y destruyen todo aquello que intente limitar sus designios a través de una coerción constante, de un ataque soterrado y de una violencia verbal incesante sobre la oposición, la intelectualidad y la disidencia. Se afirman en sus vínculos identitarios a través del clientelismo, del asistencialismo y la propaganda; machacan día y noche a las masas con sus eslóganes dogmáticos e ideológicos cargados de "revanchismo", de "resentimiento", de fuertes connotaciones emocionales que encienden las pasiones, que eluden la reflexión y el análisis objetivo. De ahí que como Usted, pueden mentir impunemente y sin pudor. El orden constitucional puede ser socavado, en tanto sea presentado como contrario a la voluntad inapelable y sagrada del "pueblo", que no es otra cosa que el capricho y la voluntad del propio líder. Se crea así la dictadura surgida de la democracia, la autocracia populista que puede perpetuarse "ad infinitum" por la "voluntad del pueblo", a menudo bajo la trampa de la legitimación plebiscitaria. ¡No señor Obrador! ¡El plebiscito puede convertirse en un arma mortal en manos de líderes autocráticos y autoritarios como Usted! Presentado como un diáfano instrumento del ejercicio democrático, es empleado a menudo para pasar por encima de las cercos institucionales y de los procedimientos democráticos, para juzgar al adversario sin tener que activar los procesos que impone la ley (incluidos los ex presidentes), para justificar abusos o transitar por encima de los intereses de las "minorías". El plebiscito se transforma con facilidad en una herramienta ideal para la manipulación. ¡Nadie lo sabe mejor que Usted! La redacción mañosa es a menudo suficiente para producir los efectos deseados, para reducir a un "sí" o a un "no" lo que debe dirimirse en la pluralidad, en el debate y en el diálogo abierto, para eludir los caminos de las instituciones y de la democracia misma, para "saltarse las trancas" de la legalidad y conseguir el "endoso plebiscitario" que le proporcionan sus adeptos y sus numerosas clientelas políticas y sociales.

Sí señor Obrador, no solo existen las dictaduras plebiscitarias, existe también la "autocracia de los idiotas" que han conseguido perpetuarse en el poder, legitimados desde el plebiscito: Algo así como la "imbecilidad plebiscitaria".

Sobre las utopías, las distopías, y la locura destructora de López Obrador

Utopía bananera

Perfectible y cambiante, dinámica e inquieta, la sociedad contemporánea se aferra a la esperanza; asediada por la desigualdad, atrapada entre la violencia y la sinrazón, amenazada por un planeta cada vez más inhóspito y voluble, sucumbe a menudo ante los sueños idílicos, ante el imán irresistible de las visiones utópicas, ante esos constructos de la imaginación que pretenden llevar al plano de lo posible ese "lugar inexistente" (forma en que Quevedo tradujo el vocablo "utopía", acuñado por Tomas Moro), ese diseño onírico e irrealizable de la "sociedad perfecta". Alejado de las posibilidades reales de transformación y cambio, de un proyecto social alentado desde la razón, consciente de las diferencias, la diversidad y el amplio abanico de motivaciones, creencias, aspiraciones, necesidades y apetencias que distinguen al género humano, el delirio de los utopismos se enraíza en los apriorismos, en el prejuicio, en el dogma, en la irracionalidad, en ese tipo de visiones que, "en blanco y negro", nos ofrecen escenarios ideales donde los individuos se reencuentran en un solo pensamiento, bajo un mismo modelo único e inobjetable, amalgamados en una "identidad común" que aspira a diluir las diferencias personales, políticas, económicas o sociales para fundirnos en la unidad, en la concordia plena, para crear al "hombre nuevo" (ese que, como lo señalara Ernesto Che Guevara en su escrito "El hombre nuevo", "habrá que educar y que formar" pues, "para construir el comunismo, simultáneamente con la base material hay que hacer al hombre nuevo"). Pero cuando estos desvaríos utópicos, que suponen la recreación o la reeducación del hombre bajo un nuevo esquema "igualitario y colectivo", traspasan el ámbito de lo literario o la inocua fantasía social de la "convivencia idílica" para invadir la realidad, arropados por un poder económico o político, amenazan al hombre mismo acercándolo a las distopías, a esos regímenes autoritarios, intolerantes y represivos que resultan de poner en práctica los sueños utópicos. Así, toda utopía que aspire a forjar en el hombre los rasgos deseables, los atributos esperados, el perfil necesario que lo haga encajar a cabalidad en el modelo buscado, desembocará irremediablemente en una aventura intolerante y totalitaria. Así ocurrió con los moldes políticos, económicos, sociales o incluso raciales que impusieron en su momento la Rusia leninista-stalinista, el fascismo italiano de Mussolini o el delirante modelo de la Alemania nazi, que condujo a los extremos del genocidio y de la "guerra total" la presunta superioridad de la raza aria.

Así, toda utopía basada en el colectivismo, en la presunción de que un "pueblo", entendido como una masa homogénea y dúctil, debe adherirse sin objeciones a un modelo predeterminado, a una sola visión política, al margen de convicciones, diferencias, intereses, capacidades o aspiraciones personales, amenazará en forma real el derecho a la autonomía, el logro de la libertad y la autodeterminación del individuo. Pero hay algo aun más peligroso que esta veta coercitiva: su necesidad de desechar, suprimir, anular, silenciar, apartar, denostar o erradicar, de una forma u otra, todo aquello que difiera, que amenace, que se aparte, que disienta, que no se ajuste totalmente y con absoluta sumisión a la fijeza de sus moldes, a la invariabilidad de sus reglas, al carácter incuestionable de sus "exigencias" y "verdades". Éste ha sido sin duda el rasgo distintivo, la tendencia inocultable, la más notoria y reprobable peculiaridad de la locura obradorista que, disfrazada de "transformación", aniquila y destruye, cancela y elimina sin ofrecer nada a cambio. La prensa ha dado cuenta del saldo de la destrucción y se ha publicado, en una especie de recuento notarial, todo aquello que el capricho, la ceguera, la ignorancia o la ineptitud de nuestro papanatas palaciego ha intentado borrar para siempre de nuestro horizonte nacional; un aeropuerto de talla mundial, el fondo de estabilización de los ingresos presupuestarios, las rondas y licitaciones petroleras que promovían la inversión privada nacional e internacional, las políticas de transición energética, el Instituto Nacional del Emprendedor (Inadem) que en su momento apoyo a 4.4 millones de emprendedores y mipymes en la creación y fortalecimiento de sus negocios, la agencia ProMéxico (reconocida a nivel mundial por sus resultados tangibles) que atrajo entre el 8 y el 9% de la inversión extranjera, el Fondo de Apoyo para Migrantes (que orientaba las remesas hacia proyectos productivos y de apoyo a las comunidades migrantes), el seguro popular y el sistema de compras consolidadas de medicamentos, lo que nos ha conducido a una de las peores crisis de desabasto e ineficiencia en el sector de la salud de la que tengamos memoria, las estancias infantiles, el Instituto Nacional para la Evaluación de la Educación, los fideicomisos públicos que, entre otras cosas, daban soporte a la actividad científica y tecnológica, los Fondos del Sistema Nacional de Investigadores, el Fondo Nacional para la Cultura y las Artes, la Policía Federal, los subsidios a la seguridad municipal, el Fondo de Ayuda, Asistencia y Reparación Integral que asistía a las víctimas de los delitos de orden federal y de violaciones a los derechos humanos cometidas por autoridades federales, el Fondo para la Protección de Personas Defensoras de los Derechos Humanos y Periodistas, y un largo etcétera que incluye instituciones y mecanismos que a ojos de la actual administración, ostentan un defecto imperdonable; haber sido creados por gobiernos opositores.

¿Y a cambio qué? Una economía decadente, un manejo miserable, criminal e inadmisible de la pandemia, una inseguridad y una violencia rampantes observadas desde la inacción, la indiferencia o el contubernio, una pobreza en expansión que ha incorporado ya a sus filas a más de 10 millones de mexicanos, un retroceso autocrático y, finalmente, un circo vergonzoso y ridículo, un espectáculo decadente y mentiroso, una farsa manipulativa y telenovelera que la nueva "utopía bananera" nos ofrece como solución, como la nueva forma de liderazgo y gobierno: La impresentable farsa mañanera.

De las perogrulladas y ocurrencias que pretenden desviar nuestra atención de lo trascendente

Don Andrés de Perogrullo

Nadie sabe dar cuenta a ciencia cierta donde se originó el famoso personaje conocido como Perogrullo, Pedrogrullo o Pedro Grullo; hay quienes lo identifican como un peculiar profeta, citado por un escritor satírico del siglo XV conocido como "Evangelista". Otros más creen haberlo reconocido en un individuo llamado Petro Grillo que aparece en dos escrituras del siglo XIII en la provincia española de Palencia, o en el pastor Perogrullo que aparece hacia 1554 en la "Farsa en loor del nascimiento de Jesu Christo" de Fernando Díaz. Algunos, finalmente, ponen en tela de juicio su existencia histórica. ¡Da igual! Lo traigo a cuento como el responsable señalado de esas frases necias, de esas ocurrencias estúpidas, de esas aseveraciones que por inútiles y ridículas, por su obviedad y su simpleza, son un dispendio de trivialidad, un derroche tautológico, un gasto innecesario de idiotez y banalidad: La perogrullada. Afirmación superflua, redundante e intrascendente con la que se llenaba la boca el mismísimo Pero Grullo, que "a la mano cerrada llamaba puño". Bien supo dar cuenta de semejantes barbaridades la barroca pluma del inmortal Quevedo:

Volárase con las plumas,

andárase con los piés;

serán seis dos veces tres

por muy mal que hagas la suma.

Pero si tales truismos, que por su naturaleza hilarante y ocurrente son aquí un mero divertimento del lenguaje, nos resultan chocantes por su obviedad y simpleza, ¿qué cabría esperar al añadirles una dosis ingente de estupidez, politiquería, ignorancia, manipulación, odio, revanchismo, falsedad y mentira? Algo aberrante sin duda, alguna ocurrencia impresentable que no valdría la pena pronunciar siquiera, pero que nos costará a los mexicanos 528 millones de pesos (como si este país no estuviera cayéndose a pedazos por la ineptitud supina de nuestro inquilino de Palacio): Me refiero a la consulta popular, a ese capricho manipulativo e inútil con el que nuestro titiritero, nuestro censor mañanero, nuestro poeta del insulto y la denostación, nuestro organizador profesional de rifas y subastas, nuestro "gasero" del bienestar, nuestro gran presidente de lo inútil y lo superfluo, pretende ocultar su fracaso y su naufragio. A solo quince días del ejercicio, los expertos no logran descifrar el significado, las implicaciones, los alcances o las consecuencias de la ridícula perogrullada, del galimatías indescifrable que involucra la pregunta que se les formulará a quienes acudan al llamado de nuestro Mesías bananero:

¿Estás de acuerdo o no en que se lleven a cabo las acciones pertinentes con apego al marco constitucional y legal, para emprender un proceso de esclarecimiento de las decisiones políticas tomadas en los años pasados por los actores políticos, encaminado a garantizar la justicia y los derechos de las posibles víctimas?

Tal engendro de imprecisión y nebulosidad, tal adefesio indescifrable y ambiguo; incomprensible por sus alcances y oscuro por sus implicaciones, parece más una perogrullada que una pregunta seria planteada por la Suprema Corte. ¿Debemos indagar en la verdad para entender lo que realmente sucedió? ¿Debemos recurrir a la Constitución y observar las leyes para juzgar en consecuencia las acciones de quienes las quebrantan? ¿Debemos hacerle justicia a quien haya sido injustamente agraviado?

No es de extrañar que algunas organizaciones como "Justicia Transicional MX" y "Elementa DDHH", hayan presentado ya ante la Suprema Corte de Justicia de la Nación una solicitud formal de Aclaración de Sentencia para que el máximo tribunal esclarezca los efectos de este "ejercicio democrático".

Pero tras meses de taladrar a la Nación entera mañana tras mañana con este ejercicio vano (inútil en tanto esclarecer la verdad de lo sucedido en el ámbito de la política o en cualquier otra dimensión del quehacer humano, o garantizar la justicia y el respeto a los derechos de cualquier persona, debe considerarse una obligación elemental del hombre y de la sociedad -con o sin consulta, con o sin la venia del pueblo) que nuestro inquilino de Palacio aun intenta presentar como una consulta para aprobar un juicio a los ex presidentes, anuncia al fin que no participará.

¿Habrá el día que presenciemos algún acierto, alguna acción sustancial y congruente para sacar al país de la ruina, para mitigar la pobreza y combatir la violencia, para fomentar la educación y desterrar la ignorancia, para hacer de esta Nación un lugar más rico y próspero?

Lo dudo mi señor, mi Don Andrés de Perogrullo, que por sentarse en su cabeza ahora piensa con... cuidado.

Las nuevas formas del totalitarismo disfrazadas de democracia y su naturaleza destructiva

La democracia totalitaria o la locura de Obrador

"En América Latina crecientemente se va abriendo paso un modelo de democracia en el que el dictado de la mayoría establece no sólo la ley, sino "la buena ley". No es la democracia de las libertades ni de la abierta compulsa de pareceres diversos. Tampoco la del estado de derecho que fija reglas estables de juego, para todos. Ni la que garantiza la alternancia en el poder, la renovación de mentalidades y estilos, la formación de cuadros nuevos. La democracia aglutinante, dialogante y concertante "

Eugenio D´Medina Lora

Cuando creíamos haber desterrado para siempre de la faz de la tierra esa plaga de horror y destrucción que, a lomos de los regímenes totalitarios de la Alemania nazi y del comunismo soviético de Stalin, nos enseño el significado verdadero de la abyección y la ignominia; cuando suponíamos que las democracias liberales surgidas de la posguerra mantendrían su paso firme como garantes imbatibles de la pluralidad y de las libertades individuales; cuando presumíamos que el voto y los canales institucionales servirían de escollera contra el oleaje implacable de la tiranía y del autoritarismo, asoma una vez más el viejo rostro, el reconocible flagelo, ahora oculto y subrepticio, camaleónico y parasitario. Esa nueva expresión del poder que recoge a plenitud el estilo totalitario, pero disimulado y oculto tras engañosa fachada, revestido por el discurso y las formalidades de la democracia. Esa aberración que parece extender sus tentáculos, como inclemente cáncer, por el tejido social de América Latina, esa "democracia de fachada", ese "autoritarismo electoral" que Talmón, el historiador israelí, bautizó acertadamente como la "democracia totalitaria": Cimentada en la seducción más que en la fuerza, en la intimidación más que en la violencia, en la emocionalidad más que en la razón; erigida en torno a un líder que se confunde con el régimen, que se entroniza como la encarnación de un "pueblo" y de un "partido", de la voluntad de la gente y de la nación misma: Depositario de la ideología y de la verdad, revestido por un poder omnímodo e incuestionable que pretende extender sus largos brazos a todos los ámbitos con su naturaleza incontestable. Investido por una ficticia superioridad moral y apuntalado por fuertes lazos identitarios y emocionales que lo vinculan a las masas, se asumirá como el salvador de la patria humillada, como el padre mismo de la nación y del pueblo para exigir de los demás un culto religioso, una lealtad ciega, una supeditación incondicional a su sistema de creencias, a sus valores, sus "verdades" y sus "principios": Totalitarismo puro, supremacía irrefutable del que somete e impone. Bajo este marco, la individualidad se asfixia; se requiere la anuencia, la aprobación, la aquiescencia plena. No hay espacio para el disenso; la diversidad y la pluralidad deben abrirle paso a la "unificación" avasallante, a la dictadura irracional de las mayorías informes en que se diluye la personalidad, esas que atropellan la autodeterminación, que reclaman homogeneidad hasta los márgenes de lo indigno. En el líder hay algo más que la aspiración de gobernar; desea que se le ame, que nuestros pensamientos sean la réplica de los suyos. Toda vocación totalitaria supone la recreación, la reformulación del hombre mismo, el abandono de las viejas formas para acoger al "hombre nuevo", a esa nueva clase de sujeto libre de egoísmos y aspiracionismos, que albergue en su mente el nuevo modelo del "ser", del "existir", del "pensar", del "amar", del "vivir" y del "morir". De ahí su naturaleza destructiva; deberá desaparecer todo vestigio, todo símbolo, todo aquello que no emane de la creatividad y de la voluntad del líder (las instituciones, los aeropuertos, los fideicomisos, los sistemas de salud, la vieja economía, las empresas, o cualquier otra cosa con aroma a "adversario"); deberemos emanar de la nueva visión, del nuevo orden, sacrificar nuestra libertad en aras del igualitarismo. Deberá combatirse lo distinto, la racionalidad ajena; de ahí la intimidación, la intolerancia, las interminables sesiones en que se desenmascara la "mentira", donde se revela la corrupción del "otro", donde la intimidación y la descalificación alcanzan su cenit. Las diferencias individuales son el nuevo pecado capital; de ahí su peligrosidad, su profunda repulsión por todo aquel que se atreve a custionar, a repensar, a defender su individualidad o su condición personal única e irrepetible.

Nos equivocamos al suponer que los otrora líderes despóticos, que los infames monstruos del totalitarismo y de la intolerancia forman parte de un pasado enterrado. Viven ahora en un Palacio, ocultos tras la mentira, la manipulación y la intolerancia. Pero su ideal totalitario y despersonalizante, su exigencia de uniformidad y sumisión, sucumbirá bajo el filo inclemente de su propia espada, desdibujada por su falsedad, por su mendacidad sistemática, por el hartazgo de quienes sujetos al yugo colectivo deben empeñar su bien más preciado: La libertad.

Sobre la mentira sistematizada como herencia de los totalitarismos

El animal de la mentira

El hombre es de suyo el animal de la mentira, tan antigua como el mundo, tan pertinaz como el pecado: Omnis homo mendax. Pero nunca se ha mentido como ahora; de la mentira privada y doméstica, acotada e interpersonal, hemos pasado a la mentira sistematizada, organizada, proyectada a gran escala; la que planta cara con descaro a las verdades visibles, la que confronta la contundencia experiencial de los hechos, la que busca ocultar, tergiversar, destruir o reacomodar por completo nuestra realidad cotidiana. Herencia de los totalitarismos que fustigaron al mundo en el pasado siglo y a lomos de los medios masivos de comunicación, la mentira ha perdido su carácter selectivo; no se le miente a un ciudadano en particular, ni siquiera al enemigo (en un sentido maquiavélico), se le miente a todos, a la masa, a la comunidad misma, a propios y a extraños. Hemos abandonado el engaño dirigido, la mendacidad focalizada o la simplicidad de las declaraciones engañosas; en la mentira moderna, asoman ahora las intenciones performativas, la pretensión inequívoca de crear una "realidad distinta", una "dimensión alterna", de presentar "lo que no es" como "lo que es", de que aceptemos "lo falso" como "lo verdadero", de que confundamos "el ser" con "el decir". Dicha transmutación, casi imposible en el terreno de las verdades de orden lógico o racional, ajenas en general a los efectos de la ambición o de las pasiones del hombre, afecta con mayor facilidad a las "verdades de hecho" (y los políticos mendaces, lo saben de sobra): Esas verdades que se relacionan con los acontecimientos o con los hechos humanos, susceptibles de ser borradas, omitidas, tergiversadas, deformadas, descalificadas, estigmatizadas, falsificadas o difamadas por las feroces embestidas del poder, para desdibujarlas, diluirlas, destruirlas o extraviarlas para siempre en el oscuro laberinto de la mendacidad. Así, la mentira es un arma (la preferida del ignorante, del inseguro y del inepto), la alteración deliberada de una realidad a favor de intereses particulares, la manipulación mezquina de toda verdad, ciega a la contundencia de los datos, al carácter irrefutable de las comprobaciones, al peso de la evidencia, a los formalismos de la discusión racional. La interpretación, la opinión, la consigna o el embuste descarnado, suplantan y enmascaran la realidad, reescriben los hechos, suprimen los acontecimientos, siempre a la medida de las conveniencias, de las intenciones en el poder.

Esta ha sido la constante, el rasgo inconfundible, el sello indeleble, la mácula imborrable en el proceder político de nuestro inquilino de Palacio, de nuestro intento de presidente, del mendaz por antonomasia, del embustero supremo. Ajeno a la disertación, enemigo de los argumentos objetivos, desconocedor de la contrarréplica racional, se refugia en la adjetivación, en la estigmatización, en la descalificación del otro, en la evasión y la intimidación, en la impostura y la mentira. Nada más revelador al respecto que el desencuentro entre el astro mañanero de la paparrucha, entre el sátrapa del engaño, entre el arquetipo de la engañifa y el periodista Jorge Ramos. Al verse confrontado con las propias cifras oficiales respecto a la cantidad infame de homicidios en nuestro país (86 mil muertos desde la toma de posesión), a los casi 100 mexicanos al día que mueren en el país a consecuencia de la violencia, a las masacres de Zacatecas y de Reynosa, al ocultamiento de la verdadera cifra de muertos causada por la pandemia, hizo gala de su escapismo infame, de su discurso mentiroso, de su trapacería consuetudinaria, de sus patrañas sistemáticas.

Pero de algo parece olvidarse: La realidad golpea más fuerte que la mentira. La mendacidad a gran escala, al dirigirse a la masa, debe rebajar su rasero; así, la mentira de Obrador muestra su burdo entramado, su tejido grosero y ordinario, sus aserciones insultantes y chabacanas: Atentado flagrante a la verdad, insulto permanente a la nación, desprecio sistemático por la verdad.

Pero el gigante áureo, el coloso imponente de las "masas", la broncínea y sólida estatua, se partirá por los pies; por el endeble barro de la impostura y la mentira.

Sobre el uso de las masas y los advenedizos de la política

El circo de los mediocres

Michelangelo Bovero, doctor en Filosofía por la Universidad de Turín, autor de varios libros, premio de filosofía "Viaggio a Siracusa" y merecedor de la medalla "Isidro Fabela" otorgada por la facultad de derecho de la UNAM, disertó en una ocasión sobre la democracia en una conferencia magistral en septiembre de 2001, en la que advertía casi como un presagio el advenimiento de una nueva forma de gobierno: Una "autocracia electiva [...], una extraña forma de poder carismático; sin carisma", no protagonizada por grandes líderes como Napoleón o Cesar, ni por criminales políticos como Hitler o Stalin. El nuevo autócrata sería aun más arrogante y soberbio, "de una manera tan grotesca que podrá inducir en el ciudadano que aún no se encuentre estupidizado, a preguntarse quién pudo haberlo elegido". !Cuánta razón! Prefiguración de su genio y su clarividencia intelectual, premonición de esta gran amenaza, de esta espada de Damocles que ahora pende sobre la cabeza de la democracia: Una "degeneración mayoritaria y tendencialmente plebiscitaria": El uso de las masas para imponer la ley, para dejar a un lado las instituciones y los ordenamientos democráticos, para aplastar al contrario, para violentar a las minorías, para perpetuarse en el poder con el apoyo del "pueblo" (el "clientelar", por supuesto). En resumen, el nacimiento por consenso de la "kakistocracia": Simple y sencillamente "el gobierno de los peores". Su descripción de quien lo encabeza, plasmada hace cerca de 20 años, resulta insuperable (proporcionándonos un retrato anticipado del engendro impresentable que hoy albergamos en Palacio): Se trata de advenedizos de la política "en cuyas características se mezclan la ignorancia y la astucia, el prejuicio y la ausencia de escrúpulos, la ingenuidad y la mala fe, la mediocridad (frecuentemente vulgar) y la presunción, la falta del sentido de la mesura y la propensión al ridículo[...]. Naturalmente no falta el ingrediente autoritario en sentido estricto, expresión recurrente del rostro demoníaco del poder: Propenso a la imposición y al atropello, listo para criminalizar el disenso y actuar la represión, incluso la más violenta". En resumen, "sujetos ideales para la comedia o para la sátira que no obstante son tomados en serio".

Se trata pues del gobierno de los mediocres, que apuntalados por las masas, reivindican la ignorancia, la ineptitud, la medianía rastrera, las visiones alicortas, el conformismo y el adocenamiento que se exhiben con orgullo como áureas preseas: Ese nuevo orden de ideas donde al servilismo se le nombra "lealtad", donde al idealismo y al ánimo de perfeccionamiento se le llama "aspiracionismo", donde a la dádiva ventajosa, a la subvención clientelar y electorera se le nombra "combate a la pobreza", donde a los lamebotas y a los lambones se les califica como "prensa responsable", donde la mentira se sistematiza y se presenta como "otros datos", donde la gente se muere o se enferma de cáncer por vocación golpista, donde a los curanderos y a los matasanos se les nombra subsecretarios de salud, donde a los corruptos se les cataloga como recaudadores bienintencionados de las causas nobles, donde los ataques arteros a la libertad de expresión son parte de un circo mañero que desvela "las mentiras".

Cómo señalara el filósofo canadiense Alain Deneault, la mediocracia es ese orden establecido como modelo, "que nos anima de todas las maneras posibles a amodorrarnos antes que a pensar, a ver como inevitable lo que resulta inaceptable, y como necesario lo repugnante".

Y así, mientras el Coneval estima que 10.7 millones de mexicanos se incorporarán a las filas de la pobreza extrema, mientras el Secretariado Ejecutivo del Sistema Nacional de Seguridad Pública revela que el sexenio de Obrador registra en sus primeros 30 meses un incremento del 138 % en homicidios dolosos respecto al mismo periodo del gobierno de Calderón, mientras la OCDE señala que México es el país que ofreció el menor apoyo a mipymes en la pandemia, mientras en los primeros 5 meses de 2021 los feminicidios aumentaron un 7.1% y las violaciones un 30%, mientras se responde a la desgracia del metro con declaraciones propias de una idiocia profunda al afirmar que "la gente humilde, la gente pobre, muy leal, muy fraterna [...] porque no tiene odios, no tiene malos sentimientos" debe interpretar la tragedia del metro, producto de la negligencia, la corrupción, la austeridad mal entendida, la falta de previsión y la irresponsabilidad criminal, como un "accidente" sin premeditación ni "mala fe", mientras los niños mueren devorados por el cáncer como parte de una "estrategia golpista orquestada por la derecha internacional", mientras crecen la inflación y la deuda del país, nuestro saltimbanqui palaciego, nuestro bufón oficial, nuestro prototipo inigualable de la ineptitud y la mediocridad, nuestro director del circo mañanero, de ese espectáculo grotesco y telenovelero, de ese podio de denostación, revanchismo y odio, de ese espectáculo despreciable y decadente, dedica día tras día y hora tras hora a sus disquisiciones intrascendentes, a sus dogmatismos inquebrantables, más preocupado por los titulares de los periódicos que por el destino de los mexicanos, más entendido en cuestiones electoreras que en las necesidades de la gente, más atento a las encuestas sobre su persona que a las víctimas de la violencia, la enfermedad y la miseria.

¡Atención, el circo de los mediocres ha comenzado!

A propósito de la vida como el bien más preciado, la seudociencia, el servilismo y la China de Mao Zedong

La "infancia golpista"

La medicina científica nace cuando hay una conciencia racional de "lo que se hace" y del "por qué se hace", cuando las explicaciones físicas y el pensamiento lógico se sitúan por encima de la magia, los amuletos, la superchería, los intereses particulares, las conveniencias personales o las convicciones políticas. He ahí la más grande contribución de Hipócrates de Cos, contemporáneo de Sócrates y de Platón: Entender a la naturaleza y al hombre mismo desde el poder de la razón, desde la observación y la experiencia. Pero más allá de esta avanzada y perdurable visión que racionaliza la praxis y que construye la medicina en torno a un pensamiento materialista, Hipócrates sentó también las bases de la ética médica, los principios que nos instan a "hacer el bien", a "no hacer daño"; el "Bonum facere y el "Primum non nocere", que se extienden aún a la práctica de nuestros días. Nos legó su juramento, esa intención de revestir el ejercicio del médico con las bondades de la piedad, de la virtud, de la consideración del "otro", de la discreción, la prudencia y el respeto por los demás, esa necesidad de impregnar cada acto médico, en lo individual o en lo colectivo, con las nobles intenciones que dignifican, que reconocen las necesidades ajenas y que enaltecen a la persona humana. Fue tan solo el reflejo de su "hambre de servir", de engrandecer, de ennoblecer la vida de cualquier ser humano por encima de nuestras creencias, de nuestras simpatías o nuestras fobias, del prejuicio o de los sesgos derivados de nuestras convicciones políticas, fanatismos religiosos o deformaciones ideológicas. Se trata en último término de exaltar, de proteger y de reverenciar la vida como el bien más preciado, de promover el honor y la bondad, la gratitud y la conmiseración. Pero el deber fundamental de todo médico, más allá de los resultados específicos o de los efectos concretos que puedan resultar del ejercicio responsable y profesional de su arte, es facilitar siempre los medios, empeñarse siempre en los cuidados, comprometerse en cuerpo y alma a la sublime tarea de combatir el dolor, a la encomienda de erradicar, en la medida de nuestros alcances, el sufrimiento humano. En este contexto ético, en este marco de principios solidarios que dan sentido y razón de ser a la figura de un médico, nada más cercano a la insolencia, a la burla, a la sinvergonzonería, a la inverecundia más condenable e impúdica, que las recientes declaraciones del Subsecretario de Salud Hugo López Gatell, en alusión a los reiterados señalamientos de los padres de niños con cáncer, que una vez más vieron incumplida la promesa de que a más tardar el pasado 26 de junio, los hospitales contarían con los medicamentos oncológicos necesarios para atender a sus pequeños enfermos:

"Esta idea de los niños con cáncer que no tienen medicamentos cada vez lo vemos más posicionado como parte de una campaña más allá del país, de los grupos de derecha internacionales, que están buscando crear esta ola de simpatía en la ciudadanía mexicana ya con una visión casi golpista".

Intento de curandero, batiburrillo impresentable de seudociencia y servilismo, culmen de la ambición política, lameruzo codicioso e insensible, trepador inescrupuloso y chupamedias, encubridor a sueldo del desabasto infame, de la ineptitud crónica, de este afán absurdo e incomprensible de destruir a la industria farmacéutica nacional, a la que suponen corrupta (sin prueba alguna) y contraria a sus posturas ideológicas. No extraña que la muerte de estos niños sea sólo un bache en su camino, un mal necesario para acabar con los "corruptos", para "romper el monopolio", para acabar (como lo dijo nuestro supremo mendaz palaciego), con ese "enjuague", con ese infame negocio en el que también "estaban metidos los medios de comunicación". Mientras tanto que los niños se mueran; en su visión maquiavélica y perversa, en su estructura dogmática e inflexible, "el fin justifica los medios". Niños infames y "golpistas", imberbes simuladores hipocondríacos del neoliberalismo coludido: ¡Qué se jodan mientras transformamos, mientras barremos las escaleras de arriba para abajo, mientras eliminamos de la faz de la tierra el aspiracionismo y el egoísmo clasemediero. ¡Hay planes y prioridades! ¿Cómo distraer el presupuesto destinado a la impostergable remodelación del Estadio de Beisbol

"Centenario 27 de Febrero" en Villahermosa Tabasco para la compra de medicamentos oncológicos sin otro fin que satisfacer las intenciones golpistas de la derecha internacional? ¡Al diablo con Hipócrates y sus dislates sensibleros! La transformación está en marcha y no la detendrán, ni las invenciones malintencionadas de la derecha globalizada ni las intenciones golpistas del sabotaje infantil.

Como lo narran Jung Chan y su esposo Jon Halliday en su demoledora biografía de Mao Zedong, la Gran hambruna que azotó China entre 1959 y 1961, la más mortal en la historia humana y que cobró la vida de 38 millones de personas, no fue producto como la autora lo suponía de una mala gestión de la economía sino de un acto deliberado con plena conciencia de sus efectos: La exportación indiscriminada a Rusia de los alimentos que demandaba la población china a cambio de tecnología industrial y militar con miras a dominar el mundo. Para tales propósitos, señala la escritora, el líder inclemente y cruel estaba "dispuesto a sacrificar a la mitad de la población china".

¿Frente a la mitad de la población china, que son para Gatell unos niños con cáncer?

Reflexiones sobre el colectivismo, el engaño de la "voluntad popular" y la mutilación de los ideales

El divino privilegio de aspirar

La creación de un hombre nuevo, de un ser "ideal", de un individuo con "valores", "pensamientos", actitudes y convicciones hechos a la medida de un proyecto político, de una postura ideológica específica o de un modelo social rígido que encaje a plenitud con los deseos, aspiraciones, exigencias, intereses, requerimientos o expectativas de un "líder", es el rasgo distintivo, la manifestación inequívoca, el síntoma inconfundible de los cánceres colectivistas. Todo totalitarismo, al margen de su sello conceptual, busca modificar la naturaleza humana, ajustarla a un patrón inflexible y homogéneo; a una misma moral, a un solo credo, con una sola dirección y un solo "mesías". El molde se impondrá desde el poder, siempre rodeado de un halo de "bondad", de "cumplimiento del deber" y de "justicia"; sin posibilidad de disentimiento, siempre encadenado al "interés colectivo", al "bien común", a una entelequia capaz de materializarse en los sustantivos más disímbolos: El "pueblo", la "raza", el "proletariado", la "clase trabajadora", la "raza superior". Un holismo extremo que disuelve al individuo, que lo transforma en masa, que lo amalgama con los demás bajo una misma ideología, que le impone el redil que lo sujeta al grupo, que mutila las capacidades y la creatividad individuales; la conformidad, la lealtad, la obediencia ciega o la supresión incondicional de cualquier forma de disenso, son las virtudes deseadas, las anheladas atribuciones que mantienen la cohesión colectiva, los lazos que nos atan indisolublemente a esa gran "mente tumultuaria", siempre encarnada en la persona de "su líder". La Alemania nazi exterminó sin piedad a todos aquellos que diferían de su "volk", de su ideal colectivo del hombre ario, y el despiadado régimen comunista soviético eliminó a los "kulaks", los agricultores de la Rusia zarista, considerados "enemigos del pueblo" por oponerse a la colectivización.

Con apariencia de "solidaridad", "justicia" e igualdad", los colectivismos se presentan bajo el ropaje inmaculado de la "superioridad ética". El líder, el símbolo y encarnación del "pueblo que representa", impondrá su moral, sus criterios irrefutables del acierto y el desacierto, de lo bueno y de lo malo, de lo deseable y lo indeseable. Todo atisbo de individualidad será sofocado, segregado, apartado como un pecado capital, estigmatizado y señalado como desviación perversa. En los regímenes colectivos, las aspiraciones, la cosmovisión personal, las pretensiones individuales, las necesidades particulares, las posesiones materiales, son una mácula imperdonable. La única realidad existente es la colectividad, la masa que se expresa por la boca de su líder; materialización irrebatible de la "voluntad popular", representante indiscutible de la "soberanía del pueblo". La utilización de esta idea bizarra de que el poder "emana del pueblo", que los derechos otorgados a un colectivo pueden pisotear los derechos individuales, ha sido explotada por los regímenes populistas; así lo hicieron Hitler, Mussolini, Juan Domingo Perón, Hugo Chávez, Nicolás Maduro y, ahora, López Obrador. El concepto liberal que defiende ante todo la libertad individual, el derecho a disentir, a que cada ser humano persiga sus metas y viva su propia vida bajo sus propias convicciones y su visión del mundo, será tachada de "egoísmo" por la mente del idiota, de "aspiracionismo", de ambición inmoral e insolidaria.

Se equivoca nuestro inquilino de Palacio, nuestro ignorante superlativo, nuestro cerebro de roca, nuestro acartonado e inútil mandatario: Ejercer la posibilidad de razonar, pensar como adultos libres y responsables, renegar de esa "alma colectiva" hecha a la medida de su ambición, de su manipulación y su mentira, pretender un mayor conocimiento o un mejor perfil de vida, ser fieles a nuestros ideales personales de crecimiento y de logro, no es un rasgo de egoísmo clasemediero; ¡No señor Obrador! Es renunciar a su proyecto mediocre y bananero, es repudiar su pretensión de subyugar nuestra individualidad, de mutilar nuestros más exaltados ideales para alienarnos sin dobleces a su aventura colectivista, a la tiranía salvaje de sus hordas aleccionadas.

Qué ridícula y estúpida pretensión: Usted decide donde habita la mentira, la justicia, la verdad, la corrupción o la bondad, cuántos zapatos debo tener o a partir de qué tipo de de pensamientos o de posesiones me convertiré en "fifí". La ignorancia señor Obrador flota como los desechos hasta hacerse inocultable; es la independencia del pensamiento, la autodeterminación como derecho, el éxito, la prosperidad bien habida y, en último término, la libertad y la felicidad misma lo que estorba a sus ambiciones, a su intención de incorporarnos a su colectividad obediente, a su grey sumisa, a su deseo de inmolarnos en el altar de sacrificios de su colectivismo populista.

Usted dedíquese a sus mañaneras, a ese ridículo espectáculo circense donde su dedo flamígero señala al bondadoso (aunque masacre a comunidades enteras, aunque nos robe hasta la sonrisa en sus propias narices), donde Usted le dice a la repudiada clase media a lo que debe aspirar (mientras sus propios hijos viven como magnates con el dinero del erario), donde Usted derrama su ponzoña y su veneno para mantener a los mexicanos en esa dinámica de odio y división que tanto le conviene, donde Usted felicita a la delincuencia organizada por su "buena conducta" mientras reparte títulos de nobleza entre sus violadores, sus hordas de improvisados o sus corruptos predilectos.

Yo y muchos otros individuos libres y pensantes, tenemos otras aspiraciones.

A propósito de la inutilidad, los delirios utópicos y los espectáculos indignos

El país de "Nunca Jamás"

Del engaño a la banalidad, entre su enojosa trivialidad y su insufrible soberbia, atrapados en el pasmo social de sus falsas promesas y de su demagogia descarada; hundidos como en un espeso fango en su realidad enajenada, en su retórica delirante; atrapados en su enorme castillo de naipes hecho de embustes y esperanzas, inmersos en este infame retroceso democrático que su narrativa demagógica supone "transformación", nos acercamos peligrosamente al puerto de la utopía, a la tierra de la mentira, al mundo del "nunca jamás" que nuestro inquilino de Palacio construye para su "pueblo"; ahí donde cantan las sirenas para adormecer la conciencia, donde se bebe el elixir que obnubila y embriaga, donde el oído escucha la música que anhela. Hemos rechazado la medicina del sabio, la pócima verdadera del esfuerzo y del trabajo, la cura dolorosa del sacrificio y el empleo; ahí frente a nosotros se yergue el taumaturgo, el que anuncia el milagro, la generación espontánea del conejo en la chistera. El halago popular se convierte en su fuerza; apoyado en la ignorancia, en la desinformación y en la mentira, construye su "burbuja", su fingida reivindicación de los "pobres y los justos", su realidad inútil y holográfica, su medicina "alterna", sobrenatural y portentosa.

Se ha anunciado la nueva inutilidad, la última ocurrencia, el más reciente espasmo de sus crisis de imbecilidad: Un Palco en el "Azteca", una casa en el Pedregal, un "depa" de lujo, un exitoso sorteo especial, los nuevos y prodigiosos "cachitos" que aliviarán la pobreza y la desigualdad. ¿Qué pecados no hemos purgado los mexicanos para merecer en nuestro horizonte tan insulso charlatán? ¿Por qué una Nación tan grande, tan vasta y tan rica, con tantas aportaciones a la cultura y al mundo, debe soportar la fatuidad de un ignaro que, ante los muertos de la pandemia, el dolor de las mujeres asesinadas, el rebrote en ciernes de la covid-19, la inseguridad incontrolable, la huida de los inversores, el desempleo rampante, la quiebra de miles de empresas, el aumento desbordado en las cifras de pobreza, no atina sino a fraguar sus rifas bananeras?

Presidente de lo inútil, de lo insustancial, del discurso baladí y de la perorata frívola. Siempre quejoso, siempre entregado a sus inverosímiles lamentos de plañidera de entierro, siempre incendiario, siempre evasivo ante lo que debe decir, siempre omiso ante lo que debe hacer, siempre indiferente al dolor, siempre tardo en la desgracia, insignificante ante nuestra grandeza, ineficaz e infecundo ante el rezago de nuestra patria. Seguiremos buscando en el pajar ajeno la aguja perdida que nos clavó en el trasero. Seguiremos la ruta del engaño, de la subvención, de la dádiva milagrosa, del subsidio y del asistencialismo que fomentan la indignidad, que paralizan el esfuerzo, que no son sino la trampa demagógica del impostor y el ambicioso.

Jamás pensé presenciar tal espectáculo, algo tan indigno como estúpido; el presidente de una Nación, el hombre que debe dirigir los destinos de millones de mexicanos, el "elegido" de un pueblo para superar los obstáculos y llevarnos a un futuro promisorio y rico, la figura que representa la esperanza en el epicentro mismo de la desgracia y de la muerte, dedicado en cada una de sus ridículas mañaneras a escudriñar los insultos, las críticas, los dichos de sus adversarios, el disenso de ayer o la crítica del momento: Un presidente, sí, un presidente que le muestra a su pueblo y al mundo entero en un video como Héctor Aguilar Camín, un infame periodista, un detractor del conservadurismo, un escritor e historiador del viejo régimen corrupto, le llamó "pendejo y petulante".

¡Qué suceso, que acontecimiento tan infortunado y relevante! ¡Qué despliegue de infamia y de ignominia, digno de ser recogido en las imperecederas crónicas de la historia! ¡Nuestra Nación se desangra ante la vileza, la canallada y la deshonra de los próceres de nuestra patria! Al diablo los convoyes caídos, los cadáveres de los masacrados, la muerte evitable de los niños con cáncer, el dolor de las víctimas, las ejecuciones y la miseria! ¡Debemos marchar en su defensa! Nadie volverá a decirle nunca más "pendeeeeeeeejo y petulante".

Sobre el anquilosamiento de la estupidez, su peligrosidad y las fórmulas para su reconocimiento

Algo mejor que "El Reforma"

No hay pecado en el error, sino en el ánimo de ignorarlo. Tal y como lo expresara Cicerón en sus Filípicas, "Cuiusvis hominis est errar: nullius nisi insipientis, in errore perseverare", lo que podría traducirse como "errar es propio de cualquier hombre, pero sólo del ignorante perseverar en el error". Así, la estupidez no es una deficiencia reconocible en nuestra herramienta cerebral, ni un tropiezo inherente a las naturales limitaciones de la inteligencia humana; se es estúpido por vocación. A lomos de la ignorancia, la necedad o la insensatez, la estupidez es inflexible, inamovible y voluntariosa: Defenderá siempre su visión estática, anquilosada y paralítica, impermeable a la crítica y refractaria al señalamiento. En la zanja de la estupidez no hay espacio para el "otro"; empecinado en su negligencia, limitado por su obcecación, atrapado en su "verdad" unívoca e inapelable, el estúpido se ensimisma, se vanagloria de su cerrazón, se regodea en su hermetismo. Repetirá incesante sus argumentos vacuos, ajeno a su irreflexión, inconsciente de su condición, ciego a la temeridad de su minúsculo intelecto; de ahí su peligrosidad, su naturaleza funesta. Será estéril donde haya que fecundar, destructivo y pernicioso donde haya que construir, cizañero e insidioso donde apremia la concordia. La estupidez es una especie de "luz negra"; inútil e inservible, ineficaz e infecunda. Parafraseando al filósofo e historiador económico Carlo Maria Cipolla, sólo el estúpido es capaz de ocasionar daño a los demás sin conseguir ventaja alguna para sí mismo. Así, en posiciones de poder, es más peligroso que un bandido; arrebatará a los demás lo que ni siquiera conservará para sí mismo. Pero, ¿cuál es la característica distintiva, el núcleo fundamental, el rasgo definitorio en el perfil del estúpido? ¿Cómo reconocer su pequeñez intelectual a menudo parapetada tras su inútil verborrea? La estupidez aflora en el prejuicio, en una concepción apriorística y cuadriculada de los otros y del mundo; en el rechazo injustificado forjado en la ignorancia, en la percepción deformada que desatiende la realidad, en las "ideas" infundadas nacidas en la irracionalidad, en el "argumento emocional" o en las "razones subjetivas". ¿Puede haber indicio más claro de estupidez que el simplismo ideológico, la estereotipia insultante, la hostilidad encubierta, la naturaleza prejuiciosa e incendiaria de las recientes afirmaciones de nuestro inquilino de Palacio?

"Un integrante de clase media-media, media alta, incluso, con licenciatura, con maestría, con doctorado, [...] está muy difícil de convencer, es el lector del "Reforma", ese es para decirle: Siga usted su camino, va a usted muy bien, porque es una actitud aspiracionista, es triunfar a toda costa, salir adelante, muy egoísta."

"Sí, sí, sí, hay un sector de la clase media que siempre ha sido así, muy individualista, que le da la espalda al prójimo, aspiracionista, que lo que quiere es ser como los de arriba y encaramarse lo más que se pueda, sin escrúpulos morales de ninguna índole; son partidarios de que 'el que no transa, no avanza'. Es increíble cómo apoyan a gobiernos corruptos, increíble.

Yo lo atribuyo a que son muy susceptibles a la manipulación, que leen el Reforma [...]."

Tan desafortunadas como las otrora repudiadas declaraciones de Donald Trump sobre los mexicanos: "Están enviando gente que tiene muchos problemas, nos están enviando sus problemas, traen drogas, son violadores". Aunque con una diferencia sustancial: El enemigo está ahora en nuestra propia casa. Es aquí, desde el podio mañanero, desde el centro mismo del poder, donde se siembra el encono, donde se alienta el odio, donde se fomenta la división y el clasismo. Es aquí donde se encomia la mediocridad, donde se criminaliza la meritocracia tramsmutada en egoísmo, donde nuestro manipulador estrella confunde las legitimas aspiraciones del esfuerzo, la superación y el progreso con la codicia insaciable de sus allegados al poder. Es aquí donde los mediocres han convertido el conformismo, el servilismo y la sumisión en apetecibles virtudes. Nunca más significativas las palabras de José Ingenieros: "Épocas hay en que el equilibrio social se rompe en su favor. El ambiente tórnase refractario a todo afán de perfección; los ideales se agostan y la dignidad se ausenta; los hombres acomodaticios tienen su primavera florida"

Pero hay algo aún más grave, mas reprochable y vil; quien debe representar a la Nación entera, quien debe buscar el crecimiento y el progreso, la convivencia armónica y la convergencia de todos los sectores de la sociedad en la construcción de nuestra patria, destila veneno, siembra la cizaña y la confrontación, traiciona a la Nación entera denostando e insultando a los propios mexicanos. No cabe duda: "La mediocracia es una confabulación de los ceros contra las unidades. Cien políticos torpes juntos, no valen un estadista genial"

Hay algo mejor que leer el "Reforma", señor Obrador:

Descifrar las mil caras de la estupidez humana.

Reflexiones sobre la ignorancia, el simplismo y los insultos a la inteligencia

El valor inconmensurable de la vida

La incapacidad para reconocer la propia falibilidad, de establecer con el interlocutor un diálogo abierto y receptivo, de acercarnos a la verdad mediante el debate racional y la disertación objetiva, es a menudo la fórmula de la ignorancia, el estigma de la inepcia, la inconfundible huella del conformismo y la mediocridad. El simplismo es al ignaro lo que la luz a la inteligencia.

En la mente del idiota no hay espacio para la intuición, para la comprensión racional de las causas y los efectos; ajeno a la introspección, al discernimiento, a la observación aguda y penetrante, se refugia en el simplismo, en el reduccionismo alelado de la miopía mental. Más allá de su evidente ignorancia, de su analfabetismo funcional, de su incultura desvergonzada y cerril, de su exasperante primitivismo, de su rusticidad chabacana repleta de orgullo, nuestro inquilino de Palacio sorprende por su veleidad, por su memez rampante, por su mentecatez tenaz e inamovible; siempre insultante, intransigente e irreflexiva, siempre incendiaria, insustancial y despreciable. ¿Puede haber declaraciones más torpes, aberrantes e infortunadas que las vertidas recientemente por nuestro inquilino de Palacio?

" [...] Del lamentable accidente, que nos causa mucho dolor, del tren de Tláhuac, resulta que los afectados, los que viajan en el tren, en el Metro, de Tláhuac a Iztapalapa, ahí con todo el dolor y también con la protesta deciden seguir apoyando la transformación, pero donde no viajan en Metro o los que no viajan en Metro votaron en contra, por la manipulación que se llevó a cabo a través de los medios de este lamentable accidente, de esta desgracia."

"En el caso de lo de la línea del Metro, los más afectados, Iztapalapa, Tláhuac, gente humilde, trabajadora, buena, entiende de que estas cosas desgraciadamente suceden y ahí no impacta política, electoralmente; sin embargo, en las colonias de clase media, media alta, ahí sí."

Hondura "einsteniana", compleja y penetrante abstracción, dechado de sabiduría y de profundidad analítica. ¿Es esto lo que nos gobierna? ¿Merecemos los ciudadanos libres, informados y pensantes las groseras interpretaciones de nuestro ínclito mamarracho?

Se equivoca Señor Obrador, hay algo más detrás de nuestro repudio, de ese rechazo cada vez más evidente y generalizado de su nefanda gestión; algo más allá del delirante "compló" neoliberal, de los fantasmales ataques de una prensa alquilada, de los embates ideológicos de sus opositores políticos. Hay mujeres asesinadas, miles y miles de muertos que atestaron las morgues ante su impericia y su testarudez, millones de nuevos pobres que no tendrán con sus escuálidos subsidios para resarcir su abandono, su dignidad vulnerada y las enormes brechas estructurales generadas por su mal gobierno, hay miles de personas que mueren mes con mes a manos del crimen organizado al que Usted mendiga "abrazos" y "buena conducta", infinidad de personas desempleadas que preferirían un trabajo remunerado que sus dádivas electoreras y tramposas.

Nadie es capaz de manipular el pensamiento libre, el que parte de la reflexión, el que ordena y visualiza el mundo mediante la lente de la inteligencia. Indigna la ofensa, la suposición de que su lógica bizarra, de que su pensamiento dicotómico, maniqueo y perverso, ese que ha separado a "la gente buena que viaja en metro" de los malnacidos "clasemedieros" que le niegan el voto, rige de igual forma la intencionalidad del sufragio. Lamento decirle que existe la reflexión, que también su ineptitud, su incapacidad para gobernar, los reiterados "golpes" de su economía malograda, el aberrante y autoritario curso de su aventura populista, de su Estado fallido, componen nuestra repulsa y su sonada derrota. Sólo en algo tiene razón, este tipo de desgracias lamentablemente suceden; son el culmen de la negligencia, de la indiferencia criminal, del descuido infame, de la indolencia perversa de aquellos que, como Usted, toman a la ligera el valor inconmensurable de la vida.

De la crueldad y la falta de empatía como distintivos de la infamia

Muchos son los deshonrosos calificativos que en su singular torpeza y reiterado desacierto ha logrado cosechar nuestro inquilino de Palacio; su estupidez polifacética, su ignorancia pluridimensional y su torpeza multiforme, le han valido con justicia un aluvión de epítetos que, a pesar de sus aciertos descriptivos, no consiguen dibujar de cuerpo entero la podredumbre interna, la descomposición moral, la ambición disfrazada y la supina ineptitud de quien ahora nos gobierna. Desde el "Falso mesías" del prestigioso "The Economist", el "Poeta del insulto" de Gabriel Zaid, el "Hiperpresidente" del "Le Monde", el "Mesías tropical" de Enrique Krauze o la "Decepción para el mundo" de "The Nation", pasando por la "Resurrección del PRI" de Vargas Llosa, nadie ha conseguido reflejar en su justa brutalidad, en su evidente mezquindad, los rasgos constitutivos de nuestro aspirante a dictador. Definirlo por su proceder político, por sus posicionamientos ideológicos, por la estridencia de sus fracasos, la ceguera de sus decisiones, la rusticidad de su concepto de Nación, su nostalgia por un pasado obsoleto y caduco, o por la pequeñez intelectual de su visión histórica, ha dejado de lado el aspecto primordial, el componente medular, el ingrediente esencial en el tejido de su "persona", ese "ser o no ser" del hombre frente al mundo: La condición moral. Al respecto, nadie más cerca de plasmarlo en su verdad, en su entramado perverso, en su sordidez original, en su miseria constitutiva, que las palabras del escritor e investigador mexicano Martín Moreno: En el devenir histórico de nuestro Patria, en el accidentado transitar de nuestra biografía nacional, en la que tantas veces han desfilado la traición, la corrupción, la ineptitud o la frivolidad, asoma un nuevo perfil, una nueva estructura caracterológica aun más inquietante y perversa; la de un "presidente cruel". Definición sobre el individuo, sobre la esencia oculta en su coraza discursiva, en su revestimiento ideológico, en su sobada narrativa de la manipulación y del engaño. Caracterización que al margen de la naturaleza coyuntural, cambiante y engañosa de su proceder político, de las nefandas consecuencias derivadas de su inflexible dogmatismo, de las trampas perversas de su populismo mesiánico, refleja su naturaleza moral, su estructura inmanente y definitoria; revelación de su centro, de los móviles de su proceder, del trasfondo primordial de su intencionalidad verdadera. Su crueldad es inhumana y destructiva; culmen de la impiedad, cima del salvajismo y la animalidad, apogeo desbordante de su egocentrismo extremo que cosifica a "los otros", que desconoce el significado de la compasión y la empatía, que soslaya y desdeña el sufrimiento de los demás, que minimiza la desgracia transmutándola en ataque, oposición ideológica u orquestado complot. ¿Qué miseria personal, qué dureza de espíritu, qué tipo de mezquindad ética, de descomposición moral o de vileza constitutivas son necesarias para considerar que "detrás de las protestas en los hospitales de padres de niños y niñas con cáncer por falta de medicamentos están los partidos políticos"? ¿Qué variante de la ruindad es capaz de suponer que el visitar el epicentro de un desastre para "acompañar" y consolar a las víctimas, para tomar la mano de los deudos y adueñarse de su tragedia, es una muestra de "hipocresía" y de "conservadurismo" ideológico? ¡Es la crueldad "calculadora", la que sabe de los costos y los daños, la que es capaz de escatimar y almacenar millones de vacunas mientras la muerte se pasea entre nosotros, para aplicarlas por millones al borde de las elecciones! Es la crueldad del que mide la ganancia, del que calcula los réditos, del que supone que el triunfo justifica los medios. ¿Qué son los 600,000 muertos de la oleada pandémica, los 85,000 homicidios dolosos, los 13 millones de nuevos pobres, las 10 mujeres que mueren asesinadas día con día, las miles de empresas que irán a la quiebra? ¡Nada! Invenciones perversas del conservadurismo enemigo, confabulación neoliberal que busca su desprestigio. Nada habrá capaz de interrumpir sus rifas, sus delirios mesiánicos y salvíficos, el constante fluir de su diatriba electorera. Nada lo hará temblar, nada que lo sacuda o lo emocione: Crueldad de piedra, infamia hecha persona, imperiosidad de atender lo que le importa a costa de la alteridad.

Pero la crueldad deja una deuda, una estela indeleble de traición y de infamia. Ahora somos nosotros los que tenemos "otros datos", los que habremos de juzgar su vileza y su indignidad, los que escribiremos para la posteridad el juicio de la historia.

A propósito de la concentración inmoderada de poder, la irracionalidad y la renuncia a la libertad

El miedo a la libertad

Cabe preguntarse la suerte de efugios, falsedades, mecanismos manipulativos, embelesamientos ideológicos y subterfugios políticos que sostienen la imbatible popularidad del partido político hegemónico que, de acuerdo con las aterradoras predicciones de las últimas encuestas, podría conformar de nuevo la apisonadora democrática, la grey obediente, el guiñol impresentable de los títeres serviles. Ni la contundencia del fracaso en su gestión gubernamental, con el peor desempeño económico desde 1932, ni las cifras récord de homicidios y feminicidios de los últimos dos años, ni las tasas más altas de mortalidad en América Latina atribuibles a su nefanda gestión de la pandemia (improvisada en las rodillas de un matasanos con licencia), ni la quiebra de más de un millón de empresas, ni el panorama desolador que prevén los expertos para el 2021 con un 15% más de nuevos pobres (que serán recibidos con júbilo en la espaciosa y denigrante trampa del asistencialismo Obradorista), ni el ataque descarado a los poderes alternos, los organismos autónomos, las instituciones electorales y la prensa libre, ni las reiteradas violaciones al orden legal y Constitucional, ni esta nueva República Bolivariana "made in México" con un hedor cada vez más penetrante a autoritarismo y a reelección, ni el abandono y la crueldad mostrada ante los niños con cáncer, ni la negligencia criminal que precipitó al vació los vagones del metro, ni nuestro boleto gratis " al carajo" ni, en resumen, ésta reprobable aventura autocrática comandada por un mesías bananero e ignorante que anticipa el retroceso y el fracaso histórico, han logrado movilizar las conciencias, la indignación, la "rebelión", la rectificación racional, la lógica y esperada defensa de nuestra patria. No pretendo que enterremos en el olvido la vieja estela de corrupción, desigualdad y abusos que dejaron a su paso los viejos gobiernos, ni ponderar por sus méritos las propuestas de la oposición; se trata de establecer el balance, el contrapeso necesario a los excesos del poder, a las visiones unitarias, a las desviaciones megalómanas o las tendencias dictatoriales. La concentración inmoderada de poder es a menudo el preludio de la dictadura, la entronización del dominio como estrategia de control; el libro negro de los totalitarismos históricos se ha escrito en la supremacía, en la anulación de los opuestos, en las monomanías "ideológicas", en la purga y la persecución, en la instrumentalización y la manipulación de la las instituciones o la ley en perjuicio del "otro", en la irracionalidad de la consigna y del dogma, en la insolvencia de la argumentación "afectiva", en la debilidad de las creencias, de la estigmatización o del prejuicio. A un paso de la contienda electoral, bombardeados por eslóganes

¿doctrinarios que encasillan como un miembro "privilegiado" de las élites conservadoras o como un enemigo inconfesado del bienestar popular a cualquiera que, desde las trincheras de la libertad, la inteligencia o la racionalidad, se oponga a la locura autocrática de nuestro "falso Mesías", es necesario rescatar el argumento, la verdadera inteligencia, la que se ancla en la evidencia, la que se aferra al conocimiento, la que recurre a la fundamentación y al convencimiento reflexivo; esa que se apuntala en los datos, en la evidencia objetivable, en la contundencia de las cifras y los hechos.

Renunciar al análisis, abandonar la independencia de nuestro "yo" ante la necesidad inconsciente de fundirnos con "alguien" autoritario y poderoso, disminuirnos a nosotros mismos para someternos en el plano de una conformidad complaciente a la fuerza omnipotente de un Mesías político, rehuir nuestra capacidad de autoafirmación para supeditarnos voluntariamente a un orden superior e imbatible, es una tentación frecuente, una manifestación de lo que el psicoanalista Erich Fromm llamó el miedo a la libertad.

Nada más a cuento ante la cercanía de la contienda electoral que las palabras de Fromm a propósito de este asunto: "la expansión [...] de la democracia depende de la capacidad de autogobierno por parte de los ciudadanos, es decir, de su aptitud para asumir decisiones racionales en aquellas esferas en las cuales, en tiempos pasados, dominaba la tradición, la costumbre, o el prestigio y la fuerza de una autoridad exterior. Ello significa que la democracia puede subsistir solamente si se logra un fortalecimiento y una expansión de la personalidad de los individuos, que los haga dueños de una voluntad y un pensamiento auténticamente propios".

Contra el autoritarismo de un Mesías político, el ejercicio de la libertad.

Cuando la ideología se desvincula de la realidad para convertirse en cerrazón apasionada y ciega: La lógica de Procusto

La potencia bananera del oro negro

La ideología, ese sistema de ideas y de conceptos fundamentales que convertidos en verdades inmutables por un individuo o una colectividad caracterizan su visión del mundo, puede a menudo desvincularse de la realidad, escalar a través de la abstracción y de la atemporalidad hasta los linderos de la utopía.

Esculpir en piedra las ideas, ceñir el conocimiento a un reducido número de categorizaciones y de pensamientos estancos, refugiarse en la comodidad de interpretaciones apriorísticas (a menudo materializadas en el lema o en la consigna), crea los lazos identitarios, los sentimientos de pertenencia, el firme "respaldo cognitivo" en el que pueden recargarse la estupidez o la ignorancia. Quien al margen de la evidencia se ciñe al pensamiento, puede extraviarse en la irrealidad, reducir su mundo a un solo principio de integración y referencia, encerrarse en un esquema tautológico que, maniatado a su propia lógica interna, no encuentra escapatoria ni salidas. Apartada de los acontecimientos, ajena a la naturaleza cambiante de la realidad, la ideología se transforma en rígida elaboración, en inquebrantable trabazón anclada en el dogma, en una interpretación del mundo, simple y holística a la vez, cimentada en el prejuicio y la fabulación. La ideología desconoce la evidencia, evade la crítica y el ejercicio reflexivo; de ahí su sectarismo, su cerrazón apasionada y ciega, su tendencia totalitaria y dictatorial. Todo aquel que se aleje del entramado ideológico será descartado, repelido, desterrado del vínculo comunitario sostenido por la creencia, el prejuicio y el pensamiento unitarios.

Nada moverá un ápice el vehículo del pensamiento, nada modificará su predecible rumbo cuando se desplace sobre los rígidos rieles de la cerrazón ideológica. La realidad será reinterpretada, reformulada, ajustada, distorsionada o francamente ignorada bajo el opaco lente de la preconcepción y la monomanía.

¡El petróleo es el mejor negocio del mundo!, exclamo sin titubeos nuestro amo y señor del anquilosamiento ideológico. A contracorriente del mundo, bajo el prejuicio imperturbable de su roca cerebral, en el gélido espacio de su congelamiento conceptual, nuestro inquilino de palacio se aferra al pasado, a los inútiles y empolvados recuerdos de una época gloriosa. Cuando el mundo apuesta por las energías limpias, cuando sostenemos una empresa como

Pemex que sólo en el último trimestre de 2021 registró una pérdida neta de 1,813 millones de dólares, se anuncia la compra del siglo, la inversión que nos hará autosuficientes, la panacea que nos sacará de la pobreza y del rezago: La refinería de Deer Park en Texas que fue adquirida por 600 millones de dólares y que registra una deuda de 980 millones de dólares y pérdidas por dos años consecutivos de hasta 4 mil millones de pesos anuales. Al rebuzno ideológico de nuestro inquilino de palacio, cabe agregar su "do de pecho": La construcción de la refinería de Dos Bocas que, con la misma capacidad de producción de Deer Park, costará 7.6 veces más, con una inversión de 8,900 millones de dólares.

No cabe duda; nuestro inquilino de Palacio sufre , tal como se afirmó en una reciente publicación de "The economist" titulada "Mexico´s false messiah", de "necrofilia ideológica"; ese afán incomprensible y estúpido de aferrarse a los cadáveres de las ideas, a esas que han demostrado una y otra vez que no funcionan.

En la mitología griega, Procusto era el sanguinario propietario de una pequeña hospedería en Ática. Tras ofrecer a los incautos viajeros una generosa cena, los invitaba a descansar en una cama de hierro muy peculiar. Una vez que dormían, eran atados a las cuatro esquinas del lecho y amordazados sin piedad. Si la víctima resultaba ser más larga que la cama, Procusto serraba las partes sobresalientes del cuerpo, esto es, los pies, los brazos, las manos o la cabeza; si el infeliz huésped tenía una longitud menor a la del lecho, era brutalmente descoyuntado a martillazos para estirar su cuerpo a la medida de los bordes.

No cabe duda: nuestro Procusto bananero amputará al país
o lo hará pedazos hasta arrancarle los miembros. Debemos
ser la potencia bananera del "oro negro".

Sobre los móviles del autoritarismo, la utilidad de la desigualdad y la usurpación de la legitimidad: El desafortunado parto de los montes

¡Debieron llamarlo Andrés!

Parturient montes nascetur ridiculus mus ("Del parto de los montes nació un ridículo ratón")

Horacio

Afectado por los paroxismos de la desesperación, desencajado y contrariado por el evidente repudio de amplísimos sectores de la sociedad que, al margen de inclinaciones políticas, estratos sociales o posturas ideológicas, abandonan su barco; con el rostro visiblemente marcado por la inquina y los enconos, con su mirada encendida por una mezcla ígnea y explosiva de desprecio, revanchismo y odio, nuestro inquilino de Palacio se muestra ahora incapaz de contener sus inequívocas inclinaciones autocráticas, sus verdaderas pretensiones de poder ilimitado, su execrable y peligrosa manera de entender la "autoridad" y las relaciones del poder.

La autoridad del tirano resulta inconfundible; en sus rasgos y caracteres peculiares se delata su irracionalidad, su naturaleza coercitiva, el divorcio entre sus pretensiones y el bienestar común. Es simple y llano dominio, fuerza impositiva que reclama obediencia; una sola voz, un solo mandato. El autoritarismo es sordo, simple relación vertical entre señor y vasallo. Todo en la lógica autocrática se asume inapelable, inamovible y unitario: El deseo del que ordena, la voluntad del que sojuzga, el parecer del que manda. Nada florecerá bajo la sombra despótica de la imposición y el dominio. No romperá sus cadenas el esclavo ni abandonarán su miseria el pobre o el marginado: El tirano requiere la brecha, el abismo infranqueable, la distancia inamovible entre su persona y sus súbditos, el statu quo que perpetúa el dominio, la manipulación, la servidumbre ciega.

Nuestro inquilino de Palacio se asume ilimitado; denuesta, condena, asigna a voluntad la culpabilidad o la inocencia. El podio mañanero de nuestro remedo de presidente es hoy el tribunal supremo de la Nación, el patíbulo improvisado, el jurado inapelable, el ágora de la sabiduría, el foro de las decisiones, el taller de las leyes y los mandatos, la sede de la judicatura, el altar de culto, la asamblea electoral, el cuartel de donde emanan las órdenes militares, las oficinas del censor que decide que se debe decir y que debemos callar. Las leyes, los límites , las opiniones, las libertades, los disensos, las recomendaciones, la experiencia, los derechos de las minorías, los "otros poderes", la libre expresión, pueden irse "al carajo"; la legitimidad en el poder dictatorial no procede del consenso, de la sumisión volitiva, del consentimiento informado o del reconocimiento colectivo. Se asume que la legitimidad no se adquiere; se posee. De ahí la extralimitación, la discrecionalidad, el cinismo en la transgresión, la desvergüenza en la ilegalidad. Pero, ¿de qué sirve el poder que se regodea en sí mismo, que se aparta del progreso y el bienestar común? El poder es un valor extrínseco; supone algo deseable sólo en la medida en que contribuye al logro de un fin valioso en sí mismo.

La autoridad del Estadista, ininteligible para la escasa corteza cerebral de nuestro inquilino de Palacio, alinea sus intereses, supone el beneficio mutuo del que dirige y del que obedece. Relación de superioridad que hala del subordinado, que aprovecha su fuerza para recortar la brecha, para obtener un provecho en el gobernante y en el gobernado; relación de superioridad entre maestro y discípulo, enseñanza y aprendizaje, paradigma e imitación virtuosa. Los ejes de la obediencia, los puntales de la legitimidad, se alejan de la sujeción, de la instrumentalización de la ignorancia o las debilidades, del terrorismo ideológico. La obediencia volitiva, el seguimiento racional, la admiración justificada no requieren cadenas; de ahí su poder, su consenso con la libertad, su fuerza cohesiva e impulsora.

Nada peor podría habernos pasado que encontrarnos con el desierto en medio de la sed; ahí donde requeríamos la dirección racional, la fuerza propulsora, la cohesión y la unidad, la inteligencia reflexiva, la empatía y el humanismo, la convocatoria a la unidad y al progreso, la participación armoniosa de todas los sectores de la sociedad, apareció el

Caudillo, el Chávez norteño con vocación de revolucionario, el anquilosado y retrogrado cerebro de un aspirante a dictador.

Un día los montes comenzaron a gemir; la tierra estremecía los aires con sus lamentos y sus aterradoras sacudidas. Los montes temblaban, cada roca se agitaba y crujía como si fuera a parir de nuevo el mundo; los lugareños atemorizados protegían a sus hijos y daban lamentos al presagiar las violentas manifestaciones de los suelos. Las parteras del pueblo aseguraban que algo aparecería de la tierra. Al anochecer, en el clímax del estruendo, la tierra se abrió por completo y de sus entrañas brotó lo inesperado; un pequeño y ridículo ratón.

¡Debieron llamarlo Andrés!

Reflexiones sobre la autocracia y el repudio a los contrapesos: La brecha entre rebelión y resistencia

La "sacudida"

Las dictaduras fomentan la opresión, las dictaduras fomentan el servilismo, las dictaduras fomentan la crueldad; más abominable es el hecho de que fomenten la idiotez

Jorge Luis Borges

Como el perro que aúlla a imitación de la manada, como la dócil marioneta que obedece a los hilos, la voz del esbirro responde a la de su dueño: Nada más revelador de su oficio de sicofante, de su vocación autoritaria e impositiva, que las recientes declaraciones de Ricardo Monreal, coordinador de Morena en el Senado, quien afirmó que las instituciones, los órganos autónomos y el "Poder Judicial corrompido", que responde sólo al "mejor postor", se encuentran en "franca rebeldía, alejándose de la legalidad", por lo que requieren una "sacudida institucional a través de los órganos legislativos".

Nada tan recurrente en el quehacer de las dictaduras que la pretensión de reformar, socavar, violentar o desparecer desde el poder todo aquello que contravenga sus pretensiones, que estorbe a sus designios, que se aparte un ápice de las aspiraciones omnímodas de sus inclinaciones autocráticas. Juego perverso de quien sólo reconoce al "otro" en la complacencia ciega, en la sumisión incondicional, en la obediencia inobjetable, en la lealtad dócil, en la adulación servil; el mismo que será injuriado, atacado o vilipendiado al punto en que discrepe, en que se niegue a plegarse a la irracionalidad del capricho, a las sinrazones de la ambición, a las aspiraciones desbordadas del poder. Todo autoritarismo repudia los contrapesos, los poderes paralelos, los órganos autónomos, la prensa libre, el pensamiento crítico: Montará sobre ellos decenas de epítetos del más variado cuño para justificar su extinción, su repudio o su inutilidad; conservadores, fascistas, oligárquicos, neoporfiristas, neoliberales, da igual, el apellido poco importa mientras instrumentalice el odio, mientras parezca malévolo, fantasmal o amenazante para los ojos del adoctrinado o para el maleable imaginario del ignorante. Preludio de la tiranía, inequívoca señal del sesgo dogmático, de la intolerancia doctrinaria, de la tentación dictatorial; siempre oculta o camuflada bajo el disfraz de la democracia, esa que prostituyen y manosean, esa que suponen una transferencia incondicional, a través del voto mayoritario, de un poder irrestricto, ilimitado e inapelable a su autoproclamado "Salvador", a su representante y vocero de "todas la voluntades", al símbolo y encarnación de la Nación misma.

No resulta extraña señor Monreal su amenaza primitiva, su amedrentamiento burdo. La intimidación es el sello distintivo de la tiranía; mientras la democracia debate, discute, analiza, somete la conveniencia al filtro de la razón, al imperio de la ley, al respeto incuestionable de los derechos individuales, la dictadura impone, "sacude", pulveriza, degrada o dinamita; a decir del multigalardonado dramaturgo, poeta y articulista español Antonio Gala, "la dictadura se presenta acorazada porque ha de vencer, la democracia se presenta desnuda porque ha de convencer".

¡No señor Monreal! No pretenda confundir nuestro intelecto con sus baratijas discursivas. Nada más alejado de la rebelión, de la insubordinación delictuosa, de la sedición, del rompimiento con el orden legal, de la revuelta o de la subversión, de la asonada o el motín, que la resistencia legítima, la defensa racional, el repudio sensato, la señalización oportuna, el desenmascaramiento frontal de su proyecto totalitario, de las aspiraciones autocráticas de su mesías tropical, que a lomos de su entelequia populachera y demagógica, de los gastados caudillismos latinoamericanos, pretende socavar nuestras instituciones democráticas, afianzarse en el poder, imponer en nombre del "mandato" popular su irracionalidad y su capricho. Donde Usted supone rebelión, se yergue la resistencia, la voluntad de los ciudadanos libres, la justa defensa de nuestras instituciones y de nuestros valores democráticos. ¡Resistió el gueto de Varsovia los horrores del antisemitismo nazi, resistieron los partisanos franceses la ocupación alemana y el vergonzoso colaboracionismo del gobierno de Vichy, resistieron los negros la segregación racial en Sudáfrica! Diferencia sutil pero sustancial: No nos rebelamos...resistimos.

Tal vez señor la "sacudida" esté próxima, tal vez la resistencia prospere y se cristalice: Los tiranos y los farsantes no duran para siempre.

El manoseo de la historia y los absurdos extremos de la manipulación

Un traje a la medida

La historia es el telar de la identidad cultural, la forja de los metales que mantienen nuestra cohesión. Recuperamos el pasado para entender el presente, para encontrar en los orígenes la clave de lo que somos. Sumergirnos en nuestros raíces es comprender nuestras huellas, la ruta de nuestros proyectos, las causas de nuestros fracasos; en la historia común, en la comprensión de nuestros logros, en la memoria amarga de nuestras épocas aciagas, en la celebración y en la remembranza de nuestros años de gloria, se gestan los lazos solidarios que nos hacen Nación. La historia forma el vínculo invisible, las uniones objetivas y subjetivas en el caótico concierto de la heterogeneidad del hombre. La historia nos rige, nos enseña, nos abre una ventana a las encrucijadas del pasado; ahí duermen nuestros principios, ahí se afincan nuestros valores, ahí se nos revela como en un espejo la realidad que nos envuelve. Pero la reseña de los acontecimientos pasados exige del rigorismo que supone seleccionar, almacenar, interpretar y exponer, sin sesgos dogmáticos ni pretensiones ideológicas, los hechos históricos; la verdad solo emerge del análisis cuidadoso, de la aproximación veraz, de la recolecta sistemática y del escrutinio objetivo y responsable de nuestras fuentes orales o escritas, documentos, testimonios o vestigios.

Hay sin embargo esa "otra historia", esa arma poderosa, esa herramienta perversa que puede deformar la realidad o hacerla a modo; ese instrumento del poder que justifica los abusos, que perpetúa el engaño, que pretende dar sentido a las distorsiones ideológicas. Historia falsaria que distingue al tirano, al hombre que pretende ajustar nuestro pasado para adecuarlo a sus pretensiones, para hacerlo a la medida de sus aspiraciones políticas, de sus prejuicios y dogmas, de sus sesgos doctrinarios y sus estafas manipulativas. Surgirán así los agravios imaginarios, los personajes en blanco y negro, las demonizaciones a modo, la justificación exacta para la destrucción del otro, la herramienta perfecta para el control y el adoctrinamiento.

Así nuestro Inquilino de Palacio en compañía de Beatriz Gutiérrez (la nueva "inventora histórica") y sus "cónsules de la memoria", manosea nuestra historia sin pudor, la estira y la deforma para ajustarla a su narrativa, a su "reivindicación mesiánica del pueblo bueno", a su labor vengadora y justiciera en la que se presenta como el redentor de los agraviados por ese viejo pasado colonialista y sanguinario que, desde su sesgada y conveniente perspectiva surgida de la "Leyenda Negra", sólo sembró sangre y miseria tal como lo hacen los nuevos opresores, los inmundos conservadores y neoliberales que pueblan su mundo polarizado y maniqueo; fuente de la desgracia popular, origen de todos los males y de todas las calamidades.

Y así, aferrado en desaparecer a Colon, en su mentira a modo del 1321 como año de la fundación de "México-Tenochtitlán", en presentar a Madero como la víctima de una prensa infame, lapidaria y vil, en "retomar los ideales maderistas no sólo por convicción, sino también para afianzar los cambios que busca en su administración y para resistir cualquier reacción conservadora", en solicitar a España y al papa Francisco que se disculpen por las atrocidades y los atropellos que se cometieron en la conquista contra el pueblo que él representa, en pedir perdón a los pueblos mayas para ganar su simpatía (mientras horada sus selvas y violenta sus derechos humanos), hace de la manipulación histórica, de la desvergüenza y la mentira, su ejercicio cotidiano.

Qué distinta es la oratoria de la diarrea verbal; tanto como la historia de la mentira oficializada

Para el tercer Reich y los nazis resultaba imprescindible fundamentar "científicamente" sus teorías sobre la superioridad germana. Es así que el 1 de julio de 1935, bajo la dirección del líder de las SS Heinrich Himmler, se ordenó la creación de la Sociedad para la Investigación y Enseñanza de la Herencia Ancestral Alemana, popularmente conocida como "Ahnenerbe". Se trataba en realidad de una organización pseudocientífica cuyas investigaciones pretendían demostrar, bajo el rigor de la ciencia, el mito nazi de la superioridad aria. Sus ciento treinta y siete investigadores, que incluían arqueólogos, antropólogos, historiadores, genetistas, etnólogos, zoólogos y otros especialistas en diferentes campos del saber humano, se dedicaron en cuerpo y alma a distorsionar, manipular y falsear la verdad. Himmler, fanático del misticismo y del ocultismo, creía que los germanos estaban emparentados con los supervivientes de la Atlántida, quienes habían fundado una poderosa civilización en las estribaciones del Himalaya. Organizó así ridículas expediciones con destino al Tíbet, la Antártida, Oriente Próximo, Croacia, Noruega e Italia, para rastrear las migraciones de los arios tras la desaparición del continente perdido. Estaba de igual modo obsesionado con encontrar el martillo del dios Thor y el Santo Grial, que fue buscado infructuosamente en las ruinas de Montsegur por Otto Rahn, un ocultista destacado de la Ahnenerbe, y por el propio Himmler durante su visita a España. Pero la Ahnenerbe no sólo fue una entidad al servicio del ocultismo nazi; proporcionó los seres humanos que harían tristemente célebres los horrendos "experimentos" médicos del Tercer Reich con prisioneros de los campos de Dachau y Struthof-Natzwailer, que incluyeron congelación de seres humanos, inoculación de tifus a personas sanas, exposición a gas mostaza y otras muchas atrocidades. El médico August Hirt, director del Instituto de Anatomía de la Universidad del Reich de Estrasburgo, ingresó a la Ahnenerbe en 1942, para organizar la recogida de cuerpos para la colección del Instituto de Anatomía. Pretendía crear una colección de cuerpos de judíos para las generaciones futuras cuando esa raza hubiera sido exterminada por completo. Tras solicitar cráneos de judeo-bolcheviques con "fines científicos", justificaba su petición: "Disponemos de una amplia colección de cráneos de casi todas las razas y pueblos, sin embargo, de la judía solo tenemos unos pocos ejemplares… La guerra en el frente del Este nos proporciona una ocasión para superar esta deficiencia; ahora tenemos la oportunidad de obtener este material científico, los cráneos de comisarios judeo-bolcheviques, que representan el prototipo del espécimen subhumano repulsivo pero característico[…], y tenemos la oportunidad de obtener evidencias tangibles y científicas de ello."

Nuestro mitómano de Palacio y su inseparable "novelista histórica", encontrarán sin duda algo mejor y más provechoso que gobernar: Quizás encontrar el mítico "nopal", la emblemática y espinosa cactácea, la prodigiosa planta nacida del corazón de Copil donde el águila se posa, rodeada por "mucha cantidad de plumas verdes, azules, coloradas, amarillas y blancas de los galanos pájaros con que se sustenta", donde habrían de fundar, por orden de Huitzilopochtili, la gloriosa "Tenuchtitlán", el "Lugar del tunal en la piedra".

Sobre la importancia del lenguaje y sus revelaciones: El verdadero significado de la empatía

¡Después de Usted!

Es el lenguaje el que da el perfil y presencia a las cosas en el mero acto de nombrarlas, el que da el ser y la forma a las ideas al enunciarlas, el que da el ser y la densidad al sujeto hablante en el modo como fija posición..."

Jorge Larrosa

Las palabras son la envoltura visible del pensamiento, los vehículos de la razón, el ropaje de las emociones; en el imperio de la comprensión, en el enorme almacén de nuestra mente, solo pervive lo nombrado, lo que en última instancia se cifra en el lenguaje; ignorar una palabra, eliminarla de esa caja de herramientas cognitivas con las que construimos e inventamos nuestro entorno, supone desconocer las realidades que nombra, las emociones que califica, el conocimiento que atesora, la experiencia que almacena. La palabra es el signo, el mediador abstracto, la pauta sonora que confiere significado a la realidad que percibimos; es pensamiento, definición, memoria, intercambio, luz y reflexión sobre nuestra realidad interna, abstracción y dominio de los fenómenos del mundo.

¿Cómo beneficiar a los demás cuando desconocemos el significado real de lo que supone "el otro"? ¿Cómo sufrir en carne propia la desgracia ajena, ahí donde repudiamos el significado de la "empatía"?

Inconcebible para quien dice ser el mandatario de una Nación, calificar desde las cumbres de la ignorancia una palabra como la "empatía", tan ricamente "solidaria", tan prodigiosamente "comprometida", como un mero capricho fonético de la perversión conservadora. Tristes declaraciones de nuestro Inquilino de Palacio hechas en uno de sus tristemente célebres dislates mañaneros, justo ahora que en el marco de la tragedia del metro se requiere hacerse uno con el otro, entender desde la perspectiva del que sufre, sintonizar nuestro sentir y pensamiento con el dolor ajeno:

"Otra [palabra] que antes no se usaba y ahora se usa mucho, 'empatía'. Hay simpatía o hay antipatía, pero esta es empatía."

Es comprensible que para nuestro inconfundible "Narciso" palaciego, para nuestro rey del monólogo y la autocomplacencia, sólo existan la simpatía y la antipatía. Ambas excluyen al "otro", al que no interesa. Lo que importa en la simpatía es el agrado que sentimos; ese algo que calificamos desde el "yo" conforme al placer que el otro nos produce. Hasta la misma antipatía cobra sentido y significado en el marco de un malestar "propio", personal, que nos incomoda y nos compete. La empatía por el contrario, exige la presencia de ese otro a quien sólo podemos sentir a través de nosotros mismos. Sólo el psicópata carece de empatía. Sólo alególatra patológico le está vedado el comprender al "otro". Lo entenderá en el plano frío de la narrativa racional, ahí donde el otro se cosifica, donde el otro es despreciado como persona y devenido en objeto. La empatía es algo imposible para la megalomanía desbordada de nuestro inquilino de Palacio, pues requiere necesariamente igualarse con el otro, considerarse idéntico en valor e importancia, despojarse de la soberbia y del egoísmo. En la empatía no hay fingimiento ni artificialidad; sólo la necesidad espontánea y natural de "acompañar", de "hablarse con el otro en el plano afectivo". ¿Cómo puede alguien "sentir dolor" o "solidarizarse con los familiares de las víctimas", tal como lo declaró nuestro inquilino de Palacio, sin la cercanía "emocional" y la comprensión afectiva directa de quien se hace parte vivencial de los sucesos? Engaño gestual, fingimiento mímico del que se niega a acompañar al "otro" en el epicentro de su dolor.

¡Al carajo la falsedad! ¡Al carajo la teatralidad del que se dice interesado por ese "otro", que reducido a la condición de objeto, que cosificado y despersonalizado, es solo la materia prima, el objeto utilitario, el instrumento conveniente!

Por cierto Sr. Obrador, aun no sabemos a ciencia cierta dónde se encuentra el carajo. ¡Si no le importa, iré después de Usted!

Ejercer la Justicia sin la venda de Temis

El "camarada Bujarín"

"Elegir la víctima, preparar minuciosamente el golpe, satisfacer una venganza implacable y luego irse a dormir... No existe nada más dulce en el mundo."

(Stalin a Dzerjinski y a Kamenev, en una noche de verano de 1923).

Entre el 2 y el 13 de marzo de 1938, en el Colegio Militar de la Corte Suprema de la Unión Soviética, tuvo lugar una de las más grandes farsas judiciales que haya conocido la historia; en realidad, la escenificación grotesca de uno de los juicios que formaron parte de las campañas de represión y de persecución políticas implementadas por Stalin para consolidar su poder, conocidas como la Gran Purga, y que cobrarían la vida de más de un millón y medio de personas. Los acusados incluían prominentes líderes revolucionarios, médicos, comisarios políticos, cuadros intermedios del partido y a uno de los compañeros de lucha más cercanos a Stalin; su querido e inseparable camarada Nikolái Bujarin, quien se atrevió a contradecirlo, por lo que fue incluido de inmediato en el listado de sus adversarios y, con la ayuda de la propaganda, acusado de "desviacionismo de derechas". Los acusados se encontraban sentenciados de antemano dada la cercanía y la estrecha relación que el juez y el fiscal mantenían con Stalin; sobre los "enjuiciados" pesaban graves delitos incluidos alta traición, espionaje, terrorismo, sabotaje, conspiración para desarticular el poder soviético, ayudar a potencias extranjeras en ataques a la Unión Soviética o promover sublevaciones internas. La tortura o las amenazas directas a la integridad de sus familias, se encargaron de que todos aceptaran su culpabilidad. La sentencia no se hizo esperar; debían afrontar la pena máxima. El juicio-espectáculo fue un mero formulismo con sentencias pactadas y el fiscal se referiría finalmente a los sentenciados como un "montón de basura humana maloliente".

Ahí donde la justicia, la neutralidad y la necesaria independencia judicial se pliegan ante las necesidades, las ambiciones, los dogmatismos o los caprichos del poder político; ahí donde se deciden los destinos del otro al margen de los hechos, de las leyes y de los procedimientos; ahí donde se inclina la balanza bajo el peso del prejuicio, la conveniencia, el odio, la venganza, la manipulación o la difamación: ahí donde el que juzga se deshace de la venda de Temis y, olvidándose de la imparcialidad y de la indispensable equidad, blande con intencionalidad su espada "justiciera", nada le queda a la sociedad sino la desprotección y la inequidad.

La gran tragedia del metro, la muerte de decenas de inocentes construida desde la corrupción, la negligencia, la ineptitud y la impudicia es cosa juzgada. El culpable "a conveniencia", el "camarada Bujarin" ya ha sido señalado; al margen de la evidencia, de los anunciados peritajes y sin la participación siquiera de aquellos en quienes recae, por derecho, la impartición de la justicia, la diputada de Morena María de los Ángeles Huerta señaló que "las fallas fueron originadas por la falta de mantenimiento después de la puesta en servicio y que eso fue responsabilidad del senador Mancera", exjefe del Gobierno capitalino y actual senador, lo que fue secundado por sus secuaces partidistas que pidieron a Mancera que colabore con las investigaciones sobre el colapso. Nada más predecible; el amigo "Bujarin" debe ser fusilado para salvaguardar la integridad y la honorabilidad del partido. Por supuesto, no hay cabida para otras indagatorias. Así, los grupos parlamentarios de Morena y el Partido del Trabajo rechazaron la creación de una Comisión Especial Plural de Seguimiento a las Investigaciones del Accidente Ocurrido en la Línea 12 del Metro de la Ciudad de México y la comparecencia de Marcelo Ebrard por su presunta negligencia.

En el silencio de la sala, ya con el acusado en el banquillo, los fiscales profirieron su sentencia: Ahí donde solo deberían escucharse los reclamos de justicia, donde cada víctima debería de mover las almas y las conciencias al margen de partidismos o de conveniencias políticas, calificaron la petición de "política carroñera"

¡A nadie parece importarle algo más que su pellejo!

Reflexiones sobre el narcisismo, la indolencia y el desprecio por la vida de los otros

La selfie

Hay silencios cobardes, reveladores, incomprensibles o incluso imperdonables. Ahí donde hacía falta el compromiso solidario, la empatía fraterna, el apoyo incondicional, la asistencia inmediata, el accionar oportuno, el apersonamiento mismo, el consuelo sincero, las declaraciones balsámicas de uno de esos jefes de Estado que se ocupan de algo más que de sí mismos, nuestro inquilino de palacio, nuestro ínclito Houdini tercermundista, hizo gala una vez más de sus dotes de escapista; donde debía estar su voz, apareció su mudez. Ni un solo asomo de conmiseración, ni el más mínimo indicio de ese dolor compartido que envuelve a las desgracias. Sólo la ausencia cómplice; culmen de la omisión, apoteosis de la indiferencia, paradigma de la insensibilidad y el desapego. Ahí donde era necesario que irrumpieran las palabras de aliento, el consuelo, el gesto comprensivo y humanitario, sólo apareció ese otro silencio, el que Octavio Paz describiera como "aguda torre, espada que sube y crece y nos suspende mientras caen recuerdos, esperanzas, las pequeñas mentiras y las grandes". ¿No es acaso el callar un acto voluntario? ¿No conlleva la carga moral de la omisión cuando los hechos exigen que se hable? ¿No es razonable pedir que ante una desgracia de enormes proporciones, que ante la perturbadora imagen de los vagones desplomados, los gritos de los heridos y la mudez irreversible de los muertos, se pronuncie de inmediato el presidente de un país, al menos en aras de esa mínima solidaridad que la población espera del Jefe de un Estado? ¡Pero no! Había que preparar las evasivas, las excusas; había que pensar en las salidas, construir los culpables, encontrar el humo necesario para esconder el desastre. Nuestro inquilino de Palacio no se pronunciaría sobre la tragedia sino hasta la "mañanera" siguiente, sólo para cederle la palabra a la Jefa de Gobierno Claudia Sheinbaum, para endilgarle el peso del discurso, para endosarle la responsabilidad de esa explicación que la ciudadanía demandaba ante tanta ineptitud, ante la falta de acciones frente a los reiterados avisos que presagiaban la catástrofe. Luego vendrían sus huecas condolencias, con ese mismo sabor que tiene el "pésame" de quien acude a un velorio sin conocer al "muerto":

"Por ahora, nuestro abrazo fraterno, sincero a los familiares de las víctimas y todo nuestro apoyo a los heridos, que vamos a seguir atendiéndolos para salvarle la vida, para que no tengamos más fallecimientos. No podemos como aquí lo mencionó Claudia, caer en el terreno de la especulación y mucho menos el de culpar sin tener pruebas a los presuntos responsables. Y ahora..."Si les parece, pasamos ya al Pulso de la Salud".

Nada más revelador: hay que pasar a lo que a él le interesa, a esos asuntos que giran en torno suyo, que aluden a sus logros y no a sus fracasos; volver a su persona, a su insufrible jerigonza, a su "transformación" imparable y miope, la que camina insensible sobre los muertos de la pandemia, la que miró desde la lejanía de un avión a los ahogados de Tabasco, la que se esconde en el silencio ante los gritos de los que agonizan o mueren entre los fierros retorcidos de su "línea dorada". Bastaron unos minutos tras las expresiones de "condolencia" para su regreso al narcisismo, a ese mundo carente de empatía donde se expande y se regodea. Ese espacio que comienza y termina en el ámbito del su "Yo": "Yo lamento que los medios de información en el país estén tan obcecados en atacar al gobierno que represento, desde el tiempo del presidente Madero no se tenía una prensa así, tan tendenciosa, golpeadora, defensora de grupos corruptos, una prensa que se dedica a mentir constantemente; con honrosas excepciones, para no generalizar, pero son muy pocas las excepciones. La regla es que tenemos la prensa más injusta, la más distante, la más lejana al pueblo y la más cercana a los grupos de poder conservador. Es un tiempo de oscuridad para los medios de información".

¿Quién ante la muerte y la desolación del "otro" se lamenta de sus propias desgracias, de los ataques arteros de la prensa injusta? ¿Qué tiene en las entrañas quien en medio de la pérdida inesperada de seres humanos, causada por la ineptitud y la irresponsabilidad de las autoridades, se conduele de sí mismo por las agresiones de sus fantasmas? ¿No equivale acaso al terrorista que, con la destrucción de fondo, usando como marco la desolación que ha dejado su proceder malvado, se toma el tiempo para tomarse la "selfie"?

Hay algo señor que importa más que Usted, algo que representa el sustrato básico sobre el que se montan los valores; la libertad, la justicia, la equidad, la justa repartición de los bienes, el bienestar de los ricos o de los pobres, la felicidad o el progreso. Algo que para Usted parece tener poca importancia, algo que no es prioritario en su quehacer político, algo que puede ser despachado con unas cuantas frases de su retórica retorcida para que pueda centrarse en lo verdaderamente importante, en su proyecto bananero y vacío, en su delirante misión histórica, en su proyecto mesiánico: La vida misma.

Sobre la aritmética bizarra de los regímenes populistas: Asistencialismo, sumisión y dependencia

Los deudores de la ideología

Toda argumentación, al margen de su solidez racional, que intente poner en tela de juicio las bondades o la utilidad misma de los cada vez más numerosos (y onerosos) programas asistencialistas sobre los que se cimienta la "popularidad" y la presunta "fortaleza moral" de nuestro inquilino de Palacio, será repudiada y señalada de inmediato por la nueva "nomenklatura" morenista, e incluso por un amplio sector fuertemente adoctrinado de la sociedad mexicana, como un ataque perverso y despiadado surgido de la insolidaridad, como una confesión inequívoca de la adhesión o la pertenencia a las filas de una "oligarquía rapaz y privilegiada" que, desde el egoísmo y la impiedad, fomenta en beneficio propio los desequilibrios sociales. Aunque nadie pone en tela de juicio que los bienes públicos deben ser canalizados, de manera equitativa y planificada en beneficio de la sociedad, no es posible ignorar una premisa básica: La pobreza y la desigualdad no son asuntos coyunturales, pues se encuentran íntimamente ligadas a deficiencias estructurales crónicas de larga data; es así que toda inversión social, si pretendemos modificar los mecanismos patológicos detrás de los síntomas, debe apartarse del cortoplacismo, de la focalización clientelar, de la intencionalidad política y partidista, de la dilapidación circunstancial o electorera para centrarse en proyectos, en acciones, en modelos de aplicación universal que apunten al origen, que modifiquen favorablemente las condiciones educativas, sociales, sanitarias, laborales y económicas de la población, y que propendan a erradicar en un sentido profundo las causas del atraso. Pero las fórmulas del crecimiento real no figuran en la aritmética bizarra de los regímenes populistas; en las perversas ecuaciones de nuestro Pitágoras bananero, los sumandos universales del progreso, la educación de calidad, la atención efectiva a la salud, la productividad remunerada, la ciencia o la cultura, se encuentran lejos del resultado que busca. Requiere otros medios para apuntalar sus fines: El control absoluto, la perpetuación en el poder, la eficacia electorera, la dependencia social. Las cifras dan cuenta de su perversa matemática: En un extremo de la ecuación, el mayor presupuesto en programas sociales de la última década con 3.3 % del PIB y el mayor presupuesto de la historia otorgado a la SEDENA; en el lado de la resultante, entre 8.9 y 9.8 millones de personas se sumarán al sector que percibe ingresos inferiores a la línea de pobreza, y entre 6.1 y 10.7 millones al que tiene ingresos bajo la línea de pobreza extrema.

Pero al margen de sus consecuencias prácticas, ¿qué implica en lo profundo el asistencialismo social? Es indudable a mi juicio que las políticas públicas "solidarias" deben apuntar al fondo, a la modificación paulatina y permanente de las desventajosas condiciones estructurales que entrampan a amplios sectores de la población en la marginalidad y en la pobreza. El asistencialismo de la inmediatez, el que ha sido diseñado como instrumento de control, de sumisión y dependencia, el que deja de lado la necesidad de reincorporar a la persona a la vida productiva, el que perpetúa la pobreza y promueve la inmovilidad social, el que niega al hombre la posibilidad de dignificarse a través del esfuerzo, el logro y el trabajo, no es sino una especie de "providencialismo asistencial", una trampa manipulativa que esclaviza y sujeta. Esta realidad quedó plasmada en la encíclica Fratelli Tutti del papa Francisco:

Una "expresión de la degradación de un liderazgo popular es el inmediatismo. Se responde a exigencias populares en orden a garantizarse votos o aprobación, pero sin avanzar en una tarea ardua y constante que genere a las personas los recursos para su propio desarrollo, para que puedan sostener su vida con su esfuerzo y su creatividad [...]. Por una parte, la superación de la inequidad supone el desarrollo económico, aprovechando las posibilidades de cada región y asegurando así una equidad sustentable. Por otra parte, «los planes asistenciales, que atienden ciertas urgencias, sólo deberían pensarse como respuestas pasajeras»".

Las prácticas asistencialistas del populismo bananero apuntan a la paliación y excluyen al sujeto de su propio desarrollo, de la construcción responsable de sí mismo. Tal como lo señalara el filósofo y pedagogo Paulo Freire, "en el asistencialismo no hay responsabilidad, no hay decisión, sólo hay gestos que revelan pasividad y domesticación". De este modo, el asistencialismo como instrumento al servicio del poder lleva implícita la necesidad de perpetuar, en un sentido utilitario, el statu quo, de mantener la trayectoria; pero, ¿qué queda sin soluciones de fondo sino la institucionalización y la estatización provechosa de la pobreza?

Nada más cierto que las palabras de Freire para revelar las terribles trampas que supone el asistencialismo como arma política: Contradice "la vocación natural de la persona -ser sujeto y no objeto- y hace de quien recibe la asistencia un objeto pasivo, sin posibilidad de participar en el proceso de su propia recuperación. El asistencialismo es una forma de acción que roba al hombre las condiciones para el logro de una de las necesidades fundamentales de su alma, la responsabilidad".

La matemática aberrante de nuestro inquilino de Palacio parece cuadrar ahora y se resume con toda claridad en las palabras del papa Francisco: "el pueblo en la visión populista no es protagonista de su destino, sino termina siendo deudor de una ideología".

Las enseñanzas de Ayn Rand: La colectivización y la criminalización del logro personal

Librémonos del estigma

Nacida en San Petersburgo en el seno de una familia de clase media alta, Alissa Zinovievna Rosembaum aprendió a leer de forma autodidacta con tan solo 6 años de edad y pronto descubriría su vocación como escritora. En sus tempranos años escolares fue testigo de la revolución bolchevique de 1917, a la que repudió sin ambigüedades. Debido a los combates, se refugió en Crimea al lado de su familia. Fue golpeada por el hambre y las penurias económicas tras la confiscación de la farmacia de su padre por el victorioso régimen soviético. Experimentó los rigores del socialismo real y vivió los años del terror rojo plagados de represión, detenciones y ejecuciones en masa. Las terribles vivencias de aquellos años aciagos, su repudio por la desintegración del pensamiento libre y su odio contra cualquier forma de ideología totalitaria o contra toda expresión de intolerancia, quedarían plasmados en muchas de sus obras. Escapó de aquella vida de terror y emigró a los Estados Unidos para no volver nunca a Rusia. A pesar de sus aspectos criticables, la filosofía de la que más tarde adoptaría el nombre de Ayn Rand, nos brinda amplios espacios para la reflexión en torno a esta nueva embestida colectivista que, montada a lomos de un populismo grotesco, que disfrazada de "transformación histórica", ha infectado la sociedad mexicana con el germen de la imposición ideológica, de la intolerancia, de la injerencia abusiva del Estado y de la división facciosa. Para Ayn Rand, cada individuo tiene derecho a existir para sí mismo, a ejercer libremente su facultad de razonar, a establecer sus valores al margen de la imposición o la coerción, a rechazar cualquier forma de determinismo, a no inmolarse en aras de una utopía colectiva: Así, ningún orden social o Estatal puede estar por encima de nuestros valores individuales, de nuestro derecho a la propiedad o al libre ejercicio de la razón, que nos distingue y nos dignifica como seres humanos. El hombre es un fin en sí mismo y no un medio para los fines de los demás. Pero tales principios parecen ajenos a este nuevo orden populista que transforma el "deseo de las masas", puesto siempre en la boca del líder, en una "voluntad sagrada" que confiere a su representante un poder omnímodo, que se sitúa por encima de los derechos individuales, de las instituciones, de las leyes o de los poderes alternos, y que le permite expoliar y estigmatizar a esa minoría pensante que no comulga con el guión o que se presume contraria a la concesión del "voto". Tal minoría (donde podemos estar Usted o yo) será señalada con algún apelativo y colocada de manera automática en el cajón de sastre de los "adversarios". De esta manera, se genera la brecha, la grieta, la escisión necesaria, el buscado enfrentamiento entre amplios sectores de la sociedad, en el que unos serán presentados como responsables de la pobreza, de la desigualdad y las desgracias de los otros: Este arreglo perverso hace posible la criminalización del logro personal, del esfuerzo productivo, de la riqueza bien habida o de la propiedad privada que resulta del trabajo honesto. Es así como se construye la justificación moral para el expolio y la explotación de los sectores más productivos de la sociedad, que habrán de financiar a través de un asistencialismo indigno y paralizante, la "compra de los votos y las voluntades". Resultado final: la anulación del individuo a través del vasallaje, de la sumisión ideológica. Todo desacuerdo o toda deliberación serán desacreditadas como especies mutantes del pensamiento único.

Debemos librarnos del estigma. Ejercer la libertad no nos convierte en criminales. Para decirlo desde la perspectiva filosófica de Ayn Rand, "nuestra vida es nuestra y, por lo tanto, también lo es la responsabilidad de cargar con ella".

Culmino mi reflexión con un texto de esta extraordinaria mujer que viene a cuento en el marco de nuestra realidad política inmediata:

"Cuando advierta que para producir necesita obtener autorización de quienes no producen nada; cuando compruebe que el dinero fluye hacia quienes trafican no bienes, sino favores; cuando perciba que muchos se hacen ricos por el soborno y por influencias más que por el trabajo, y que las leyes no lo protegen contra ellos, sino, por el contrario son ellos los que están protegidos contra usted; cuando repare que la corrupción es recompensada y la honradez se convierte en un autosacrificio, entonces podrá afirmar, sin temor a equivocarse, que su sociedad está condenada."

A contracorriente de la sensatez: Reflexiones sobre las ocurrencias y dislates de los regímenes populistas

¡A sembrar vida!

¿Por qué interrumpir nuestro espectáculo circense? ¿A qué sustraernos de las trascendentales e inteligentes disertaciones republicanas con las que el ínclito Salvador de nuestra patria suele mostrar su aura providencial y su irrefutable vocación de Estadista? ¿A qué consumir nuestro tiempo en nimiedades globales, en las bizarras menudencias del conservadurismo internacional, cuando podemos ahondar en los destinos de nuestra Nación gracias a las profundas disertaciones filosóficas y sociales entre Lord Molécula y nuestro Sócrates del bananerismo? ¡Qué disparate! Fútil e infortunada ocurrencia de los líderes mundiales: Programar una Cumbre Virtual sobre cambio climático justo en medio de nuestras vitales e insustituibles alocuciones mañaneras.

A fin de cuentas, ¿qué es el cambio climático sino una de

tantas triquiñuelas globales promocionadas por las élites neoliberales y oligárquicas para descarrillar nuestros planes de transformación con "mañaneras" incluidas? Además de su presunta conexión con el mayor número de catástrofes naturales vinculadas al clima, con la acidificación y el aumento progresivo en el nivel medio de los océanos, con graves

daños en materia de biodiversidad, con el incremento en la frecuencia e intensidad de las ondas de calor, con los cambios extremos en los ciclos del agua, con numerosos efectos adversos sobre la salud de nuestras poblaciones, con la proliferación de incendios forestales, con la desaparición paulatina de las grandes formaciones de hielo y los glaciares (incluido el de Ayoloco en la cima del Iztaccíhuatl), con el severo estrés hídrico que afecta a millones de personas alrededor del mundo, con una mayor propensión a devastadoras enfermedades zoonóticas como la actual covid 19, o con la supuesta amenaza a la supervivencia misma de la especie humana, ¿qué otra cosa podría restar importancia al inminente Armagedón que supone la lucha interna entre liberales y conservadores? El desconocimiento es evidente; parafraseando a Machado, el mundo desprecia lo que ignora. ¿A qué enfrascarnos en vanos compromisos globales para reducir las emisiones antropógenas de bióxido de carbono y de otros gases con efecto invernadero? ¿A qué vulnerar la tan deseada soberanía energética basada en el carbón, en el petróleo y en otros combustibles fósiles, cuando el ingenio inigualable de nuestra cuarta transformación, con su sapiencia, agudeza intelectual y finísimo olfato, ha descifrado al fin el intríngulis del asunto?

Bastaron tres minutos para que el mundo pusiera mientes en sus despropósitos y reconociera sin recelos las bondades y los insospechados alcances de un programa único en el mundo por su efectividad y sus sonados triunfos: "Sembrando Vida". Paradigmático e infalible proyecto, venero inagotable de oxígeno y de esperanza que parece emanar de nuestro líder. ¿Qué mejor solución para nuestros vecinos centroamericanos y para el mundo entero que su revolucionaria y sofisticada utopía forestal? Perfectible sin duda, pero grandiosa en su diseño; una inversión de tan solo 43 mil millones de pesos en dos años (más de lo erogado en la pandemia). ¿Tropiezos?, sí pero irrelevantes: De su objetivo original en 2019, esto es, la plantación en un millón de hectáreas de 575 millones de árboles, sólo se sembraron 80 millones (el 13.9%), de los que sólo sobrevivió el 50% (es decir, el 6.9% del objetivo total). Minucias matemáticas con las que pretenden enlodar nuestras grandes ideas las huestes mercenarias de nuestros acérrimos adversarios. Claro está que los informes del Instituto de Recursos Mundiales, una organización técnica global, sobre la pérdida de 72,830 hectáreas de bosques vinculada al programa "Sembrando Vida", tiene el tufo inconfundible del más rancio conservadurismo.

¿Qué medidas tomar ante la cerrazón internacional? ¿Cómo hacer que el mundo deje de moverse a contracorriente de la sensatez con sus dislates y sus ocurrencias científicas alejadas de la intuición y de la sabiduría popular? Tiempo perdido; "Todos los cerebros del mundo son impotentes contra cualquier estupidez que esté de moda". Así es que: ¡A sembrar vida!

Los peligros de la sujeción irreflexiva y de la pérdida del sentido crítico: La ley al servicio de las pretensiones de dominio y los fanatismos

Los peligros de la obediencia

La Constitución señala de manera clara en su artículo 97 que cada 4 años, el Pleno de la Suprema Corte de Justicia elegirá de entre sus miembros al Presidente de la Suprema Corte de Justicia de la Nación, el cual no podrá ser reelecto para un período inmediato posterior. El asalto a la ley emprendido por los inconsecuentes leguleyos de Morena y secundado, desde los partidos satélites, por sus fantoches de guiñol, pretende mantener en su cargo a Arturo Zaldívar por dos años más, en un evidente intento de supeditar y someter el Poder Judicial a las aspiraciones autocráticas y megalómanas de su Mesías bananero. La violación a nuestra Carta Magna ocurre por partida triple, facultando al congreso para un nombramiento que compete al Pleno de la Suprema Corte, extendiendo artificiosamente un período temporal claramente acotado por nuestra Constitución (cuya modificación exigiría a todas luces una Reforma Constitucional) y permitiendo que el ministro Zaldívar ocupe nuevamente el cargo de Presidente de la Corte en el período inmediato posterior.

La sumisión indigna, el vasallaje grotesco con el que nuestro inquilino de Palacio obliga a sus siervos, a sus rastreros lacayos, a sus obedientes marionetas, a sus convidados de piedra, a secundar desde las Cámaras sus despropósitos gubernamentales, sus retrógradas reformas, su "Revolución Bolivariana con disfraz de charro" o sus dislates antidemocráticos de populismo bananero, se revelaron con claridad en el reciente exabrupto de la diputada Nancy Claudia Reséndiz del Partido Encuentro Social, quien al dejar su micrófono encendido durante la reunión extraordinaria de la Comisión de Justicia de la Cámara de Diputados, reveló en forma involuntaria que había recibido instrucciones directas de Ignacio Mier, coordinador de Morena en San Lázaro, para que dieran su voto favorable a la reforma del poder Judicial: "El pinche Mier está diciendo que la votemos".

Pero, ¿cuáles son los riesgos de la obediencia inconsciente, de la sujeción irreflexiva a los designios del "otro", de la conformidad automática, de doblegar nuestro pensamiento a las exigencias del poder, de renunciar a nuestra individualidad y a nuestro sentido crítico, de ceder frente a la imposición sin los filtros de la duda y de la evaluación racional? ¿Qué peligros supone torcer, reformular, ignorar, manosear, manipular o trastocar las leyes para ponerlas al servicio de un proyecto totalitario, de una visión autocrática, de las aspiraciones dictatoriales de un loco megalómano o de las aberraciones antidemocráticas de una apuesta populista?

Cuando el prejuicio se hace ley, cuando las normas se dictan desde los sesgos ideológicos, desde la rigidez de los dogmatismos, desde las interpretaciones equívocas o convenientes de la historia, desde la sed de gloria o los apetitos del poder, desde el revanchismo o el prejuicio; cuando la ley tiene otro fin que garantizar la igualdad, la justicia o el bienestar común, y es puesta al servicio de las pretensiones de dominio, de los compromisos clientelares, de las adhesiones doctrinarias, de las simpatías sectoriales o de los que están dispuestos a ceder el imperio de su individualidad y el albedrío de su pensamiento a las exigencias abyectas de sumisión incondicional, la sociedad se desdibuja, empeña su voz y su conciencia, renuncia a sí misma y al ejercicio pleno de su libertad y su autodeterminación.

Nuestro inquilino de Palacio desprecia la ley, considerándola tan solo una herramienta para lograr sus propósitos, para impulsar sus dislates, para apuntalar su aventura populista. La Constitución debe amoldarse a sus deseos, alinearse con sus pretensiones, coincidir a cabalidad con sus ocurrencias doctrinarias, o ser borrada de un plumazo como letra muerta cuando marcha en sentido contrario a sus apetencias o a su capricho. Pero la sumisión incondicional y fanática supone un precio más allá de la anulación del propio yo, de la dilución sumisa de nuestras connvicciones y de nuestra identidad; puede conducirnos al abismo.

Aprobadas por unanimidad el 15 de septiembre de 1935 en el marco del séptimo congreso anual del Partido Nacionalsocialista Alemán, las Leyes de Núremberg materializaron los infames sesgos ideológicos y la crueldad inaudita de la Alemania nazi; en realidad la puesta en marcha de una terrible pesadilla que culminaría con el exterminio sistemático de millones de seres humanos, en su mayoría judíos. Contaron con el consentimiento pleno de Adolf Hitler y contribuyeron a crear una postura antisemita en el grueso de la población. Tales aberraciones jurídicas, que incluían la Ley para la Protección de la Sangre y el Honor Alemanes, prohibían los contactos sexuales entre judíos y "arios", privaban a los judíos de la ciudadanía alemana, los imposibilitaba para ocupar cargos públicos, ejercer sus profesiones o adquirir propiedades. Durante los 12 años que duró el dominio del Tercer Reich, se promulgaron 400 leyes que prohibían a los judíos lo inimaginable: Tocar en una orquesta, poseer mascotas o hacer uso de la bandera alemana. El contacto sexual de judíos y arios constituía el delito de "rassenchade" (corrupción racial), que era castigado hasta con 15 años de prisión. Finalmente se obligó a los judíos a portar una letra "J" impresa para que la policía pudiera identificarlos y todos los hombres o las mujeres que no tuvieran un nombre claramente reconocible por su origen judío, debían adoptar el nombre de "Israel" o el de "Sara", respectivamente.

Nada más preocupante que las leyes puestas al servicio de los fanatismos, de la imbecilidad o la ignorancia.

Sobre el ejercicio irrestricto y autocrático del poder: Las trampas de la "hybris"

Peligro Real

Entender la lógica (si es que hay alguna) de las acciones, las declaraciones, las propuestas, las decisiones, la retórica, el lenguaje y los muy abundantes despropósitos, dislates, barbaridades, desfiguros y ocurrencias con los que nuestro inquilino de Palacio intenta a diario modificar, socavar, ignorar, reformar, desatender, desacreditar, violar o corromper sin mesura ni pudor los valores y principios democráticos que rigen nuestra sociedad, exige situarse en un plano distinto. Alejado del pluralismo, de los cauces institucionales, de la separación necesaria de poderes, de los mandatos constitucionales, de la igualdad frente a la ley, del derecho a disentir, del respeto a la voluntad mayoritaria expresada a través del voto, de la libertad de prensa y expresión, de la certeza y la seguridad que proporcionan los marcos jurídicos, hay tan solo un objetivo que impulsa sus propósitos, una teleología de su ambición que desemboca siempre en el mismo punto: El ejercicio irrestricto y autocrático del poder. Tal es el deseo que lo deforma, que lo conduce a la transgresión, a las trampas de la "hybris"; esa intemperancia impulsiva e irracional que vulnera el orden, que nos hace perder el contacto con la realidad, que desprecia las ataduras y los límites. No en vano, durante las ceremonias de coronación de los papas se quemaban ramas de lino y, una vez consumidas, resonaban las palabras de un monje para recordar al nuevo pontífice su fragilidad y lo vanas que pueden resultar las aspiraciones mundanas y las ambiciones del poder: "Sancte Pater, sic transit gloria mundi" (Santo Padre, así pasa la gloria del mundo"). Bajo los influjos de la ambición, infectado por el germen de un narcisismo desmedido, nuestro inquilino de Palacio trastoca la realidad, convertida ahora en su escenario, en el foro perfecto para conquistar la gloria, en ese espacio que la historia "le tenía reservado" para transformar el mundo. De ahí su mesianismo, su exagerada auto-confianza, su desprecio por el consejo o por la crítica ajena, su delirio de trascendencia histórica, su convicción de que será la historia o Dios y no sus iguales quienes lo juzguen, la certeza de su superioridad moral, la sobreestimación de su capacidad de logro y de consecución, su desacreditación de los poderes paralelos, la forma en que fusiona su voluntad con las necesidades y los fines últimos del Estado, su apropiación delirante del parecer popular. ¿Pero a dónde nos habrá de conducir la insensatez de tales rasgos? ¿Cuáles son los riesgos que se ocultan tras esa fe desmedida en sus propias capacidades, tras esa convicción delirante de su papel histórico y salvífico hinchado de desmesura, de mesianismo y de soberbia?

La respuesta es simple y podría revelarse si intentamos descifrar los pensamientos y las intenciones que se esconden tras las recientes declaraciones que hizo en ocasión de la propuesta para ampliar el mandato de Arturo Zaldívar en la corte:

"El ministro presidente de la Corte es un hombre íntegro, honesto, y que ayudaría mucho en la renovación del Poder Judicial, porque urge la reforma al Poder Judicial, entonces si ya se están por aprobar leyes para combatir la corrupción en el Poder Judicial para combatir el nepotismo, si ya se probaron esas leyes y para llevarlas a la práctica se requiere que el actual presidente continúe dos años más porque es garantía de que de esos cambios se van llevar a la práctica, que se van a realizar, yo estoy de acuerdo [...] Si no se amplía el periodo, quien llegue va a ser más de lo mismo, va a significar más de lo mismo, más de lo anterior, más de lo que significaba el antiguo régimen. Entonces, no olvidemos que estamos aquí para transformar, no venimos a que las cosas continúen igual".

Basta reformular el discurso con una mínima dosis de suspicacia, analizarlo nuevamente bajo la lupa de la intencionalidad, bajo una mirada que apunte a los móviles ocultos:

YO soy un hombre íntegro y honesto que ayudaría sin duda a reformar la patria, porque urge completar la transformación, entonces si se han de aprobar las leyes para combatir la corrupción, para combatir el nepotismo, si ya se probaron esas leyes y para llevarlas a la práctica se requiere que YO continúe por dos años o más para garantizar los cambios, estoy de acuerdo [...]. Si no se amplía MI periodo, quien llegue va a ser más de lo mismo, va a significar más de lo mismo, más de lo anterior, más de lo que significaba el antiguo régimen. Entonces, no olvidemos que estamos aquí para transformar, no venimos a que las cosas continúen igual

Ridículo para quien insiste en situarse en la dimensión de las normas y la lógica de la democracia; un peligro real para los que leemos entre líneas.

La pegajosa telaraña del maniqueísmo: La polarización del pensamiento

El espacio infinito

Retomo la frase con la que un internauta desconocido aludió a mi persona, tras la aparición en Twitter de una de mis columnas, con el fin de comprender desde una perspectiva racional y provechosa los mecanismos que se esconden detrás de la narrativa, de los consuetudinarios montajes mañaneros o de la repetición casi obsesiva de los eslóganes doctrinarios con los que nuestro inquilino de Palacio machaca y bombardea sin pudor alguno el espacio público:

"Es un médico mercenario[...]; parte de lo podrido que dejaron los priistas y los panistas a todo México en salud, educación (y) economía".

Anticipar que tras una visión crítica de la realidad se esconde siempre un interés oscuro, algún tipo de ambición política o la mezquindad de una opinión asalariada, o que cualquier forma de oposición o rechazo a las pretensiones autocráticas, populistas, anacrónicas, francamente manipulativas y a todas luces totalitarias de nuestro inquilino de Palacio supone una filiación automática a los antiguos regímenes corruptos que en las últimas décadas solaparon, generaron o toleraron la injusticia social, la desigualdad, la impunidad y la inequidad (a los que, por cierto, perteneció el propio López Obrador y muchos de sus actuales colaboradores), es el más claro indicio de que la "trampa maniquea", de que el arreglo de polarización y enfrentamiento que ha injertado nuestro inquilino de Palacio en el ideario popular, comienza a rendir sus frutos.

El maniqueísmo es esa pegajosa telaraña donde se adhieren los odios, los resabios, la ignorancia, el simplismo intelectual, el fanatismo ciego que se niega a reconocer los evidentes matices entre lo blanco y lo negro. Es esa trampa dicotómica, ese arreglo artificioso en dos polos antagónicos irreconciliables y enfrentados a los que se apegan la irreflexión, las creencias cerradas, los dogmatismos que aspiran al dominio y a la imposición. "Conmigo o contra mí", la poderosa frase que tiende su red perversa a quienes carecen de identidad propia. En el discurso maniqueo se ocultan y se camuflan las semillas del odio, los gérmenes de la discordia y de la división; pero, ¿qué mejor ejemplo de reduccionismo ideológico y de estrechez mental que las propias declaraciones de nuestro aspirante a dictador?:

"Es tiempo de definiciones, no es tiempo de simulaciones, o somos conservadores o somos liberales, no hay para dónde hacerse, o se está por la transformación o se está en contra de la transformación del país".

Tramposo discurso con que se ceba a los idiotas, a los que ávidos de pertenencia polarizan su pensamiento, a los que carentes de opinión o de criterio propio se ajustan con docilidad y obediencia al arreglo de su caudillo; narrativa ventajosa que lleva implícita la descalificación a ultranza, la desacreditación apriorística e irreflexiva de quien "no aprueba", de quien "no comulga", de quien desde la crítica, la disidencia, la reflexión, el pensamiento, la ciencia o la experiencia, se aparta un ápice de la consigna y de la rigidez del dogma. Montar a los "adversarios políticos", los "detractores" o los "opositores" en este arreglo bipolar, al margen de la bondad, la utilidad, la racionalidad o la sensatez intrínseca de sus posicionamientos, sólo pretende arrinconarlos en el extremo de la maldad, de la traición, de los espíritus perversos que defienden la desigualdad, la injusticia o el rezago social. Nuestro inquilino de palacio lo sabe; serán tildados de inmediato por sus fieles y seguidores como personalidades "mercenarias", o recibirán alguno de los cientos de epítetos que nuestro mesías bananero y tropical ha acuñado en su ya largo y prolífico "diccionario ideológico para la descalificación y el insulto". Pero la trampa es más ancha: A la polarización maniquea, a la visión dicotómica a la que su menguado intelecto pretende ceñirnos, cabe añadir los armadijos de la emotividad, el cepo de la posverdad; y es que las convicciones prejuiciosas, la intuición o las emociones, pueden ser utilizadas con mayor efectividad para moldear la opinión pública que los hechos mismos. Se trata de imponer afirmaciones con el aspecto de "verdades" aunque carezcan de sustento en el plano objetivo, aunque resulte imposible verificarlas en los hechos; así, relativizar la veracidad de los acontecimientos, banalizar la contundencia de los datos, al tiempo en que se refuerzan los prejuicios y la red de creencias del oyente y se instrumentalizan las emociones, los odios o los resabios sociales, constituye una de las formas más deleznables, aunque efectivas, de la manipulación. Nuestro inquilino de Palacio parece haber encontrado la fórmula, la entrada más amplia a su grosera ratonera; lograr que en sus adeptos políticos, que en su ferviente feligresía, importen más las percepciones que los hechos, las convicciones que la evidencia, las creencias que la realidad. Licencia para la mentira, salvoconducto que le permite viajar sin restricciones por la simulación y la falsedad; ni el más rotundo y descarado de sus embustes deslegitimará su discurso mientras le imprima la necesaria distorsión emocional, mientras sus huecas y falaces declaraciones sintonicen a cabalidad con las convicciones, los prejuicios y las anquilosadas creencias de sus incautos partidarios.

Tal vez decida cobrar algún día por escribir mis columnas, o afiliarme a alguna fuerza política: por ahora prefiero moverme sin cotos ni ataduras por el espacio infinito de la libertad y de la reflexión

Reflexiones sobre la certeza jurídica: Cuando las decisiones dependen de las masas adoctrinadas

Sabiduría popular

El respeto a las garantías fundamentales de las personas, protegidas y aseguradas por un sólido marco jurídico, ajeno al arbitrio o al capricho de los actores en el quehacer político, económico, gubernamental o de cualquier otra clase, alejado del accionar discrecional que se parapeta en el poder, es la piedra toral de los estados democráticos; la certeza y la seguridad, la definición y la previsibilidad que proporciona un sistema legal, son las condiciones mínimas indispensables que garantizan el ordenamiento, la regulación y el adecuado funcionamiento del engranaje social. La justicia no florece bajo las sombras de la incertidumbre jurídica. El largo brazo de la certeza normativa debe envolvernos a todos, a gobernantes y gobernados; el capricho en la aplicación de los ordenamientos, el proceder "legibus solutus" al más puro estilo de los antiguos emperadores romanos , la inmunidad legal que confiere el poder, la observancia mudable de la ley en función de la voluntad o del deseo cambiante de alguna de las partes o del criterio subjetivo del propio juzgador, minan y desgastan los pilares fundamentales de un Estado de Derecho. A decir del filósofo y sociólogo guatemalteco Recaséns Siches, "sin seguridad no hay derecho, ni bueno ni malo, ni de ninguna clase"[...]. No puede haber justicia donde no hay seguridad. Por lo tanto, podríamos decir que cabe que haya un derecho que no sea justo. Pero no cabe que en la sociedad haya justicia sin seguridad". ¿Cómo esperar entonces que nuestro testarudo e insensato inquilino de Palacio pueda generar condiciones de equidad, de justicia social, de confianza institucional, de credibilidad en la democracia y en las normas que nos rigen y nos protegen, toda vez que se ha erigido por una presunción mesiánica, por una supuesta superioridad moral otorgada por decreto popular, en el juez supremo de la Nación? Desde su pobre intelecto de diccionario de bolsillo, supone que un estado democrático debe estar sometido a los caprichos, las ocurrencias o las supuestas resoluciones del pueblo llano, sondeadas sesgadamente a través de amañadas y truculentas encuestas, al margen de todo ordenamiento legal, y orientadas a través de la manipulación, de la instrumentalización del odio, la ignorancia, la pobreza y el rezago social hacia los resultados pretendidos. Que nuestro émulo Juarista del tercer mundo le solicite a un organismo autónomo como el Tribunal Electoral del Poder Judicial de la Federación, obligado en sus funciones a garantizar que los actos y las resoluciones en materia electoral se sujeten estrictamente a los mandatos de la ley, que desprecie y soslaye las ordenanzas jurídicas con el fin de implementar su mecanismo bananero de las "encuestas a modo" para decidir si los aspirantes a gobernadores de Michoacán y Guerrero deben o no aparecen en las boletas electorales, supone un desconocimiento grosero e inaceptable de los principios democráticos. Dios nos tome confesados ahí donde el curso de una Nación depende de los niveles hormonales o del estado anímico de un gobernante autócrata, o de los abusos y tropelías de un pueblo adoctrinado.

Mao Zedong, uno de los más sanguinarios dictadores que haya conocido la humanidad, no acudió a la fuerza desmedida de una policía política, como la NKVD de Joseph Stalin, pues transformó a la población entera en juez y en policía. Sujetó al pueblo chino a un intenso adoctrinamiento, que abarcaba todos los ámbitos de la cultura, y emprendió su infame revolución cultural que convirtió a millones de estudiantes en "guardias rojos". Los estudiantes tomaron el control de colegios y universidades, sometieron a los profesores a juicios sumarios; los maestros fueron vejados, golpeados y a menudo asesinados. Pero la cacería no se agotó ahí, pues Mao insistió en que todo lo viejo debía ser destruido; los guardias rojos arrasaron con bibliotecas, monumentos y antigüedades. Los ancianos eran desalojados a patadas de los salones de té por los aleccionados escuadrones infantiles.

Para nuestro inquilino de Palacio, sólo una muestra impecable de la "sabiduría popular".

Sobre la amenaza y la agresión como señales inequívocas de la pobreza argumentativa

La inteligencia del capote

La amenaza es el recurso de los espíritus rudimentarios, el estigma inconfundible de la "impotencia" intelectual, la señal inequívoca de la pobreza argumentativa; en el amago o la conminación se esconde la cobardía, se camufla la ineptitud o se disfraza la ignorancia. Estigma de la animalidad y de la sinrazón humana, recurso coercitivo de las almas pusilánimes. Toda intimidación alberga su miseria, pero las amenazas proferidas al amparo del poder, apuntaladas por la coerción o la impulsividad irracional de una masa adoctrinada, son el summum de la mezquindad, la apoteosis de la ruindad, el culmen de la bajeza. La vileza de sus propósitos y la rusticidad de sus declaraciones, aderezadas con la misma impulsividad del criminal o el violador, revelan en Salgado Macedonio, en el autodenominado "Toro", su verdadera constitución, su precariedad intelectual, su vocación de sicofante:

"Se lo decimos de una vez, los vamos a hallar a los siete (consejeros), los vamos a buscar y vamos a ir a ver a

Córdova, ¿no le gustaría al pueblo de México saber dónde vive Lorenzo Córdova? Cómo está su casita, de lámina negra, que cuando llueve se gotea y moja su cuerpo, ¿si? ¡Cabroncito [...]. No vamos a permitir un atropello y que no le rasquen los huevos al toro porque nos van a encontrar, tenemos el respaldo del pueblo, somos mayoría! "

"Los vamos a buscar y los vamos a encontrar, porque yo voy a buscar un careo con ellos. Si no me dieron el derecho de audiencia, nosotros los vamos a buscar y nos vamos a encontrar cara a cara, con los 7 consejeros del INE, si no rectifican. Sí los vamos a hallar, no sé si en sus lujosas mansiones o en algún lugar, pero sí los vamos a hallar, para que también el pueblo sepa dónde viven ellos. En Guerrero todo mundo sabe dónde vivo yo. ¿No les gustaría saber dónde viven los siete consejeros y dónde vive Córdova y Ciro?"

Lamentable manifestación de su naturaleza cavernaria; pero mermada su inteligencia, empobrecido el discurso por su ignorancia superlativa, amputada su conexión con el lóbulo frontal, sede de la racionalidad y de la indispensable sensatez, ¿qué le resta en su haber más allá de sus enormes gónadas de animalidad descerebrada, su constitución hormonal, su inconfundible visceralidad omnímoda y violenta?

La intención fue clara; asediar a los consejeros, arrebatar por la fuerza lo que le niega el derecho, hendir, penetrar, violentar, invadir sin miramientos la intimidad del otro, acorralar a su presa, amagarla, profanarla...violarla. Un solo toro, un único y malévolo impulso.

Frente a la brutalidad de un "toro", la inteligencia de un capote.

De los pilares de la educación, el logro de la libertad y las aberraciones del adoctrinamiento

Atentado a la libertad

No hay escalada hacia el progreso sin el peldaño de la educación. Más allá del adoctrinamiento que ha caracterizado los actuales regímenes populistas latinoamericanos, empeñados en disfrazar de conocimientos imparciales y objetivos sus acartonados sesgos ideológicos, la verdadera educación es siempre crítica; ejercicio de humildad, espacio abierto para el análisis, el pensamiento y el replanteamiento de las propias creencias. La obstinación doctrinaria asfixia el razonamiento, cierra sus puertas al cuestionamiento y a la duda, abandona la reflexión y el ejercicio crítico con miras a la imposición; falacia ad hominem que ignora la argumentación, rígido monumento en el pedestal de la fe, certeza emanada de la confianza ciega, de la credulidad visceral en el agente que adoctrina. La educación, por el contrario, transita siempre por la ruta de la autonomía; tal como lo señalara Jacques Delors en su famoso informe a la UNESCO, supone adquirir los instrumentos mismos de la comprensión, tener la posibilidad de influir favorablemente en nuestro entorno, participar en nuestra sociedad y cooperar con los demás en el marco del reconocimiento y del respeto por los otros y, finalmente, adquirir un nivel de desarrollo personal que nos dote del sentido crítico y del pensamiento propio que permite a los seres humanos elaborar sus propios juicios y decidir qué es lo que deben hacer en las diferentes circunstancias de la vida: Así, "aprender a conocer", "aprender a hacer", "aprender a vivir con los demás" y "aprender a ser", son conocidos desde los planteamientos de Delors, como los "cuatro pilares básicos de la educación". Pero hay algo más a mi juicio, una habilidad superior sin la cual ninguna forma de educación tendría sentido, la antítesis del adoctrinamiento, el fin último, el corolario de toda educación y de toda forma de aprendizaje: El logro de la libertad. Un pueblo sin educación es esclavo del prejuicio, víctima pasiva de la manipulación, perro faldero de caudillos doctrinarios, sombra sumisa sin voluntad ni autonomía. Nuestro Inquilino de Palacio parece saberlo: Apuesta por la ignorancia, el adoctrinamiento y la miseria, fértiles campos de la sumisión, la perpetuación en el poder y el dogmatismo. Así, mientras la inversión en educación y en salud de los mexicanos recibió 2.6 pesos por cada 100, la industria energética, pilar de su anacrónica visión de crecimiento y de su errada concepción de soberanía nacional (que su atrófico intelecto confunde con autarquía), recibió poco más de 76 pesos de cada 100 invertidos por el gobierno federal. De igual modo, el gasto programable del sector público cayó en términos reales un 5.3% en el 2019, respecto del 2018, ubicándose como el más bajo en la última década. Para el 2020, el gasto en educación se ubicó como el segundo más bajo desde el 2011. Pero hay dos puntos adicionales con un significado aun más perverso y peligroso; la pretensión de elaborar en tan solo dos semanas 18 libros de texto para nivel primaria en medio de una gran opacidad, con la colaboración abierta y no remunerada de maestros, jubilados, diseñadores, becarios y público en general, que recibirán exclusivamente una constancia y un ejemplar como "premio". Sin indicios de quienes serán los especialistas que integrarán los comités evaluadores, qué tipo de capacitación recibirán los participantes, cuál es la profundidad y el alcance del rediseño o cuáles serán los contenidos incluidos o eliminados en los nuevos textos, todo parece apuntar a un nuevo simulacro, a una abyecta estratagema populista para lograr el aval "popular, magisterial y social" que justifique ante la democracia la difusión de contenidos "doctrinarios" convenientes al régimen, impregnados por toda clase de sesgos ideológicos, dispuestos a reformular el conocimiento o a reescribir la historia a conveniencia de sus intereses: No resultan así extrañas las declaraciones de nuestro Inquilino de Palacio en su visita a Ayoxuxtla, Puebla: "Los teóricos de los oligarcas cambiaron los libros de texto porque querían que nos olvidáramos de la historia [...]. Cambiaron hasta los contenidos de los libros de texto, quitaron el civismo, quitaron la ética, entonces, con el triunfo de nuestro movimiento va pa´tras ahora".

La "educación" en el tercer Reich, fue el instrumento empleado por Hitler para inculcar a los alumnos la visión nacionalsocialista del mundo, para exaltar a la raza "aria", para denostar a los judíos que junto con los pueblos eslavos no eran sino razas "bastardas, parásitas, incapaces de crear una cultura o una civilización". El sistema escolar de los nazis expulso de su seno a todos aquellos maestros de origen judío y a todo aquel que no mostraba una lealtad absoluta al régimen, e incorporó a la Liga de Maestros Nacionalsocialista al 97% de los maestros de las escuelas públicas. Los nuevos libros enseñaban el amor a Hitler, la obediencia incondicional al Estado, la superioridad del pueblo alemán, el racismo y el antisemitismo. Uno de los libros de texto enseñaba a los alumnos: "La nariz judía es torcida en la punta. Parece el número 6"

No hay peor crimen que el adoctrinamiento, la sujeción de la libertad a los caprichos de un tirano. Para Obrador es ahora o nunca: Restablecer la ignorancia, desterrar el pensamiento crítico, eliminar del panorama el pensamiento autónomo y, en último término, socavar el bien supremo de la educación: La libertad.

Del amasiato entre la ciencia y la política: Los engendros de la estupidez

Los engendros de la estupidez

Si pretendemos conducir de manera racional la gestión de un grave problema de salud pública como la actual pandemia de covid 19 que, según cálculos realistas llevados a cabo por el matemático Raúl Rojas de la Universidad Libre de Berlín en los que se consideró el exceso de fallecimientos del 2020 ha ocasionado en nuestro país la muerte de cerca de medio millón de personas (lo que dejaría muy atrás la evidente subestimación oficial), debemos establecer una clara separación entre ciencia y política, cada una con su propio marco lógico, ético y normativo; tal dilema fue abordado ya en otro momento histórico por el sociólogo, historiador y politólogo alemán Max Weber. El quehacer científico aspira a comprender las leyes de la naturaleza y de la sociedad, siempre con base en la reflexión y a partir de un proceso de observación y experimentación que, en último término, nos permite acceder a verdades empíricamente demostrables y de validez objetiva. La política, por su parte, supone la afirmación y adhesión a determinados ideales de naturaleza subjetiva y la intención, velada o manifiesta, de obtener, conservar o repartir el poder. La ciencia, en concreto, no debe ser política; exige un espacio independiente. Al margen de sus filiaciones ideológicas, quienes trabajan en el seno de la ciencia deben ser partidarios de los "hechos" y de los "datos", que contrastan notablemente con las filias, querencias, voluntades, simpatías o antipatías, emociones, pasiones o convicciones ideológicas que caracterizan a menudo el ejercicio de la política. Pero la interacción, a veces inevitable, entre ambas esferas del quehacer humano puede conducir a colisiones peligrosas y potencialmente devastadoras, toda vez que los hechos o los datos que proporciona la ciencia pueden resultar "inconvenientes" a la luz de una determinada postura política: La negación, la descalificación, la deslegitimación o la adjudicación de una intencionalidad perversa, serán las armas predilectas del político en la defensa de sus intereses ante las evidencias de la ciencia. Un cataclismo de proporciones semejantes puede surgir en el contexto de un Estado totalitario cuando la ciencia se sujeta a los intereses de un político que fija sus objetivos y, por tanto, sus resultados. La subordinación de la ciencia a las convicciones políticas es uno de los estigmas más lamentables de los regímenes autoritarios.

Este tipo de sesgos derivados de una falta de separación clara entre ciencia y política, han sido uno de los rasgos fundamentales en la gestión de la pandemia en México, comandada desde su inicio por dos infames pseudocientíficos, con más ambición que inteligencia. Mientras las decisiones políticas de los grandes estadistas en otras latitudes del planeta se rigen por las recomendaciones de la ciencia, nuestros ínclitos matasanos, con su inobjetable lealtad rayana en el servilismo, intentan respaldar a toda costa los dislates ideológicos y las absurdas decisiones que ha tomado nuestro Inquilino de Palacio en el contexto de la actual emergencia sanitaria. De ahí la disparatada verborrea de nuestro Rasputín de Palacio, su insistencia en descalificar la utilidad de las mascarillas, su repudio al empleo de fármacos reconocidos por su eficacia en otros países, sus cálculos errados sobre los picos de la pandemia, la subestimación de la enfermedad que comparó con la gripe, sus ridículas declaraciones que insisten en atribuir a nuestro Inquilino de Palacio una especie de superioridad moral, un poder mesiánico y salvífico emanado del pueblo.

"La fuerza del presidente es moral, no es una fuerza de contagio, en términos de una persona, un individuo que pudiera contagiar a otros".

Pero el colmo en este afán político de atribuir al Inquilino de Palacio un aura luminosa de origen popular, corresponde al propio Secretario de Salud, un hombre incapaz de entretejer con coherencia más de 10 palabras al hilo:

"Algunos dudaron y decían que no había tenido la enfermedad. Sí la tuvo y si no hubiera sido por su formación ya individual, su capacidad de respuesta inmunológica positiva, rápida y buena, que no fue gratuita, no la compró, se la regaló la población cuando los visitó durante no sé cuántas veces ha recorrido el país y ahí ha tenido contacto con la gente, con los alimentos, y reforzó su inmunidad, producto del desarrollo que le dieron sus padres, eso es así de sencillo".

¡Simplemente aberrante! La contaminación política de la ciencia puede conducir al hombre por la senda de la estupidez: Los nazis dieron un uso infame a la ciencia de la antropometría. La Agencia para la Instrucción Política Poblacional y el Bienestar Racial, clasificaba a los seres humanos entre arios y no arios con base en mediciones del cráneo y de otros rasgos físicos. No tener la certificación como un ario puro bajo tales parámetros pseudocientíficos supuso, en muchos casos, una sentencia de muerte en los campos de concentración.

Del amasiato entre ciencia y política nacen los engendros de la estupidez.

De la moral sin congruencia y la hipocresía: El fangal de los cerdos

Ya tenemos zapatos

El viaje que hizo el hijo de nuestro inquilino de Palacio a las montañas nevadas de Aspen Colorado, no es reprochable en sí mismo, más aun cuando el dispendio y el ostentoso derroche monetario, fue sufragado con los recursos... de este exitoso empresario que, haciendo gala de su "talento y prestancia", encontró la fórmula del enriquecimiento rápido tras su reciente incursión en el negocio de los chocolates; pero en plena pandemia y condimentado por el discurso paterno sobre la austeridad republicana resulta, por decir lo menos, desafortunado:

"[...] Nosotros en general tenemos que buscar la austeridad, comprar lo que necesitamos, no consumir de manera enfermiza, si ya tenemos zapatos ¿para qué más? si ya se tiene la ropa indispensable, sólo eso; si se puede tener un vehículo modesto para el traslado, ¿por qué el lujo? Claro, somos libres, pero ya no es el tiempo en que como te veían, te trataban; ahora es al revés, ve uno a una persona así muy extravagante y hasta se aleja uno. [...] Sí a la austeridad republicana y esto, repito, tiene que ver también con el gobierno. La austeridad no es un asunto administrativo, es un asunto de principios, no puede haber gobierno rico con pueblo pobre"

La disonancia es evidente: No hay moral sin congruencia ni ética "a conveniencia". Toda moral moldeable, ajustable a las circunstancias y a los implicados, es tan solo el estigma de la falsedad, el distintivo inconfundible del fariseísmo. La hipocresía es la mordaza que asfixia la dignidad, la máscara en el rostro de un espíritu pusilánime que carece del coraje para asumir la verdad; mojigatería desmesurada que recrimina con liviandad, que señala con dedo flamígero la mácula ajena para regodearse luego en el fangal de los cerdos. Pecar en el hacer y predicar en el decir, disfrazar de ingenio la astucia embustera, de pureza la vacilación timorata, de cautela la planificación mentirosa. Toda hipocresía se asienta en el engaño y prospera en la insinceridad; es la certidumbre íntima de la podredumbre inconfesa, el abono pútrido y maloliente en que florece el engaño, la conspiración silenciosa, el aguijón que se oculta en las sombras para inyectar su ponzoña. La hipocresía no escatima en el disfraz; parodia la santidad, engalana su deshonestidad con ardides y artimañas hasta lograr la apariencia de un monje franciscano. Nada más repulsivo, señor presidente, que su moral acomodaticia, desmesurada en el consejo, implacable en la condena, inquisitoria en el señalamiento pero rastrera en el engaño; grandilocuente y ceremoniosa como el sermón de un borracho, ostentosa en la virtud y subrepticia en el pecado. Heredaremos el legado de sus códigos huecos, de sus máximas frívolas, de sus preceptos insulsos de detestable gazmoñería; biblias de banqueta, panegíricos del cinismo, epítomes de la falsía y del simulacro moral.

La élite de funcionarios y políticos del antiguo régimen soviético surgida bajo la dictadura estalinista, es conocida como la "nomenklatura". Sus integrantes, pertenecientes casi en su totalidad al Partido Comunista Soviético, ostentaron condiciones económicas y sociales muy superiores a las del resto de los soviéticos. Se trataba en realidad del funcionariado dirigente, de los altos cargos de mando en la dirección y en la administración de la economía, en las universidades, en las fuerzas armadas o en la gestión de los servicios públicos. Esta nueva burocracia conformaba un grupo cerrado, una élite política que sin poseer los medios de producción, como sucede en el seno del capitalismo, lograron el control absoluto sobre la administración del Estado. Nada importaban los méritos sino la subordinación incondicional, el clientelismo y la lealtad política. Pero escalar en la "nomenklatura" representaba claros dividendos; privilegios materiales (alimentación, vivienda y bienes suntuarios) inalcanzables y vedados para el resto de la población. En la práctica, una traición flagrante al concepto marxista de la sociedad sin clases, en el fondo, la doble moral de los hipócritas.

Les dejo saludos...me voy a Aspen, pero con el producto de mi trabajo honesto.

Sobre los instrumentos de control y el aleccionamiento dogmático

El circo de pueblo

Como en un viejo circo de pueblo, grisáceo y polvoriento, donde el famélico león se duerme frente al domador, el payaso causa lástima, y el presentador con su viejo saco roto, grasiento y ajustado, anuncia con el redoble de un tambor el espectáculo "nunca antes visto" de tres sarnosos y malolientes perros que, con ridículos faldones, saltan torpemente a través de unos aros, presenciamos día con día la impresentable "mañanera"; esa representación ruin y deplorable de burda propaganda electorera donde el Inquilino de Palacio se dirige a su grey. Triste farsa, fallida comedia de pifias y equivocaciones donde nadie ríe las ocurrencias del bufón, interminable y desordenado monólogo que fluye soporoso entre los bostezos de la concurrencia. Pero nada importa el resultado mientras el pueblo celebre complacido el arribo de la feria; espectáculo lastimoso y lamentable, pero efectivo. Ahí emerge el discurso que acicatea los instintos, que infiltra como una gota sobre la piedra el inconsciente de la masa, que alimenta el odio y el desprecio por el "opositor", por el "malévolo enemigo" del bienestar y del progreso, que no es otro sino "yo", "usted" o cualquiera que se oponga a los caprichos de su líder. Tramoya discursiva del más burdo teatro manipulativo. Pero cada función cumplirá su propósito, calará profundamente en el destinatario para la que fue confeccionada: ¡Qué lamentable contemplar cómo se instrumentaliza la ignorancia, el rezago de las masas, su vulnerabilidad intelectual, su credulidad ciega ante el que ofrece una esperanza! Pero el manipulador lo sabe: "La masa es siempre intelectualmente inferior al hombre aislado" como declaró alguna vez Gustave Le Bon en su Psicología de las masas; de ahí que pueda ser dirigida, sugestionada, "utilizada" con fines perversos a través de los afectos, del odio, el resentimiento o el impulso. Basta con crear el vínculo identitario, la trampa "representativa"; adoptar su lenguaje y su voz, plagar el discurso con expresiones del "pueblo", rebajar el lenguaje, degradarlo a su mínima expresión; infantilizar al oyente y hablarle desde el paternalismo, como si fuera un idiota o un deficiente mental, neutralizar su capacidad crítica, transmutar la "antipatía o la desaprobación" hacia los adversarios del líder en "odio y estallido". El sentido de pertenencia hará el milagro, convertirá a la masa en una fuerza moldeable: "Un individuo en una masa es un grano de arena entre otros granos de arena que el viento arremolina a su voluntad". Ante el individuo pensante esgrimirán la evasión, los "otros datos", la mentira artera; la masa es la que importa, ahí florecerán las semillas del engaño, ahí rendirá frutos la dádiva tramposa que alinea las voluntades, mientras el líder destruye sus posibilidades de progreso. Vale la pena reproducir las palabras de Le Bron; "Por el simple hecho de formar parte de una masa organizada, un hombre desciende varios peldaños en la escala de la civilización. Aislado, es posible que sea un individuo cultivado; en una masa será un bárbaro, esto es, una criatura que actúa por instintos. Poseerá la espontaneidad, la violencia, la ferocidad y también el entusiasmo y el heroísmo de los seres primitivos a los que tenderá a parecerse cada vez más por la facilidad con la que se dejará impresionar a través de palabras e imágenes". Así, el discurso rudimentario y barriobajero de nuestro Inquilino de Palacio, tachonado de descalificaciones, disparates y ocurrencias, a mitad de camino entre la "charla cantinera", la "homilía moralizante", "el manifiesto comunista" y el disparate "cantinflesco", no es para "usted" ni "para mí", ni para ningún otro que se atreva a cuestionar la farsa desde el pensamiento y la argumentación; es tan sólo un ejercicio doctrinario, un instrumento de control y de aleccionamiento dogmático, una plataforma publicitaria y electorera, una trampa rudimentaria y programada que amalgamará las consignas, que dictará las reacciones, que "programará en la mente de las masas las conductas y las "convicciones" que aprovechan al líder. ¿Y la pobreza rampante, los feminicidios al alza, el desplome de la economía, la desintegración del sistema de salud, los muertos ocasionados por la mala gestión de la pandemia, la violencia galopante, el raquitismo maligno de las instituciones educativas, la preocupante militarización del país, la opacidad en asignaciones y en obra pública, la estrepitosa caída de la inversión privada, lo mediocracia insultante, los neanderthales que entre gritos y escupitajos imponen su ley, los violadores e iletrados que hoy ostentan los puestos de poder, la estratosférica deuda de petróleos mexicanos, la nueva élite que al más puro estilo de la "nomenklatura" stalinista disfruta de la riqueza y de los privilegios de "servir a su pueblo"? Poco importan; en el imaginario colectivo, en la mente debilitada de las masas resentidas, son invenciones perversas de un "complot neoliberal", un ataque concertado por la antigua oligarquía.

Pero silencio: ¡El payaso ha ocupado su sitio y la función va a comenzar!

De la ignorancia verdadera; sobre el confort de la estupidez y los mares calmos del prejuicio

¡El inquilino anda suelto!

Ni el más mínimo atisbo de racionalidad, ni la más insignificante chispa de ingenio parecieran asomar en los desiertos de su ignorancia; atrapado en su fofa retórica, en su inflexible e inalterado discurso, nuestro inquilino de Palacio se aferra a sus despropósitos, a los despojos inservibles de su naufragio ideológico. Rígido y anquilosado se desliza sobre el dogma, se empeña en refrendar como argumentos absolutos los acartonados e irreductibles sofismas con los que repleta pobremente la oquedad de su intelecto. No se trata de ese desconocimiento natural derivado de nuestras limitaciones innatas, siempre pasivo y remediable; hablamos de la ignorancia verdadera, la que se elige, la que se niega a abandonar el confort de la estupidez, los calmados mares de la superficialidad y del prejuicio; y es que, como lo señalara el filósofo y profesor austriaco Karl Popper, "la verdadera ignorancia no es la ausencia de conocimientos, sino el hecho de rehusarse a adquirirlos". La estupidez se resguarda en sí misma, se niega a ver el mundo, a escuchar otras ideas, a analizar desde una perspectiva abierta y receptiva el amplio abanico de soluciones que nos ofrece la inteligencia ante los problemas de nuestro entorno; así, la irracionalidad fanática se esconde de la realidad, repudia la evidencia, confunde la intuición con la reflexión, la creencia con el razonamiento, la parte con el todo, el prejuicio con la verdad absoluta. Albert Einstein nos recordó en su momento que "es más fácil desintegrar un átomo que un prejuicio"; se enquista en el cerebro, deshabilita el análisis, la capacidad de percibir y de examinar la evidencia, la posibilidad de confrontar el pensamiento con la realidad; para el fanático cualquier argumento es vano pues su cabeza albergará "otros datos"; de ahí el extremismo, esa descalificación a ultranza que le confina a medrar en un espacio cada vez más estrecho, más distante, más sordo. Su incapacidad para reconocer cualquier potencial en los "otros", su imposibilidad de distinguir la virtud o la capacidad ajena, los convierte en moralistas afilados, en perros rabiosos que muerden sin distingo, en infamadores hirientes y mordaces. Su peligro radica en su ciega intrepidez, en su superioridad delirante. "Las personas incompetentes a menudo son bendecidas con una confianza inadecuada, asegurada por algo que les parece conocimiento". Este fenómeno es casi invariable y fue reconocido en los experimentos de Dunnin y Kruger como un sesgo cognitivo; los individuos con escasas habilidades o conocimientos sufren un efecto de superioridad ilusorio, considerándose a sí mismos más inteligentes que otras personas con un mayor grado de preparación. Se trata en realidad de una incapacidad metacognitiva de reconocer su propia ineptitud; en esta sobreestimación de sus alcances, en esta atrofia de la autoapreciación intelectual, parece transitar nuestro Inquilino de Palacio; ante sus ojos la ciencia, el sentido común, la más prístina disquisición intelectual, quedará opacada por su irrefutable verdad, por su adhesión intolerante a sus "ideales" políticos. Donde los gérmenes de la sinrazón, de la convicción emocional o de la distorsión cognitiva infestan las aguas del entendimiento, toda idea se descompone, se apelmaza o se enturbia. Así, cuando nuestro Inquilino de Palacio fue cuestionado en su farsa mañera sobre la verdadera cifra de muertos que ha ocasionado en México la pandemia de covid 19, y confrontado con los últimos reportes de exceso de mortalidad de la propia Secretaria de Salud que reconocen que la cifra real de muertos es de más de 321,000 personas, un 60% más alta que la cuenta oficial de 201,429 fallecidos al momento de la publicación, expresó:

"Mira, lo de las cifras pues ha provocado alguna polémica, hasta el expresidente Calderón salió a exponer que era mucho más el número de fallecidos que lo que aquí se informa, lo retomó el *Washington Post*, o sea, haciéndolo muy grande. La verdad es que se ha informado bastante y nosotros no ocultamos nada, y lo va a seguir haciendo la Secretaría de Salud. Nosotros hemos hecho todo lo que hemos podido realizar, yo diría que ha habido una entrega total, se ha actuado no sólo como buenos servidores públicos, sino de buen corazón, con mística, para enfrentar la pandemia, para evitar los fallecimientos. Hemos trabajado día y noche, y estamos hablando de muchos trabajadores de la salud.

Y se ha hecho hasta un reconocimiento internacional de la

Organización Mundial de la Salud, porque México fue el país de América Latina que llevó a cabo la mayor reconversión de hospitales para atender enfermos para evitar fallecimientos.

Somos de los primeros en obtener la vacuna, en estar aplicando la vacuna, lo previmos con tiempo.

Sin embargo, nuestros adversarios, que son muy inmorales y son capaces de valerse de todo, hasta del dolor humano, andan siempre *zopiloteando*, es temporada de zopilotes, entonces siempre magnifican todo lo que pueda significar perjudicarnos, porque lo que está en el fondo, no hay que olvidarlo, es que estamos combatiendo la peste de la corrupción y ellos están inconformes porque son muy corruptos los conservadores, nuestros opositores, mucho, mucho muy corruptos.

Y no sólo son los de la mafia del poder, sino sus achichincles, voceros, intelectuales orgánicos, la prensa, que está mostrando el cobre, pero no sólo en México, en el mundo".

En su discurso como en la interminable vastedad del desierto, sólo es posible vislumbrar la arena, la esterilidad absoluta, el rutinario y repetitivo paisaje, el poder desecante del sol, la ausencia de rutas, de señales; Y ahí, en esa ruina agobiante y seca, en esa fábrica de inesperados espejismos, se levanta su utopía, su mundo floreciente, su oasis de bienestar y de progreso. Ahí ve los campos floridos, el innegable renacimiento, el milagro de la resurrección. Y ahí aparecen también sus espectros, sus enemigos mortales, los "fieros gigantes de brazos conservadores y neoliberales" que

abruman su mente. Esto me hizo recordar brevemente al
Quijote quien dormido y en medio de un delirante sueño,
daba cuchilladas por doquier imaginando que atravesaba
con su espada a un espantoso gigante mientras gritaba a voz
en cuello: "¡Tente, ladrón, malandrín, follón, que aquí te
tengo y no te ha de valer tu cimitarra!" La "sangre" corría por
los suelos y el monstruo parecía vencido. Aquel líquido rojo
provenía en realidad de los odres de vino perforados que se
almacenaban en la venta. A pesar de la golpiza del ventero,
el caballero no despertaba de su infausto sueño.

¡Debemos resguardar el vino de la venta! El Inquilino de
Palacio anda suelto

El inmaculado manto de la falsa virtud: Complicidad, indiferencia y omisión

Tan deleznable como el delito

Nada más repulsivo que el manto de inmaculada virtud con el que suelen cubrirse los mentirosos y los hipócritas; caracteres impotentes incapaces de virtud, amos del fingimiento provechoso, comediantes impúdicos del ocultamiento y el descaro. Su vida es la crónica de un simulacro, el montaje burdo de una farsa; tras su retórica fementida de simulada virtud esconden su ponzoña, su traición, la indignidad de quien clava por la espalda la daga que asesina. Siempre ambiguos, subrepticios, propensos al doblez y a la vileza, se encaramarán en el poder sobre la cabeza del incauto, se aprovecharán del crédulo u ocultarán sus inmundicias con el perfume barato de la falsedad y la apariencia. Mientras el virtuoso es sólido, sin soluciones de continuidad, el mismo en el decir que en el hacer, siempre compacto y consistente, el cínico es flexible, acomodaticio, elástico, adaptable a las conveniencias y a las circunstancias. Se persignará sólo cuando el otro lo mire, condenará el hedor que emana de su propio estercolero y reprobará la "liviandad" de las prostitutas que frecuenta; su falsa honestidad es un traje hecho jirones, un telón traslúcido que ni oculta ni engaña. Revelado por la inconsistencia de su retórica, dejará al descubierto la brecha inocultable, el abismo infranqueable entre lo que es y lo que pretende ser.

Resulta insultante que el día de ayer en la consuetudinaria farsa mañanera, se haya celebrado la inauguración del "Foro Generación e Igualdad"; un encuentro internacional dedicado a la igualdad de género y a la defensa de los derechos de las mujeres en el mundo, convocado por ONU Mujeres, en el que participaron entre otras personalidades António Guterres, Secretario General de las Naciones Unidas, Phumzile Mlambo-Ngcuka, Directora Ejecutiva de ONU Mujeres, y Emmanuel Macron Presidente de la República Francesa. Ahí, la misma lengua que defiende a capa y espada el encumbramiento al poder de un infame violador, la que asume que los movimientos feministas carecen de legitimidad y de "pensamiento" propio al suponerlos meros "montajes" de los "conservadores", la que defiende el levantamiento del "muro de paz" con el que convirtió a las mujeres en las infames "agresoras" y en las "delincuentes" de las que había que defenderse, la que declara que hacerle justicia a las mujeres es incluir a algunas en su gabinete, aunque luego les dicte el guión y las prive de voz propia para manejarlas como inertes marionetas que deben obedecer y aplaudir con gran despliegue de servilismo sus disparatadas ocurrencias, la que desde su retorcida ideología canceló los recursos destinados a los refugios para mujeres que viven violencia extrema, la misma que en su incontrolable verborrea no para de sembrar el odio y la división entre los mexicanos mientras vivimos en un país con casi mil feminicidios al año y con 2,783 homicidios dolosos de mujeres a pesar de las cifras maquilladas, se atrevió a declarar ante el mundo:

"Antes de leer este texto que escribí para esta ocasión, quisiera expresar mi pesar por un lamentable hecho ocurrido antier en Tulum, Quintana Roo, México. Una mujer Victoria Esperanza Salazar, salvadoreña, fue sometida por la policía, por cuatro elementos de la policía de Tulum y de Quintana Roo, fue brutalmente tratada y asesinada. Es un hecho que nos llena de pena, de dolor y de vergüenza. Decir a sus familiares, a las mujeres salvadoreñas, mexicanas, las mujeres del mundo, a todos, hombres y mujeres, que se va a castigar a los responsables. Ya están en proceso de ser enjuiciados y no habrá impunidad". Una característica de nuestro gobierno, a diferencia de otros, es que antes había autoritarismo, se cometían estos hechos con frecuencia y además había impunidad. Ahora no, se respetan los derechos humanos y hay cero impunidad, se castiga siempre a los responsables".

El cinismo es también el asesino del pudor, el más fiel acompañante de la desvergüenza y la desfachatez. Incapaz de armar una frase más en torno a la infame desgracia que viven nuestras mujeres en México, nuestro inquilino de Palacio optó por el "escapismo" de su sobada ideología, como si el mundo desconociera la falsedad de los populismos:

"En este periodo, recordemos que una minoría en el mundo y en México -porque es el periodo de mayor concentración de la riqueza en pocas manos en la historia de la humanidad- una minoría en el caso de nuestro país se apropió de todo, se apropió del gobierno, de los recursos naturales, de los bienes públicos, del presupuesto y hasta de los medios de comunicación [...]. Y apropiándose de todo y con una política antipopular y entreguista empobrecieron a la inmensa mayoría de mexicanos, hombres y mujeres. Es un hecho, y ojalá y no se omita y no se soslaye, que el neoliberalismo es igual a corrupción y a desigualdad. Neoliberalismo es sinónimo de corrupción y de desigualdad. Ahora en nuestro país es distinto, el gobierno no está aplicando la política neoliberal o de privatizaciones, el gobierno no es un comité al servicio de una minoría rapaz, es un gobierno para todas y para todos".

Había que sellar las rendijas de la mentira, evadir a toda costa la temática "inhóspita" donde su falsedad se resquebraja, donde su barca escora, donde su vacua palabrería escuece la lengua y latiguea la conciencia.

"La alcahueta" es un famoso cuadro del pintor holandés Jan Vermeer, elaborado en 1656. La escena es perturbadora. Muestra a una mujer joven con sus mejillas enrojecidas por los efectos del alcohol, que extiende su mano derecha para recoger las monedas que un hombre con sombrero de plumas le ofrece por sus servicios mientras su mano lúbrica le acaricia los senos. Se trata muy probablemente de una aventura extramarital propiciada por "la alcahueta" que, vestida de negro y con la maldad misma dibujada en el rostro, parece ser la ventajosa promotora del encuentro. Pero hay una figura más en la escena; un hombre con semblante festivo que, con su copa en la mano parece indiferente al hecho; cómplice mudo, espectador pasivo. ¿Sobre quien pesa la carga moral?

¡Que alguien se lo diga a nuestro Inquilino de Palacio!: La complicidad, la indiferencia ante el abuso o el crimen, el encubrimiento descarado o la omisión irresponsable son hechos tan deleznables como el delito mismo.

El populismo: La senda de la deconstrucción y el fanatismo

El devorador de la democracia

Uno de los párrafos del famoso discurso que el General Simón Bolívar pronunció ante el Congreso General de Venezuela con motivo de su instalación, el 15 de febrero de 1819 en la ciudad de Santo Tomé de Angostura, parece presagiar con plena vigencia y atemporalidad los componentes esenciales que han favorecido en América Latina el auge de la plaga populista que, como un implacable y silencioso cáncer, debilita e infiltra las democracias liberales, se adueña de los órganos sociales, y engaña las defensas de la masas irreflexivas mediante una emocionalidad descarada y primitiva que castra y neutraliza la razón y el intelecto: "Un pueblo ignorante es un instrumento ciego de su propia destrucción; la ambición, la intriga, abusan de la credulidad y de la inexperiencia de hombres ajenos de todo conocimiento político, económico o civil; adoptan como realidades las que son puras ilusiones; toman la licencia por la libertad, la traición por el patriotismo, la venganza por la justicia". Pero el populismo es algo más que un engaño ventajoso; es la antítesis del progreso, el camino de la deconstrucción, el desmoronamiento progresivo de la institucionalidad estatal, el ataque malintencionado de los principios democráticos. Poco le importan al populista las libertades individuales, el pluralismo, el diálogo, la libre expresión, los indicadores económicos o sociales, o la certidumbre que proporcionan los marcos legales e institucionales. Obedece en realidad a una "lógica" distinta, con objetivos alejados de la participación igualitaria, de la representación equitativa o del desarrollo armónico de la sociedad en su conjunto. Pretende tan solo controlar a las masas, convertirse en su voz, empapar sus mensajes del reclamo popular, recrudecer y profundizar las diferencias sociales, espolear el resentimiento de las mayorías "despojadas" hacia las "élites dominantes" que, situadas intencionadamente en un polo antagónico, servirán para asumir la carga de sus injusticias, la responsabilidad de sus yerros, la culpa de sus desatinos. Es la carga emocional de esta liga identitaria entre el líder y "su pueblo" la que consigue el milagro, la adhesión fanática, la fidelidad ciega, la transfiguración "providencial" de su "carismático" líder. El resultado de la gobernanza es materia superflua, intrascendente, siempre estará el "otro" para asimilar las faltas, el enemigo moral, el neoliberal, el neoporfirista, el conservador, el empresario, el colonizador, o cualquiera que haya sido elegido bajo su visión polarizante y maniquea como el adversario popular. No hay de hecho necesidad de avance; la perpetuación de la miseria, de la irreflexión, de la incultura o del rezago, le vendrán como "anillo al dedo" para su "yugo" asistencialista. No hay mejor puntal para un líder populista que la indigencia y la pobreza; ahí prospera la dádiva alienante, los "apoyos" con los que se compran los votos y las lealtades. Pero, ¿qué hay del progreso, del desarrollo personal en la cultura del esfuerzo, de la autosuficiencia y del trabajo? ¿Qué de la posibilidad de acceder a una educación de calidad, del empleo digno o de la movilidad social?: Convertidos en meros tecnicismos de la perversidad neoliberal, serán cosa del pasado, irrelevantes objetivos de la mentalidad conservadora. Poco interesan para su perspectiva electoral: Basta que el pueblo se sienta representado, rescatado, reivindicado en sus reclamos al margen de los hechos. Siempre habrá "otros datos", siempre se tendrá a mano el recurso mentiroso, la trampa del demagogo, de este ser mendaz y desvergonzado definido por el periodista de Baltimore Henry Louis Mencken, defensor de la libertad de conciencia y de los derechos civiles, como "aquél que predica doctrinas falsas, a hombres que sabe idiotas". De ahí el perfil del líder populista; desprecia la intelectualidad, exhibe una desfachatez irreverente que parece enorgullecerse de su miserable estupidez; la formación estorba, la experiencia es tan solo un adorno superfluo, una condición inútil; el lenguaje de la reflexión, la herramienta de la inteligencia, el lóbulo frontal del cerebro, son apéndices innecesarios en la simplicidad de su narrativa. Para ser el "pueblo mismo", el depositario de ese mandato emergido de las masas, no es necesario el "oropel de la razón". El poder que "le confiere el pueblo" es ilimitado, incuestionable, irrefutable; posicionará al líder sobre toda voluntad, sobre el poder Judicial, sobre el Legislativo, sobre los organismos autónomos o sobre todo aquel que no comulgue a cabalidad con su visión, que quedará automáticamente confinado a la traición, la corrupción o la inmoralidad. El populismo confiere así un poder sin coto; conduce al autoritarismo, al desconocimiento de toda ley por encima del "pueblo", de toda voluntad distinta a la del líder. Su condición omnisciente perdona los pecados, lava las culpas, exime a los violadores, redime a los corruptos: La sumisión incondicional, la lealtad ciega es a sus ojos un baño de pureza.

¿Cómo evitar que el populismo nos engulla, que devore en su inconsciencia la vulnerada democracia? Cronos, dios del tiempo, se adueño del universo mutilando y destronando a su padre. Para evitar que sus hijos hicieran lo mismo con él, como lo había anunciado el oráculo, decidió engullirlos a medida que iban naciendo. Pero al nacer Zeus, su madre Rea tuvo una idea brillante para evitar que su padre lo devorara: Envolvió una piedra en pañales que hizo tragar a Cronos haciéndole creer que era su hijo. Finalmente, Cronos fue destronado por el poderoso Zeus.

¡El infame devorador sucumbió a su apetito ante el invencible poder de la inteligencia y la razón!

Hipotecar la dignidad: Los que prosperan con "la lengua"

El estercolero de Dante

No hay persona más abyecta que la que medra a la sombra del poder, siempre atenta a la oportunidad, siempre servil y rastrera; prolija en el halago, ferviente en el elogio, desmedida en la alabanza.

Apologetas de la mediocridad, gusanos que se retuercen bajo la seda de su capullo, pródigos repartidores de alabanzas y lisonjas, los aduladores prosperan por su saliva y por su lengua, trepando por los muros de la hipocresía y el fingimiento, hipotecando su dignidad a cambio de los réditos; se arrastrarán hasta la ignominia al paso del poderoso, acariciarán su sombra, condecorarán su indignidad o enaltecerán su podredumbre como animales carroñeros. El reconocimiento sincero no desmerece ni denigra; la adulación es un estigma despreciable, un intercambio innoble que costea la privanza con el aplauso y la lisonja. La inteligencia del adulador radica en su olfato, en su servilismo intuitivo, en su capacidad de olisquear los deseos de su amo. Forjará su sustento y su escaso capital de notoriedad y de progreso en su vocación reptante; siempre dispuesta a embelecar, a defender lo indefendible, a morder como perro rabioso a los enemigos de su simbionte, a transformar en grandes hazañas los yerros de su benefactor. El elogio a ultranza es impúdico engaño, complacencia usurera, apología ventajosa, oportunismo descarado; el adulador es un parásito insaciable que obtiene su alimento en las entrañas del soberbio o en los intestinos del mediocre; no es casual que los aduladores hayan sido imaginados por Dante Alighieri en una fosa repleta de denso y pestilente estiércol dentro del octavo círculo del infierno.

Pero ¿qué impulsa a una persona a empeñar su dignidad en aras de la subordinación, de la sumisión incondicional, de la dependencia infame, del sometimiento ruin, de la obediencia ciega que suponen la adulación y la lisonja oficiosas? La respuesta es simple: recoger los pingües dividendos que emanan de la desvergüenza utilitaria, cosechar sus indignos favores. Así. disfrazar la mediocridad, ocultar la ignorancia, convertir en virtud la más burda ambición, halagar la medianía y disculpar la incompetencia, son una mina de oro en los lares del adulador.

Tal es el tipo de interacción que se ha dado durante largos años entre nuestro inquilino de Palacio y su adulador preferido: Epigmenio Ibarra. Un personaje tan gris como ambicioso, tan fanático como servil, una mutación desafortunada e infame de la codicia y del rebajamiento; documentalista adulón, biógrafo acomodaticio, lameculos incondicional de una infame aventura populista. Esta figura insignificante y telenovelera, se ha convertido en la caja de resonancia de las consignas oficiales; como en el conocido cuento de Perrault donde una orgullosa y soberbia muchacha es condenada por el hada a escupir por su boca serpientes y alimañas, nada abandona los labios de

Epigmenio sin su dosis de odio o su carga de dogmatismo. Descubierto como un ladrón con el botín en sus manos, se atreve a condenar los privilegios del poder, las corruptelas del pasado, los abusos de antaño: la 4T nos regala una nueva cara de la hipocresía, un nuevo perfil del recriminador que en cada acusación se desgarra a sí mismo la lengua y los labios. Qué corta es la memoria de nuestro inquilino de Palacio cuando está de por medio el bienestar de sus lacayos: "Con todo respeto, nosotros no vamos a continuar con más de lo mismo, no va a haber rescates para los potentados". "Si va a haber una quiebra de una empresa, que sea el empresario el que asuma la responsabilidad o los socios o accionistas".

Pese a que nuestro Inquilino de Palacio aseguró que los empresarios no podrían acceder a rescates o créditos durante la pandemia, tan oportuno quitamotas, tan provechoso lamebotas, recibió un préstamo por 150 millones de pesos del Banco Nacional de Comercio Exterior (Bancomext) para la producción de series de televisión, adquisición de equipo de filmación e insumos, pago de gastos y remodelaciones. Pero aún habría que agregar el toque maestro, la apoteosis del cinismo, el culmen del descaro: El mecanismo con el que Bancomext facilitó el préstamo a Argos fue con la creación de un fideicomiso: Esta vilipendiada y denostada herramienta que, a decir del inquilino de Palacio, debía desaparecer por su falta de transparencia y por su estela de corrupción. "Debemos revisar para que "no haya aviadores", declaraba desde su conferencia mañanera: ¡Lo que no dijo es que prepararía una pista de aterrizaje especial para sus incondicionales pelotilleros!

Nicolae Ceauşescu, el infame dictador genocida que gobernó Rumania durante un cuarto de siglo, promovió un infame culto a su personalidad, rayano en la locura. En torno a la "Securitate", una de las policías políticas más eficaces que hayan existido jamás en el espionaje y la delación, construyó una infame herramienta de represión y control social, que transformaría a Rumania en la mayor prisión de Europa. A la medida de su megalomanía, construiría una de las obras faraónicas más inútiles y ostentosas: El edificio administrativo más grande del mundo (sólo detrás del Pentágono). El Palacio del Parlamento Rumano al que bautizó como la Casa del Pueblo, supuso arrasar unos 9 Km2 del casco viejo de la capital con sus tesoros medievales, y consumió un tercio de la riqueza de Rumania para la compra de un millón de metros cúbicos de lujosos mármoles. Mientras tanto, la población se debatía entre el hambre y la miseria. Pronto comenzaría a utilizar el apelativo de "Conducător" (líder). Rodeado de un ejército de aduladores entre poetas, artistas, escritores, cineastas, documentalistas y pintores, deífico su figura por toda Rumania. Los intelectuales fueron convocados para expresar su eterno reconocimiento al genio de Ceauşescu en un enorme libro llamado "Omagiu" (Elogio) escrito en su honor y en el de su inseparable esposa Elena Ceauşescu que, tras recibir cientos de títulos, honores científicos y doctorados Honoris Causa por sus aportaciones a la química, no sabía con exactitud si la fórmula del agua era H2O u O2H . De esta runfla de aduladores profesionales, emergerían los más ridículos epítetos con los que se conoció al tirano: Genio de los Cárpatos, Eminente Revolucionario y Enardecido Patriota, Hijo más Querido del Pueblo, Gran abanderado,

Personalidad Excepcional del Mundo Contemporáneo o Héroe del Trabajo Socialista.

¡Con tanto adulador, Don Epigmenio, estará muy "apretado" en el estercolero de Dante!

A propósito del dogmatismo, el autoritarismo y el camino hacia la dictadura

Lo que queda ante la dictadura

Toda argumentación emitida desde el dogma, distorsionada por el resentimiento o el prejuicio, fundamentada en la especulación o en el conocimiento intuitivo, vinculada a las relaciones de poder y subordinación, aferrada a posturas o a concepciones irreductibles, alejada del análisis racional, reacia a la discusión, temerosa frente a la evidencia, aferrada a la narrativa inflexible de un pensamiento monolítico, es a menudo el germen del autoritarismo. El dogmatismo es por regla el callejón sin salida, el saco roto de la sensatez; limitado en su retórica, recurrirá siempre a las mismas frases, a las mismas creencias, a la misma coraza impenetrable que, elevada a la categoría de verdad, nos aleja de la evolución o de la rectificación. Todo dogma que se incrusta en el cerebro paraliza el intelecto; prefiere vencer a convencer, conquistar a transformar, imponer a persuadir. Aferrado a sus esquemas, se decantará por la intransigencia, el autoritarismo, la intolerancia o la tozudez. El dogmático se siente amenazado ante cualquier discrepancia; es sordo al señalamiento y reluctante a la enmienda. Su estructura anquilosada se sostendrá en el error; defenderá furibunda la "certeza" de sus convicciones con el acartonamiento y la inmutabilidad de su sobada retórica. Donde hace falta la racionalidad y el poder de convencimiento, sobran las descalificaciones y las ofensas. Tal es el caso de nuestro inquilino de Palacio que, iracundo y frenético, se lanzó contra el juez que suspendió los efectos y consecuencias de las reformas a la Ley de la Industria Eléctrica, apelando a sus acostumbrados linchamientos ideológicos y a una misiva dirigida al presidente de la Suprema Corte de Justicia de la Nación y al Consejo de la Judicatura Federal en la que asegura que se ha conformado un "buró jurídico", un "agrupamiento conservador y reaccionario" que se ha beneficiado con "la política de privatización impuesta desde el gobierno de Salinas de Gortari", y que se opone a "las obras, acciones y políticas" que han sido emprendidas para la transformación del país.

Pero su manida y desgastada retórica de la confabulación y del complot, fue rematada con un flagrante ataque al poder judicial por "legalizar injusticias de grupos minoritarios o guardar un silencio cómplice ante corruptelas y arbitrariedades".

El peso de la amenaza y del quehacer totalitario vendrían después: El comunicado de Morena que pone en tela de juicio la legitimidad de los jueces y que señala las oscuras intenciones de las suspensiones concedidas que responden a "intereses del antiguo régimen neoliberal", las leyes reglamentarias para reformar el poder judicial que amagan a jueces y magistrados con sanciones de hasta 20 años de inhabilitación, la propuesta de una diputada morenista para modificar la Ley de Amparo y hacer a un lado cualquier obstáculo que les impida hacer con Pemex o CFE lo que les venga en gana y, finalmente, la asonada popular representada en las calles por los miembros del SME.

Pero nada revela en forma más fiel el autoritarismo y la peligrosidad del inquilino de Palacio que sus más recientes declaraciones: "Yo estoy seguro de que no es inconstitucional la reforma, pero si lo determinan jueces, magistrados, de que es inconstitucional y que no puede proceder, enviaría yo una iniciativa de reforma a la Constitución porque no puedo ser yo cómplice del robo, del atraco, no puedo aceptar que particulares dañen la hacienda pública y afecten la economía popular".

He aquí la imposición a ultranza, el centralismo arcaico del antiguo priismo, la voluntad que se presume por encima de la Constitución y de las Leyes, la personalización del poder absoluto, el socavamiento sistemático de la división de poderes, la construcción de una estructura gubernamental y administrativa que, convertida en entelequia, sólo responda a los caprichos de su líder.

Tal es el sustrato de un régimen totalitario: La infalibilidad del iluminado, la eliminación de toda forma distinta de pensamiento, la oposición a modo, el apoyo incondicional de masas adoctrinadas en la consigna y en el dogma. Ni la racionalidad o el consenso del demócrata, ni los poderes de convocatoria o de convencimiento que apuntalan al estadista, tienen cabida en su universo. Sólo importa la visión del iluminado, la encarnación del pueblo; todo disenso simboliza la corrupción, la traición, la oposición al bienestar popular. Ayer la prensa, los neoliberales, los médicos, las mujeres, los padres de los niños con cáncer, los empresarios, los periodistas, los inversionistas, las instituciones o la ONU; hoy los jueces y los magistrados. Mañana Usted o yo, todo el que no se pliegue a su incuestionable voluntad, todo aquel que se atreva a emitir la más insignificante de las notas que no concuerde con su partitura.

Infiltrado el congreso, amenazado y limitado el poder judicial, desdibujados y controlados los organismos autónomos, solo queda un camino ante la dictadura al que no debemos renunciar las mentes libres: El ejercicio de la razón y la denuncia.

Sobre el crimen y el delito al amparo del poder

Confusión animal

La infamia que intenta ocultarse tras el engaño y la simulación, inflige en el sentir de las víctimas una doble herida; a las múltiples acusaciones de violación que pesan sobre Salgado Macedonio cabe agregar las ignominiosas e indolentes declaraciones de nuestro "intento de presidente", que simula gobernar por el bien de los mexicanos. La protección de un violador desde la cúspide del poder, supone un crimen aun más artero y reprobable que la violación misma; se trata de una "sujeción" simbólica de las mujeres agredidas que permite al criminal regodearse en su agresión, dar rienda suelta a su sadismo sin límite. El criminal ha sido absuelto por la voluntad de su mesías, por la visión omnisciente de su compinche palaciego. Así, las pretensiones de justicia, el hambre de resarcimiento y sanación, han dado paso a la revictimización; esto es, al "juicio sumario" de la encuesta a modo, a la inequívoca opinión de nuestro intachable seudopresidente que puede transformar en automático cualquier acusación de agresión sexual en un intento malévolo de encenagar la honorabilidad y la innegable probidad de su impoluto candidato.

Tras haber sido refrendado en su candidatura a la gubernatura de Guerrero por una pueril y ridícula artimaña, Salgado Macedonio se mostró complacido: "Muchas gracias al pueblo de Guerrero por refrendarme su confianza en otro nuevo ejercicio democrático que realizó mi partido Morena. ¡Viva Guerrero! ¡Hay toro!.

Para los antiguos griegos, por cierto, el toro simbolizaba la violencia sin freno, y Hesíodo se refiere a él como la "bestia altiva de indomable fogosidad". Así, mientras la hermosa joven Europa jugaba con sus amigas en las costas de Fenicia, Zeus quedó prendado de ella. Con perversos fines, se transformó en un toro blanco y se aproximó lentamente a Europa, mostrándose dócil. La joven lo acarició y empezó a jugar con el animal, hasta que confiada se subió en su lomo. Zeus aprovecho la oportunidad y surcó rápidamente las aguas del Mediterráneo hasta la isla de Creta, donde la violó bajo la sombra de un plátano.

Pero la burlas y la indecencia del candidato, aún no alcanzaban su máxima expresión. Declaró que "la mitad de su gabinete estará integrado por mujeres y prometió que habrá suficiente presupuesto para aplicar programas que las empoderen". Hizo también "un reconocimiento a todas la mujeres [...] que desde cada una de sus trincheras demuestran día con día su ancho compromiso por construir un México mejor".

Absuelto por su cómplice palaciego, se atrevió incluso a declarar que ha sido "objeto de un linchamiento político y mediático, sin precedente alguno en la historia de México, auspiciado y patrocinado por poderes fácticos e intereses oscuros".

No hay un vomitivo más nauseabundo y efectivo que el cinismo y la desvergüenza.

En junio de 2009, en un acto organizado en el Auditorio de la Música de Roma por el Ministerio de Igualdad italiano, resonaba un discurso en defensa de los derechos de las mujeres árabes ante unas mil empresarias y políticas de Italia: "En el mundo árabe e islámico existe una situación horrenda. Para ellos la mujer es un mueble que cambiar en cualquier momento". "El mundo necesita una revolución femenina basada en una revolución cultural". "Yo estoy con la mujer en todo el mundo y creo que se necesita una revolución. No debemos oprimirla sino que debe tener los mismos derechos del hombre".

Tales fueron las declaraciones hechas al mundo por Muamar el Gadafi, el dictador libio cuyos crímenes sexuales han quedado al descubierto. Tanto Gadafi como sus hijos y acólitos, tenían habitaciones clandestinas donde mantenías relaciones sexuales con jóvenes esclavizadas. Cientos, probablemente miles de adolescentes fueron torturadas y violadas en estas cámaras del horror durante los 42 años que duró su régimen. El dictador elegía a sus víctimas en conferencias, institutos, salones de belleza, cárceles o bodas, para que fueran secuestradas por sus guardaespaldas para someterlas entonces a las más depravadas y aberrantes prácticas sexuales. Algunas tenían tan sólo 14 años.

En la llamada Primavera Árabe, las protestas en Libia fueron reprimidas con violencia. En respuesta, la OTAN lideró una coalición para frenar a Gadafi. Los rebeldes libios lo expulsaron de Trípoli y tomaron el control del gobierno. El 20 de octubre de 2011, Muamar el Gadafi, quien fuera llamado el "perro loco" por Ronald Reagan, fue encontrado huyendo y fue ejecutado.

¡No entiendo aún la confusión!: ¿Cómo alguien puede ver toros o perros en la figura de los cerdos?

Entre la ambición y la vileza: Crónica de una infamia

Las trampas de la ambición

La ambición, como aspiración legítima de logro, es una herramienta poderosa; propulsora de la superación, necesario ingrediente del inconformismo, sucedánea de los sueños, faro que ofrece a nuestros pasos su haz luminoso, que dibuja en nuestro mapa las coordenadas de la consecución, que da rumbo y sentido a los impulsos creativos. Pero la ambición puede asociarse con las malas compañías; en los sórdidos barrios de la codicia, en los linderos alejados de la desmesura, en los intrincados sótanos de la impudicia, en los peligrosos infiernos de la inmoralidad. Su faceta oscura es una fuerza maligna, un tóxico brebaje que desdora la honestidad, que mancilla la virtud; más apremiante que el deseo, más exigente que la perseverancia, más cegador que el odio. Nada detendrá la ambición desbocada; pisoteará la dignidad y escupirá sin recelo la tumba de los muertos. ¿Qué son para el insaciable apetito de un espíritu pretencioso las cortapisas de la escrupulosidad o los obstáculos de la decencia? La ambición desmedida es siempre cínica, rayana en la desfachatez, inverecunda y enojosa.

¿Cómo puede nuestro zar de la pandemia conciliar el sueño tras defender, con su acostumbrado cinismo, los desatinos y despropósitos de su nefanda gestión? ¿Qué grado de desfachatez debe tener una persona para hospitalizarse en la fase más temprana de la covid 19 y someterse a un tratamiento antiviral intravenoso, cuando le ha negado tales medidas al grueso de los mexicanos, declarándolas inútiles e ineficaces? ¿Cómo puede el responsable de cuidar la salud de la población incitarla a no utilizar la medidas más elementales de protección recomendadas en otras partes del mundo, sólo por agradar y complacer a su titiritero? Cuánto razón encierran las palabras de Jonathan Swift: " La ambición suele llevar a los hombres a ejecutar los menesteres más viles: Por eso para trepar se adopta la misma postura que para arrastrarse".

¿Qué grado de podredumbre moral alberga nuestro encargado de combatir la pandemia para luego de declarar que aún tiene una "carga viral lo suficientemente alta para ser contagioso", se lanza a las calles a un paseo sin cubrebocas? Sí, hablo de este charlatán infame y criminal que debería ser el primero en observar los ordenamientos de la ley, que en el Código Penal Federal establece con absoluta claridad que aquel que "a sabiendas de que está enfermo de un mal venéreo u otra enfermedad grave en período infectante, ponga en peligro de contagio la salud de otro, por relaciones sexuales u otro medio transmisible, será sancionado de tres días a tres años de prisión y hasta cuarenta días de multa.

Esta es la actitud indolente por la que pesan sobre sus hombros las muertes de cientos de miles de mexicanos, aún siendo condescendiente con sus cifras oficiales. Esta es la criminal complicidad de quien ha desmantelado el otrora eficiente sistema de vacunación en México para asegurarse de que cada dosis vaya acompañada de su consigna electoral. Este es el perfil del impresentable matasanos al que encomendamos nuestras vidas.

La admiración desproporcionada por Adolfo Hitler, llevó a Theodor Gilbert Morell (reconocido por sus allegados por su falta de higiene y de cuidado personal) a buscar la forma, valiéndose de sus contactos sociales en el primer círculo de los nazis, de entrar en contacto con su amado Führer. Pronto tuvo su gran oportunidad política en ocasión de un dolor estomacal que afectaba al dictador. El inescrupuloso médico lo convenció de que podía curar sus dolencias con celeridad. El empleo de una inútil combinación de vitaminas y bacterias conocidas como "Mutaflor" coincidió con la mejoría de Hitler. A partir de entonces, el lazo entre ambos sería indestructible. Durante largo tiempo, Morell le inyectaba una supuesta combinación de vitaminas, minerales, enzimas, testosterona y semen de toro, que escondían la verdadera esencia de su preparación: Cocaína. A pesar de las repetidas advertencias de sus generales que calificaban a Morell como un charlatán, Hitler lo mantuvo a su lado hasta sus últimos momentos en el búnker. Mientras Berlín lucía destrozada por el ejército rojo, Hitler seguía soñando con la victoria, drogado por las últimas inyecciones que le aplicó Morell, mientras el mal de Parkinson lo afectaba en forma evidente a consecuencia de los más de 70 medicamentos recibidos de manos de su curandero.

Ahí quedará inscrito en la historia de la infamia como un charlatán ambicioso y servil, como un mentiroso sin escrúpulos que, despreciando la ciencia y la vida humana, se asoció a un tirano inmoral para engañar a un pueblo que empeñó su credulidad y su esperanza... ¡Morell o Gatell, da igual!

Recordando el "muro de paz" con que blindaron el Palacio Nacional: El culmen de la incomprensión

Se trata de mí, de ella...

Así como el infortunado Narciso sucumbió al éxtasis de admirarse en las cristalinas aguas de la laguna Estigia, la soberbia desproporcionada destruye y paraliza: Exagera sus logros, se entrega a sus fantasías de éxito ilimitado, se regodea en su arrogancia, escala las delirantes cimas de la omnisciencia para adjudicarse a sí misma lo bueno y lo admirable. Toda arrogancia desmesurada menosprecia lo ajeno, desconoce las necesidades y los deseos de los demás, los transforma en objetos, en meras extensiones de la propia voluntad. Y es que la sobrestimación delirante del "yo" nos aleja del interés genuino, de la acción desinteresada, pues reclama para sí su dosis de veneración: Utiliza a los demás en beneficio propio, siempre coronado por el engreimiento, por la arrogancia desaforada. Quien sobrestima sus virtudes y se posiciona en las alturas de un pedestal inalcanzable, exige devoción, admiración incondicional, reconocimiento ciego; se presume ilimitado y se supone infalible. De ahí su despotismo constitutivo, su incapacidad para conceder a quien difiere o disiente algún asomo de razón, alguna cualidad digna de atención o reconocimiento; de ahí su hipersensibilidad a la crítica, sus reacciones desmesuradas a la censura o la detracción, su personalidad desbordada que repudia los límites, que manipula las reglas, que rechaza las instituciones o los poderes paralelos.

En un sentido personal, el narcisista terminará sofocándose en su propio abrazo, en esa burbuja de aislamiento y de esterilidad afectiva; pero en las cumbres del poder, en los nichos de la adulación y la lisonja, es una plaga maligna, un augurio inequívoco de la desgracia y el desastre; rechazará a ultranza todo aquello que difiera de su sentir, que no calque su parecer, que no camine por sus pasos. No hay acierto posible en quien no representa su imagen convertida en reflejo, en quien no elogia su sapiencia y su valía; despreciará sin miramientos al detractor o al crítico, a quien le adjudicará una intencionalidad envidiosa, una finalidad perversa de opacar sus triunfos. Pero el repudio de lo distinto, la descalificación de quien difiere, encierra siempre los gérmenes del odio y las semillas de la división; conducirá al quiebre, a la escisión, a la polarización y a la violencia.

Tal es el caso de nuestro inquilino de Palacio, que parece haber llegado al punto de inflexión, a esa región delirante donde el entorno se desdibuja, donde la soberbia y la cerrazón ideológica le impiden dar lectura a los escritos de la realidad; ve lo que quiere ver enceguecido por su altanería, escucha sólo su delirio narcisista que le susurra al oído su irrefutable "grandeza", su poder salvífico, su capacidad indiscutible para transformar a la patria. Pero todo narcisismo desbordado romperá la represa, conducirá al error; como en el sueño de Nabucodonosor, la enorme y sólida estatua de oro y de metales, se quebrará por los pies hechos de barro. Su derrumbe está cerca, sus evidentes desatinos presagian el impasse:

Un Palacio amurallado a la medida de su desprecio, de su sordera indolente, de su incapacidad para comprender las causas legítimas. Un búnker de "la paz", impenetrable y frío, símbolo de su distanciamiento, de una evasión cobarde e insultante disfrazada de "resguardo"; una barrera que replica la infamia de la desatención, el flagelo de la indiferencia, el agravio del desinterés, que transfiere a las mujeres la condición de "agresoras". Y un sádico violador, vomitivo y despreciable, beatificado por su protector, amparado en el poder, sometido a la justicia de las encuestas a modo; ¿son acaso los ultrajes un asunto de opinión, un delito reservado para el perdón popular? Nada más vil que justificar la infamia, que ofrecer a un violador la impunidad del poder.

Perseverar en la indolencia replica el agravio, reproduce lo ofensa; pero no se trata ahora de grupos de poder, ni de los adversarios que a diario construye su desbocada paranoia; se trata de mí, de ella, de nuestra vecina o nuestra hermana, de cada mujer y cada hombre cansados de su incompetencia, de su soberbia insufrible y su despliegue de ineptitud.

Sobre el socavamiento paulatino de la individualidad pensante

Un tirano demente

Difícil resulta entender el apoyo multitudinario e incondicional de un amplio sector de la población a las aberrantes estrategias y a las disparatadas políticas públicas de nuestro inquilino de Palacio, toda vez que el retroceso económico ha situado a México como la cuarta economía con mayores índices de pobreza general y extrema en América Latina, solo por debajo de Honduras, Nicaragua y Guatemala, que en relación al 2019 aumentaron 9.1 y 7.7 %, respectivamente. De acuerdo con los datos aportados por la Comisión Económica para América Latina y el Caribe (Cepal), el 50.6% de nuestra población se encuentra sumida en la pobreza, que alcanza cifras extremas en el 18.3%, a pesar del infructuoso y alienante populismo asistencialista, que requiere para su supervivencia de la inmovilidad social y que no supone en ningún sentido mejores condiciones de educación, salud, desarrollo personal o empleo.

El populismo Obradorista parece montarse sobre algo más que la instrumentalización de la pobreza, del rezago, del resentimiento social y la miseria; apela al adoctrinamiento popular, al desmantelamiento sistemático de los valores y las convicciones, al socavamiento paulatino de la individualidad pensante que, minada por los lazos despersonalizantes de una identidad grupal y dogmática, se sujeta progresivamente a la voluntad del líder. He aquí la relevancia de las "mañaneras", de la diaria exhortación evangelizante de su discurso elemental que recurre a la más primitiva emocionalidad para acicatear los afectos, el odio, el miedo, la culpa o el resentimiento, para "reformar el inconsciente" e injertar en el oyente los comportamientos esperados. He aquí la razón de ser de los 32 delegados estatales, de los 128 subdelegados estatales, de los 252 coordinadores regionales de los programas para el desarrollo y de los 18 mil 300 "servidores de la nación", que le cuestan al erario más de 3 mil millones de pesos anuales; un verdadero ejército de mercenarios ideológicos, huestes de brigadistas adoctrinados cuya encomienda inicial fue la promoción y la defensa del voto en la campaña presidencial de Morena y, más tarde, el levantamiento del "Censo del Bienestar" con la consigna de identificar a los posibles beneficiarios de los programas sociales del gobierno que, dicho sea de paso, nos costarán en 2021 alrededor de 303, 982 millones de pesos. Hoy día los siervos de la nación forman el entramado de una nueva y onerosa burocracia federal destinada a la promoción permanente, personalizada e ininterrumpida del inquilino de palacio y de las serviles marionetas que reparte a discreción en los puestos de poder.

Pero el "lavado de cerebro" se extiende a la población, a las conciencias vulnerables, al flanco débil de la sociedad, a quienes carecen de argumentos sólidos y suficientemente elaborados como para defender su identidad, su integridad de pensamiento y sus convicciones racionales; se les ataca en el plano anímico, se les coloca en el dilema de un maniqueísmo perverso que equipara la sumisión con el "acierto moral", el desacuerdo y la crítica con la iniquidad y la impudicia. Se emplea el lenguaje como arma de persuasión, como trampa cognitiva para esconder los hechos, para empapar de visceralidad y preñar de emocionalidad todos los temas, para introducir un léxico propio que polarice a la sociedad, que refuerce los lazos de identidad del "nosotros" contra el "ellos", que pueble de expresiones vacuas y carentes de contenido toda comunicación para evadir la argumentación, para implantar la retórica sin apelar a la razón.

Una sola frase pronunciada recientemente por una servidora de la nación a una mujer que hacía fila para la aplicación de la vacuna, da cuenta del aleccionamiento, del adoctrinamiento infame, de la capacidad de un régimen para desdibujar la personalidad y moldearla a capricho de su visión ideológica:

"Si la paso a usted voy a tener que pasar a todos los ricos que mandan aquí por contacto. Si yo la paso a usted le roba la vacuna a la prole".

Las juventudes hitlerianas (Hitlerjugend) fundadas en 1926, fueron organizaciones de la Alemania nazi dedicadas a adoctrinar a los jóvenes en las ideas de supremacía racial y en los ideales del nacionalsocialismo, cuyos miembros tenían entre 10 y 18 años. Los niños recibían instrucción militar y las mujeres eran formadas de acuerdo con la imagen idealizada de la mujer aria. Hitler en persona contribuía con sus discursos al "lavado de cerebro", que pretendía formar futuros soldados al servicio del Reich. Los jóvenes eran educados bajo una visión de odio y discriminación, que les impedía relacionarse con los "no arios" para evitar la contaminación racial. En 1943, cuando la guerra marchaba mal para Alemania, los jóvenes de HItler muchos con menos de 20 años y sin ninguna experiencia en combate, formaron la 12.SS-Panzer-Division "Hitlerjugend" que lucharía contra los aliados en el día "D". Al respecto de sus jóvenes, Hitler declararía:

"Estos jovencitos ingresan a nuestras organizaciones a los diez años de edad y a menudo respiran un poco de aire fresco por primera vez; después de 4 años de estar en la categoría de Jóvenes, pasan a las Juventudes Hitlerianas, donde permanecen cuatro años más [...]. Aunque no son nacionalsocialistas completos, pasan al Servicio Laboral y ahí los preparan durante otros seis o siete meses...Y si les llega a quedar algún rastro de conciencia de clase o estatus social, las Wehrmacht (fuerzas armadas alemanas) se encargarán de que desaparezca."

No se confunda señor Obrador, los jóvenes de Hitler jamás sirvieron a Alemania; fueron tan sólo las víctimas vulnerables de otro tirano demente.

De la mentira como modus operandi

No hay mentiras piadosas

Esconder, distorsionar o deformar intencionadamente la realidad, oculta siempre propósitos perversos; supone la voluntad de engañar, de situarse en una posición de privilegio, de aprovecharse de la candidez o de la ingenuidad de otros, de explotar la disparidad y la ventaja que entraña el ocultamiento de la verdad. Nunca antes se había mentido tanto en el ámbito de lo público; la mentira se ha instrumentalizado en la política contemporánea como parte del infame legado de los regímenes totalitarios que sacudieron al mundo a lo largo del siglo XX. Esto es especialmente cierto en el caso de la plaga populista latinoamericana que, valiéndose del engaño y de la demagogia e instrumentalizando la desigualdad y el resentimiento social, amenaza la supervivencia de las democracias liberales. De este modo, la narrativa de nuestro actual gobierno, no sólo ha hecho de la mentira política su "modus operandi", sino que ha agregado un ingrediente distintivo y especialmente perverso a su fórmula de la mendacidad: Su producción a gran escala, su destinatario inespecífico, su burda manipulación deliberada destinada a la masa, a una conciencia popular debilitada por los fanatismos, el resentimiento, la decepción, la marginación o la ignorancia. De ahí su simpleza intelectual, el burdo carácter de sus aserciones, su falta de refinamiento discursivo, su desprecio absoluto por la congruencia y la verosimilitud; ofensiva en su rusticidad, indignante en su descaro, implausible en su simplismo intelectual. Mentira despreciable que no se blande contra un enemigo, contra un invasor, en el dilema de la guerra o en el fragor de la batalla; es arma que acuchilla a los iguales, a los que habitan en la misma casa, al pueblo desarmado en su vulnerabilidad y su ignorancia.

Tal engaño recurrente y sistemático al servicio de las ambiciones del poder y del endeble entramado ideológico de una mente delirante, ha hecho de la mentira descarada, de la "suggestio falsi", el sello inconfundible del discurso oficialista. Nuestro inquilino de Palacio nos miente a todos, nos miente en todo; porfía en el engaño para ocultar su mezquindad. Pero ahí están los muertos sin nombre, los ausentes consuetudinarios de su perorata palaciega, siempre evadidos, invisibles, atenuados por los malabarismos verbales de un "Rasputín" impresentable; ahí los moribundos tras su inenarrable vía crucis, partiendo hacia los crematorios desde la puerta de los hospitales, mientras mejora la "meta" de las camas vacías; ahí las vacunas que jamás se compraron para invertir en sus proyectos los réditos de la muerte, su aplicación a cuentagotas con foto y con consigna, con la ganancia secundaria de la ruindad electorera; ahí los "siervos de la nación", fieles lacayos de adoctrinado cerebro, que lucen por las calles la anticipada inmunidad que se les ha negado a muchos de los médicos que enfrentan a la muerte; ahí la oportuna y temprana hospitalización de nuestro zar de la pandemia, desaconsejada por innecesaria para el resto de los mexicanos, negada hasta la saciedad como pecado mortal; ahí su ridícula apuesta, indignante y desvergonzada: ¿Quién podría creer que el mandatario de una Nación y el más cercano de sus achichincles fueron tratados como conejillos de Indias con un medicamento "experimental"? La pócima milagrosa que circuló por sus venas no es otra que alguno de los potentes y eficaces antivirales o de los más novedosos fármacos que su inagotable vileza y sus proyectos megalómanos le negaron a los mexicanos.

En 1937, Japón desató su furia contra la población china de Nanking, en el curso de una guerra de expansión territorial en Asia oriental. Ahí tuvo lugar uno de los crímenes más atroces de la segunda guerra mundial. Tras la caída de la nueva capital china, el 13 de diciembre de aquel año, dio comienzo una orgía de crueldad, nunca antes vista en la historia del mundo. Más de 350,000 personas no combatientes fueron asesinadas en sólo 42 días de horror. El número de muertos excede por mucho al ocasionado por los bombardeos norteamericanos en Tokio (donde perecieron 120,000 personas), o a las muertes que se registraron en los dos cataclismos nucleares de Hiroshima y Nagasaki combinados (con 210,000 muertes). El ejército japonés ingresaba en las casas, en los comercios, en los bancos, disparando al azar sin ningún reparo. A la orilla del Yang Tsé, miles de civiles con sus manos atadas a la espalda fueron baleados sin piedad. Cerca de 80,000 mujeres fueron violadas por los soldados japoneses para luego ser asesinadas con lujo de brutalidad. Los miles de cadáveres sembrados en las calles, los edificios destruidos y humeantes nunca fueron documentados por la prensa internacional. El gobierno japonés decidió envolverlo todo en la mentira y negó cualquier permiso para dar cuenta de lo sucedido hasta eliminar por completo los rastros de la barbarie. Borrada por la mentira en los libros de texto japoneses, encubierta por los académicos que minimizan hoy día el significado de la masacre y su número de muertos, censurada como verdad histórica por las altas esferas del poder, el genocidio de Nanking se oculta entre las sombras.

No hay mentiras piadosas ni bien intencionadas; detrás del engaño se esconde la perversidad.

De los trágicos sesgos de la estupidez y el fanatismo: La justificación de la infamia

No me extraña que no entienda, señor Obrador

Alguien dijo alguna vez que la principal fuerza de los estúpidos es la perseverancia; insisten en su rigidez, persisten en sus sesgos mentales. Evitan a toda costa el consumo energético que suponen los esfuerzos cognitivos; son perezosos, eluden la ruta de la reflexión y saltan a las conclusiones desde la plataforma de sus creencias, desde el trampolín de sus prejuicios. La estupidez es un atajo para ignorar los datos, para porfiar en la "certeza" de las torpes convicciones, para moldear el mundo a la medida del deseo; y es que pensar supone siempre un trabajo autocrítico, una humildad receptiva, una renuncia voluntaria a la presunción de infalibilidad, al convencimiento apriorístico de la superioridad de nuestras ideas. La estupidez, por el contrario, no abandona el guión, es sólida e inamovible, siempre sujeta a los corsés del fanatismo, siempre leal a los caprichos del dogma. No me extraña que no entienda, señor Obrador; no hay aprendizaje sin diálogo ni comprensión sin empatía. Su inteligencia mengua bajo la rigidez irreflexiva de sus amarras ideológicas, bajo la camisa de fuerza de sus repeticiones fanáticas. Sólo así se explica su indolencia, su lamentable narrativa, su intento vano por justificar lo injustificable, la pequeñez intelectual de sus infortunadas declaraciones, el galimatías impresentable de su discurso mañanero, su defensa a ultranza de un violador infame:

"Ahora con la simulación sobre el feminismo empiezo a escuchar: 'Rompe el pacto, rompe el pacto, rompe el pacto'. Les digo sinceramente, y no miento, me enteré de lo que era eso hace cinco días, porque mi esposa me dijo. Le digo: Oye, ¿qué es esto de 'rompe el pacto'?, explícame; y ya me dijo: 'Rompe el pacto patriarcal, o sea, deja de estar apoyando a los hombres'.

Pero yo, cuando se habla de 'rompe el pacto', pues ya lo estoy rompiendo: el llamado Pacto por México, que no fue más que pacto contra México; o el pacto del silencio que establecieron los que reprimieron y desaparecieron a los jóvenes de Ayotzinapa, pacto de silencio; pero el otro pacto no.

¿Y saben qué sucede? Que son expresiones exportadas… importadas, expresiones importadas, o sea, copias. ¿Qué tenemos nosotros que ver con eso si nosotros somos respetuosos de las mujeres, de todos los seres humanos? Pero también en eso se monta el conservadurismo.

El caso de Guerrero, con Félix, como es candidato, toda la oposición. Y lo dije desde el principio con mucha claridad: Que resuelvan los guerrerenses, las mujeres, los hombres de Guerrero y la ley, pero ¿por qué hacer mediático en todos los programas, todos los medios -con excepciones- acusándonos de estar en contra de las mujeres? Pues no. Nosotros estamos a favor de los derechos de las mujeres, baste decir que la mayoría de los servidores públicos del más alto nivel son mujeres y venimos de un movimiento donde siempre hemos respetado a las mujeres. ¿De cuándo acá los conservadores se vuelven feministas?"

No hay mayor vileza que justificar la infamia, que buscarle una salida negociada, desde el refugio del poder, a la indignidad y a la ignominia; es recrear la violación en la vileza del discurso. No señor Obrador, no se trata aquí de feminismos ni de cuotas de género: se trata de un crimen al amparo del poder, de su tolerancia cómplice y perversa, de su insensibilidad inaudita y su desprecio por el dolor; se trata de su incapacidad para entender el significado del sufrimiento, la impunidad que circunda a la violencia de género; se trata de usted, que a lomos de su despótica soberbia y su egoísmo sin límite supone que las vejaciones, los actos sádicos y degradantes de control, las execrables manifestaciones de violencia que han denunciado en reiteradas ocasiones las ya múltiples víctimas de su despreciable protegido, no son sino una estrategia orquestada por sus fantasmales "adversarios", por los demonios del conservadurismo, por los espectros ideológicos que amenazan su existencia, que pueblan los delirios de su paranoica conciencia. Ni siquiera las víctimas han merecido para Usted el beneficio de la duda; factor suficiente sería la simple posibilidad de un acto cierto para movilizar nuestras conciencias, para sacudir desde sus cimientos nuestros principios morales, para suscitar el más elemental asomo de comprensión y de empatía.

Sexto Tarquinio, hijo del último rey de Roma Lucio Tarquinio el Soberbio, se encontró una noche con Colatino, marido de una bella mujer de nombre Lucrecia. Pronto, afectados por los vapores del vino, comenzaron a discutir cual de sus respectivas esposas era la más virtuosa. Con la intención de comprobarlo, decidieron tomarlas por sorpresa. La mujer de Tarquinio se encontraba disfrutando de un banquete, mientras que Lucrecia, más discreta y recatada, hilaba junto a sus criadas en el salón de su casa. La mujer de Colatino atrajo así la atención de Tarquinio, que decidió presentarse más tarde para colarse en los aposentos de Lucrecia. Puñal en mano la amenazó de muerte si no accedía a sus lascivos deseos. Al ver que poco importaba la muerte a Lucrecia, la amenazó con asesinar a su esclavo y dejarlos a ambos desnudos en su lecho con el fin de acusarla ante su padre y su esposo de una supuesta deshonra. Lucrecia acorralada, fue brutalmente violada. Ante la vejación a manos del hijo de un rey y tras revelar el crimen a su esposo y a su padre, Lucrecia se quitó la vida clavándose una daga en el pecho.

El cuerpo ensangrentado de la víctima fue expuesto por las calles de Roma, y horrorizados por la violación, el pueblo y el ejército forzaron el exilio del rey y de sus hijos, lo que dio fin a la monarquía y marcó el inicio de la República.

El sufrimiento de una mujer, señor Obrador, puede cambiar la historia del poder.

El exceso de poder como antesala del delirio: El desbordamiento de la soberbia

El "caballo" de Obrador

El exceso de poder es la antesala del delirio, el camino a la desconexión, el preludio de la megalomanía. El término mismo, que encuentra sus raíces en el "potēre" latino, supone la capacidad para realizar, para trasformar, para llevar a cabo lo que uno se propone; la posibilidad de ejercer el mando, la fuerza, el dominio y la autoridad, de posicionarse en un nivel superior en el sentido jerárquico. De ahí la fascinación del poder, su fuerza de convocatoria, la desproporcionalidad de sus pasiones, la capacidad de congregar en sus inmediaciones a una caterva de aduladores e incondicionales que, siempre serviles y sumisos, endulzaran los oídos del poderoso ensalzando sus méritos, sobredimensionando sus logros, enalteciendo sus cualidades, minimizando sus yerros, elogiando sus decisiones, divinizando su palabra y justificando con toda clase de malabarismos discursivos sus más evidentes desaciertos, sus desatinos y dislates. Es en esta atmósfera de irrealidad, en esta burbuja de adulación y de lisonja donde el entorno se desdibuja, se ajusta a la pretensión interna; es ahí, en ese espacio delirante de desbordadas creencias, donde se confunde el querer con el ser, el desear con el tener, el pretender con el lograr, el planificar con el conseguir. Ya Lord David Owen, neurólogo, rector de la Universidad de Liverpool y miembro de la Cámara de los Lores, señalaba que la acumulación de poder puede deformar la personalidad, aguijonear su desmesura, sobrevalorar su ego y transformar su mundo en un mero escenario para alcanzar la gloria. El desbordamiento de la autoconfianza da paso a la omnipotencia, al mesianismo, a la exaltación desmedida de sí mismo, al desprecio por la crítica o por el consejo ajeno. A la paulatina pérdida de contacto con la realidad y al aislamiento subsiguiente seguirán la irreflexión, la sensación de omnisciencia, la imposición de decisiones temerarias, presuntamente infalibles, inmejorables e incuestionables. En tales cotos de narcisismo delirante y de soberbia desenfrenada, no existirá para el gobernante tribunal mundano ni poder público o privado al que deba rendir cuentas; la historia se hará cargo de proclamar su grandeza, de cantar su fama, de inmortalizar sus hazañas. Tal cúmulo de soberbia y de hinchado egocentrismo alimentado desde el poder, que el propio Owen bautizó como el "síndrome de Hibris", es en sí mismo desastroso; pero añadir a esta fórmula los ingredientes de la incompetencia, la ignorancia, la falta de escrúpulos, el cinismo, la pequeñez intelectual, la vulgaridad, el dogmatismo, la simpleza y la terquedad, ha generado un ente único, un individuo peligroso y fanático capaz de llevar a la ruina a la nación más sólida: Andrés Manuel López Obrador. Sólo alguien dotado de esta particular fórmula de abyección, de esta alquimia siniestra de desvergüenza y de desfachatez, que sitúa nuestras reacciones a mitad de camino entre la indignación y la repugnancia, entre el enojo y el asco, puede atreverse sin pudor a declarar que tiene una "ambición legítima: [...] Pasar a la historia como uno de los mejores presidentes de México". Justo en el epicentro de la desgracia, cuando carga en sus espaldas la muerte de miles de mexicanos abatidos por la pandemia debido a su ineptitud, a su desprecio por la ciencia, a su mezquina receta de fortaleza moral y de estampitas; cuando ha desmantelado el sistema de salud y es cómplice del asesinato de cientos de niños que se quedarán sin sus medicamentos para el cáncer, sin sus indispensables vacunas para la poliomielitis, el sarampión o la tuberculosis; cuando sus familiares y amigos se hinchan de recursos mal habidos haciendo gala de su desvergüenza, de los privilegios que les otorga su cercanía con el poder; cuando ha sumido a nuestro país en una aventura estatista, retrógrada y nacionalista que apuesta por el petróleo y el carbón, por las energías contaminantes, por un ladronzuelo que mal dirige las políticas energéticas tras un largo historial de infamia y corrupción; cuando ha desintegrado programas y fideicomisos para canalizar recursos a sus obras megalómanas, prototipos de lo inservible, de lo oneroso y de lo inútil; cuando su ceguera e insensatez se ha entregado a una labor depredadora de corte neoliberal, a un proyecto ecocida que destruirá zonas naturales protegidas, que someterá a la zona del sureste a una sobreexplotación turística, que afectará a las comunidades originarias y que dañara, de acuerdo con los expertos a 315 especies animales nativas a cambio de salarios miserables y de condiciones laborales precarias; cuando su fanatismo populista ha cancelado un aeropuerto a la altura de los mejores, paradigma de conectividad, eficiencia y rentabilidad, para adecuar un lote baldío, un bodegón infame que ha sido desacreditado por MITRE, una de las más importantes corporaciones a nivel mundial, famosa por desarrollar sistemas avanzados de aviación; cuando ha traicionado a los pobres conduciendo a la economía mexicana a la crisis más severa del último siglo, que ha sumado a las filas de la miseria a 10 millones de personas y que ha incrementado la pobreza laboral, que alcanza ya el 40.7%; cuando se registraron en México 940 feminicidios en un año, 7 denuncias de mujeres cada hora por lesiones dolosas y más de 51,000 denuncias por delitos sexuales, que sólo lograron inspirar en su atrófico intelecto la ocurrencia infame de un "ya chole".

Calígula, el tristemente célebre emperador romano, ascendió al poder entre el júbilo y el beneplácito del populacho, tras los excesos y desatinos de Tiberio. Al asumir el poder, Calígula no ejercía ningún puesto oficial y sólo había ocupado en el pasado un cargo menor, pero su falta de experiencia fue desestimada por la población de Roma. Tras su ascenso, Calígula dilapidó la fortuna de tres mil millones de sestercios heredados de Tiberio. A decir de Dión Casio, invirtió en caballos, gladiadores y en otros desatinos semejantes. Soslayó la aguda crisis económica y la hambruna que azotó a la población a consecuencia de sus errores administrativos, y emprendió un conjunto de reformas urbanísticas que acabaron por vaciar completamente las arcas del Imperio. En la Bahía de Bayas, ordenó la construcción de un puente de barcos, sólo para cruzar el golfo en su carro mientras vestía la coraza de Alejandro Magno. Destacó por su violencia verbal y sus humillaciones al senado, e instituyó una serie de purgas contra sus presuntos enemigos. Creyéndose la encarnación misma de Júpiter, se proclamó dios y construyó templos en su honor. Entre sus numerosos desvaríos, nombró cónsul de Bitinia a su caballo Incitatus, para el que edificó una cabelleriza con planchas de mármol y pesebres de marfil.

Dirá más de uno que el Sr. Obrador no tiene un caballo para nombrarlo gobernador; pero tiene algo peor…un violador.

.

Sobre la abyección y el engaño transformados en discurso: Demagogia y propaganda

Demagogia deslenguada

La manipulación es el arte de sembrar la mentira, de injertarla en el otro, de nulificar su inteligencia y su voluntad, de obligarlo a través del engaño, la adulación, la falsedad, el miedo, la hipocresía o el enmascaramiento a reconocerla como "verdad". Se trata de una estrategia despersonalizante que busca cosificarnos, suprimir nuestro razonamiento y albedrío para poseernos, dominarnos, manejarnos a capricho del manipulador. Es un lenguaje que nos rebaja, que nos desmerece, que nos sitúa en un plano inferior; el de los objetos manejables, inermes, poseíbles y moldeables; es abyección transformada en discurso pues supone deshumanizarnos, arrebatarnos la capacidad de decisión, aniquilar nuestro empeño y reducirnos a la condición de "objeto". Esta falaz herramienta, esta trampa encubierta y deleznable, esta reprobable táctica para evitar que se desarrolle la dinámica interna de la libertad ajena, ha sido el sello, la marca distintiva, la mácula inocultable de la política Obradorista: Retorcida y ventajista, cínica y abusiva, montada siempre a lomos de la manipulación ideológica, de la demagogia deslengüada, de la impudencia obscena. Pero, ¿por qué revestir con la infamia de la manipulación su "inmaculado proyecto", su autoproclamada "superioridad moral", su declarado "interés por los pobres y los oprimidos", su "combate a la corrupción y a los vicios del pasado"? ¿No serían tales empresas suficientes en sí mismas para mostrarlas desde su "verdad", desde la claridad de las acciones, la nitidez de los resultados o la contundencia de los cambios? Miente el que pretende someter, amenguar la crítica, desarticular la reflexión, esconder sus ambiciones de dominio y poder, el que intenta transformar a sus gobernados en una masa sumisa, obediente e irreflexiva, que asuma como actos de descalificación política las numerosas acusaciones de violación en torno a un candidato a Gobernador; que acepte que un bodegón construido en un lote baldío, descalificado apenas por el Centro de Investigación y Desarrollo en Aviación Mitre del Instituto de Tecnología de Massachusetts, sin apoyo de la inversión privada, cuatro veces más pequeño que Texcoco, sin posibilidades reales de aeronavegabilidad simultánea con la terminal Benito Juárez y la de Toluca, es un aeropuerto "único en el mundo", cuando sólo transportará anualmente (en su etapa máxima) 32 millones de pasajeros al año (contra los 125 millones del cancelado NAICM); que crea que las acciones criminales e irresponsables en el manejo de la pandemia que le han costado la vida (en la mendacidad de las cifras oficiales) a más de 250 mil personas y que la falta de previsión y el abandono de millones de mexicanos, se pueden saldar con la vacuna "Patria", fabricada en las rodillas de la megalomanía y del delirio; que crea que su régimen asistencialista que instrumentaliza la necesidad, el resentimiento y la desigualdad al servicio de su proyecto personal, que infantiliza a la población, que niega al individuo, que lo priva de la dignidad que confiere el trabajo y la participación productiva, es un dechado de altruismo y de generosidad inobjetable.

Adolf Hitler comprendía a ciencia cierta los alcances de la propaganda y la necesidad de ajustar cada frase, de camuflarla, de cubrirla con el oropel del discurso seductor, de la frase convincente. Así, podemos leer en Mein Kampf: "Toda acción de propaganda tiene que ser necesariamente popular y adaptar su nivel intelectual a la capacidad receptiva del más limitado de aquellos a los cuales está destinada". [...] La capacidad de asimilación de la gran masa es sumamente limitada y no menos pequeña su facultad de comprensión, en cambio es enorme su falta de memoria. Teniendo en cuenta estos antecedentes, toda propaganda eficaz debe concretarse sólo a muy pocos puntos y saberlos explotar como apotegmas hasta que el último hijo del pueblo pueda formarse una idea de aquello que se persigue. En el momento en que la propaganda sacrifique ese principio o quiera hacerse múltiple, quedará debilitada su eficacia por la sencilla razón de que la masa no es capaz de retener ni asimilar todo lo que se le ofrece. Y con esto sufre detrimento el éxito, para acabar a la larga por ser completamente nulo"

Pero esa utopía propagandística, esa Alemania racialmente pura y superior, mitificada por el flamante ministro de propaganda Joseph Goebbels, que hizo creer a la gente a través de sus mensajes radiados que el triunfo era aún posible cuando la derrota a manos de los aliados y del ejército rojo era inminente, que llamó a los ciudadanos a una guerra total y a "soportar valientemente la batalla para alcanzar la grandeza", que convenció a todo una nación de que los judíos eran los culpables de los problemas económicos y morales de Alemania, lo que condujo al peor genocidio de la historia, llevó también a su pueblo a la muerte y al desastre.

Por fortuna señor Obrador, diría Sófocles: "Una mentira nunca vive para ser vieja"

A propósito de la dignificación del hombre a través del trabajo: El populismo como enemigo de la libertad

Fratelli Tutti o las trampas del populismo

El sujeto de toda democracia es el ciudadano; individual, libre, autodeterminado, dueño de sí mismo y de su pensamiento, idéntico frente a la ley pero diverso en su expresión, único e irrepetible, singular e independiente; artífice de su desarrollo y responsable de su dignificación. Así, el "pueblo" al que nos sujeta la discursiva populista desdibuja al individuo, lo hace parte de una masa monolítica, homogénea y sumisa, dependiente y dogmatizada, amalgamada por la ideología y congregada por el fanatismo. La democracia y el populismo, como la voluntad y la sumisión, son polos opuestos de cara a la libertad; el sujeto democrático preserva su individualidad, contribuye con su pensamiento y su determinación a las decisiones colectivas, sin empeñar su parecer, sin comprometer su singularidad. El "pueblo" de la democracia no es más que la suma diversa y plural de las voluntades individuales que, en plena libertad, señalan y dirigen los destinos de la colectividad. Nada más alejado de tal conglomerado tangible e identificable que el constructo abstracto, el ente indiferenciado y amorfo con el que en nombre del "pueblo", la discursiva populista amalgama las voluntades y sujeta las individualidades a los destinos de la masa; siempre silenciosa y plástica, siempre moldeable e indeterminada; siempre anclada a la voluntad de su líder, a esa voz "iluminada" emergida del poder que marca sus derroteros, que asume su representación, que aglutina su voluntad para moldearlos a placer.

El discurso perverso del populismo asume siempre una bondad intrínseca, una falsa fortaleza moral derivada de su intencionalidad manifiesta: "Primero los pobres". De ahí sus cualidades positivas, su presunta superioridad ética que obliga a la adhesión, al seguimiento, a la filiación incondicionada y sumisa. Toda disidencia pertenece al mal, al "antipueblo" y la traición. Así, a decir de Laclau, "no hay populismo sin una construcción discursiva del enemigo". He aquí la trampa insalvable que perpetúa la polarización, que escinde y fragmenta, que confronta y divide: Todo cuestionamiento contrario al dogma, al margen de su racionalidad intrínseca, será descalificado, denostado, estigmatizado. Oponerse al líder es comulgar con el demonio, con las fuerzas que se oponen al bienestar del pueblo, que entorpecen su realización y obstaculizan su bienestar.

Pero la bondad declarativa es tan solo aparente, esconde una intención perversa. El mismo papa Francisco, en su encíclica Fratelli Tutti, revela la trampa invisible de la mecánica populista, la forma en que las pretensiones de un líder popular "derivan en insano populismo cuando se convierten en habilidad para cautivar en orden a instrumentalizar políticamente la cultura del pueblo, con cualquier signo ideológico, al servicio de su proyecto personal y de su perpetuación en el poder".

Pero más allá de la instrumentalización del rezago, la desigualdad y el descontento en aras de la ambición y el poder, nada hay más preocupante y definitorio del engaño populista que la anulación del individuo: una forma aun más grave de menosprecio y de marginación. Nada más razonable al respecto que la afirmación del papa Francisco: "El desprecio de los débiles puede esconderse en formas populistas, que los utilizan demagógicamente para sus fines". El asistencialismo indiscriminado es pues, una forma velada de negar al individuo, de privarlo de su dignidad, de infantilizarlo, de ahogar las semillas de su esfuerzo y su creatividad. Ese camino de superación que dignifica y ennoblece a través del trabajo, de la productividad, de una participación madura en la dinámica social. La dádiva popular responde a la inmediatez, a la compra desvergonzada de las voluntades. De nuevo el papa Francisco sintetiza el dilema:

"Otra expresión de la degradación de un liderazgo popular es el inmediatismo. Se responde a exigencias populares en orden a garantizarse votos o aprobación, pero sin avanzar en una tarea ardua y constante que genere a las personas los recursos para su propio desarrollo, para que puedan sostener su vida con su esfuerzo y su creatividad [...]. La superación de la inequidad supone el desarrollo económico, aprovechando las posibilidades de cada región y asegurando así una equidad sustentable. Por otra parte, «los planes asistenciales, que atienden ciertas urgencias, sólo deberían pensarse como respuestas pasajeras». El gran tema es el trabajo. Lo verdaderamente popular —porque promueve el bien del pueblo— es asegurar a todos la posibilidad de hacer brotar las semillas que Dios ha puesto en cada uno, sus capacidades, su iniciativa, sus fuerzas. Esa es la mejor ayuda para un pobre, el mejor camino hacia una existencia digna. Por ello insisto en que «ayudar a los pobres con dinero debe ser siempre una solución provisoria para resolver urgencias. El gran objetivo debería ser siempre permitirles una vida digna a través del trabajo». Por más que cambien los mecanismos de producción, la política no puede renunciar al objetivo de lograr que la organización de una sociedad asegure a cada persona alguna manera de aportar sus capacidades y su esfuerzo".

Es en esta trampa de manipulación y retroceso, donde el discurso mañanero de Obrador resuena invariable, polarizante, maniqueo, dogmático, como el repiqueteo ensordecedor de la tormenta en los cristales. Cada frase con su engaño, cada consigna con su ventaja, cada proclama con su perversidad, cada ocurrencia con su estupidez:

"En el caso de los programas gubernamentales, hay la mala costumbre de que termina un gobierno y ya no hay continuidad, ya cambian los programas, desaparecen, ya son otras políticas. Aunque el nuevo gobierno pertenezca al mismo movimiento, ya es una visión distinta y más si -toco madera, pero aquí es plástico- si hay un retroceso, si regresa la corrupción, si regresa el régimen de privilegios, si el gobierno vuelve a ser un comité al servicio de una minoría y se le da la espalda al pueblo, entonces ya no habría estos programas. El último año del pasado gobierno, la Presidencia de la República ejerció un presupuesto de tres mil 600 millones de pesos; la Presidencia, tres mil 600 millones de pesos. ¿Sabe cuánto ejercimos nosotros el año pasado? Seiscientos millones. Tres mil millones menos, de ahorro. ¿Y a dónde va ese dinero? Al pueblo, a la gente. Por eso hay estos programas y van a seguir habiendo estos programas. Nunca van a faltar los apoyos, los recursos, en beneficio de nuestro pueblo"

A tal perorata manipulativa solo cabe responder con una frase de la referida Encíclica del papa Francisco:

"No existe peor pobreza que aquella que priva del trabajo y de la dignidad del trabajo".

De los discursos de la ignorancia: La desaparición del argumento y la evidencia

El imperio de la ignorancia

Su repudio a la complejidad y al debate de las ideas, su pobreza intelectual, su simplismo insultante, su inocultable trivialidad poblada de sandeces y palabras inútiles, su vulgaridad y burdo despliegue demagógico, su zafiedad, su chabacanería y su impúdica mendacidad, han transformado el discurso gubernamental, surgido desde el podio mañanero, en un diario suplicio intolerable, en un irritante soliloquio que, a lomos de la ignorancia, la improvisación y la desfachatez, que aupado en la manipulación y en la complacencia popular, ha reducido la comunicación pública a un "diálogo" entre idiotas, a una fórmula de adoctrinamiento masivo que apela a la visceralidad, a la reacción irracional, al impulso revanchista; a una perorata de enunciados vacíos, insustancial, bordada de clichés ideológicos, imbuida de un reduccionismo rayano en la idiocia; a una prédica ajena a la racionalidad, a la pluralidad, a la complejidad y seriedad que merecen y requieren los grandes problemas nacionales.

Se ha consolidado el discurso de la ignorancia, el que narcotiza el intelecto y aletarga la reflexión; el que conduce a la sumisión insensata del que responde sin entender, del que traga sin degustar, del que asimila sin discernir. Hemos empoderado ese discurso populista que prestigia la ignorancia, que emerge del dogma, que se teje en la intuición, en el impulso o la clarividencia, que devuelve el protagonismo a las masas irreflexivas, el que opina sin argumentos, el que afirma sin evidencias, el que campea a sus anchas entre la ligereza y la ordinariez. ¿Puede haber apelación más grosera a la visceralidad del populacho que las más recientes afirmaciones de nuestro inquilino de Palacio sobre el avión presidencial?

"Ahí tenemos todavía lo del avión presidencial que no lo hemos podido vender porque lo hicieron como si se tratara de monarcas, faraones, un avión de gran lujo, que si no lo vendemos significa pagar 7 mil millones de pesos".

No se ha vendido el avión por ser "muy extravagante", para "machuchones". "¿Por qué nos ha costado trabajo venderlo y me cuesta también trabajo convencerlos? Porque nadie quiere, como se dice coloquialmente, 'tirar aceite', andar ahí de presumido".

Hemos cruzado así la frontera de la razón para invadir la demagogia, para incitar y exaltar las reacciones de las masas desde el más rudimentario primitivismo emocional. La intelectualidad, la crítica o la discrepancia se han convertido en los nuevos estigmas, en el blanco de los enconos ideológicos: Pensar es un desdoro, una deshonra que habrá de incorporarnos al gremio de los "intelectuales orgánicos", de los cómplices de la deshonestidad, de los "chayoteros" impúdicos que despojados de sus privilegios, intentan dinamitar su histórica "transformación".

Neutralizar el pensamiento es sin duda la estrategia; hacernos parte de esa masa elástica y amorfa que se pliega al discurso: La kakistocracia se enseñorea para encumbrar a los ineptos, para hacernos creer que el acceso de los ignorantes a las cimas del poder no es sino una justa reivindicación de la vocación democrática.

¡No cabe duda señor Presidente, la ignorancia se ha vuelto atrevida y desacomplejada!

Nada más actual que las palabras de una de las más grandes figuras de la literatura del Siglo de Oro español, Francisco de Quevedo, gloria del conceptismo barroco:

"En la ignorancia del pueblo está el dominio de los príncipes; el estudio que los advierte, los amotina. Vasallos doctos, más conspiran que obedecen, más examinan al señor que le respetan; en entendiéndole, osan despreciarle; en sabiendo qué es libertad, la desean; saben juzgar si merece reinar el que reina; y aquí empiezan a reinar sobre su príncipe. [...] Pueblo idiota es la seguridad del tirano".

Sobre la forma en que los sesgos ideológicos comprometen la neutralidad y la racionalidad del conocimiento: Criminales con licencia

Las acciones criminales de la seudociencia

Cuando un mensaje discursivo se estructura a partir de las aspiraciones, objetivos, ideales, pretensiones, conveniencias o requerimientos de una clase social, de un grupo político o de un conjunto de agentes históricos clasificado de acuerdo con algún otro tipo de criterio específico, nos alejamos de la ciencia para movernos en la dimensión sociológica de la "ideología". Aunque las influencias ideológicas no pueden excluirse por completo del quehacer científico, pues toda investigación se sitúa en un contexto social determinado y responde a menudo a intereses de clase, el entendimiento objetivo de nuestra realidad exige una visión más rigurosa que, fundada en un conocimiento demostrable, nos aproxime a la verdad, al mundo de los hechos constatables, objetivos, contrastables y reproducibles; que nos aproxime a ese rompecabezas de la realidad donde las piezas encajan en una imagen congruente, comprobable y correcta de nuestra realidad circundante. Esto es especialmente cierto en el terreno de las disciplinas naturales, donde apartarnos de toda clase de consideraciones ideológicas es condición sine qua non, si pretendemos alcanzar un conocimiento objetivo, completo y preciso que, cimentado en la ciencia, nos mantenga por encima de opiniones, de intereses particulares o de sesgos subjetivos. Mientras las visiones ideológicas son a menudo resistentes a la crítica, e inflexibles y dogmáticas se mantienen dentro de esquemas de la realidad incompletos y automutilados, el trabajo científico reniega de las distorsiones, del prejuicio y de la irracionalidad, y se encuentra siempre abierto a la revisión, a la verificación y a la enmienda. Así, la ciencia avanza al exponer eventuales contradicciones e incoherencias dentro de su propio cuerpo de conocimientos y al poner en duda postulados que, a menudo, se consideran verdades inmutables; la ideología, por el contrario, disimula y esconde contradicciones e incongruencias para evadir a toda costa cualquier tipo de cuestionamiento crítico y mantener indemne su visión esquemática y reduccionista de la realidad. Tal visión ideológica, que compromete la neutralidad y la racionalidad del conocimiento, ha sido el sello distintivo de la actual gestión de la pandemia, encabezada por nuestro inquilino de Palacio y por su runfla criminal de impresentables matasanos que, cegados por el servilismo, la ambición y la rigidez de su filiación política, se niegan a reconocer la magnitud de sus yerros. Tratándose de garantizar la salud, de proteger la integridad de toda una población o de preservar el valor superior de la vida humana, ciencia e ideología rivalizan y se oponen, como la verdad a la mentira, como la luz a la oscuridad, como la razón a la ignorancia, como el discernimiento a la superchería.

¿Cómo justificar, más allá de absurdos sesgos ideológicos, las a menudo insensatas o francamente ridículas declaraciones y estrategias en el combate de la covid 19 de nuestras extraviadas autoridades? ¿Cómo preservar lo indefendible cuando un infame Rasputín, más verborreico que sensato, comanda las acciones para salvaguardar a la población? ¿Cómo permanecer en silencio cuando un subsecretario, en el rol del mítico "Faetón", ha incendiado nuestra tierra y desecado nuestros mares con su impericia y su indolencia?

El malabarismo ideológico, aplicado a la ciencias de la salud, es un fusil cargado en las manos de un loco, un traje ornamentado a la medida de las circunstancias, una salida cómoda e impúdica que oculta la ignorancia, la ineptitud o la indecencia. No extraña así que el subsecretario López-Gatell haya declarado en su momento, en un intento claro de culpar de la pandemia a sus odiados enemigos ideológicos, que la enfermedad fue "importada a partir de grupos sociales de alta capacidad económica y financiera; por los grupos sociales adinerados del país" [...] cuya "capacidad económica u ocupación les llevaba a viajar internacionalmente". Ahora, tratándose de solicitar pruebas negativas a los extranjeros que arriban al país, como han hecho otros países, ha declarado sin empacho: "[...] La contribución que pueden tener viajeros internacionales es francamente pequeña, aún cuando se tratara de personas que provienen de países que tienen una transmisión muy activa, porque entre otras cosas, está muy documentado que las personas viajeras generalmente son personas de bajo riesgo o de baja probabilidad de tener enfermedad activa, precisamente porque en general las personas no viajan estando enfermas".

Qué decir de sus declaraciones sobre "The Lancet", calificada como una revista que "incurre en francas mentiras, como decir que tenemos una política de no realizar pruebas o no rastrear contactos". Tal revista, otrora repudiada por calificar a México como el país que "acumula miseria con más de 70 mil muertes" es posicionada ahora por su narrativa como la "muy prestigiada revista científica" que da a conocer al fin los resultados de los ensayos clínicos de Fase 3 de la vacuna Sputnik V, elegida precipitadamente por nuestro gobierno, no por su seguridad y eficacia ahora comprobadas, sino por su disponibilidad y bajo costo. Por si tales ejemplos no resultasen convincentes para probar los sesgos ideológicos y la naturaleza títere y servil de tan infames galenos, ¿qué decir de su descalificación persistente del uso de las mascarillas, de su negativa a practicar pruebas, de sus declaraciones en las que afirmaban que una "epidemia larga de COVID-19 en México es una consecuencia de haber reducido el número de casos diarios y significa el éxito de las medidas" implementadas? ¿Qué decir de los malabarismos numéricos para esconder las cifras reales de muertos, de los errados picos proyectados para la pandemia, de los escenarios más catastróficos con sólo 60 mil muertos, de la vacunación desvergonzada de los Siervos de la Nación y del uso político y electoral de la vacunación en curso?

Hans Asperger, un eminente pediatra, psiquiatra e investigador austriaco, fue ampliamente reconocido por sus estudios sobre desordenes mentales y un pionero en el entendimiento del autismo. Su apellido figura en el historial clínico de cientos de miles de niños en todo el mundo, que padecen una trastorno del desarrollo incluido en el espectro de dicha enfermedad, ahora conocido como síndrome de Asperger. En 1944, tras la publicación del artículo en el que describía las manifestaciones del síndrome, encontró un puesto permanente en la Universidad de Viena, para convertirse más tarde en director de la clínica infantil de la ciudad. Como jefe de pediatría de la Universidad, desempeñó su trabajo durante 20 largos años, laboró después en Innsbruck y desde 1964, encabezó las llamadas Aldeas Infantiles SOS, especializadas en el cuidado de los niños con base a un modelo familiar. Pero la biografía de tal personaje esconde también un pasado siniestro. Asperger colaboró activamente en los asesinatos de la "aktion T4" (cualquier parecido con la 4T es mera coincidencia) perpetrados por los nazis en su programa de eutanasia y eugenesia, que pretendía deshacerse de todos aquellos niños discapacitados cuyas vidas eran consideradas como "indignas de ser vividas". Asperger derivó a niños profundamente discapacitados a la clínica de Am Spiegelgrund para que fueran asesinados, a cambio de oportunidades profesionales.

La ideología es a menudo la justificación de la acciones criminales de la seudociencia.

A propósito del mesianismo y de las apuestas fanáticas y devocionales

La gloria de la "resurrección"

Los momentos de crisis, de decadencia política, de corrupción e impunidad rampantes, de creciente deterioro y descomposición social, esos en lo que se pierde la esperanza y se generaliza el hartazgo, esos en que se ausenta el talento y el liderazgo político, son el marco perfecto para el surgimiento de los redentores, de las soluciones milagrosas, de las figuras mesiánicas, de las propuestas salvíficas: las que se apoyan en la fe, las que aprovechan la impotencia, el conformismo, la indiferencia, la credulidad, la desesperación, la ignorancia o la mediocridad de la ciudadanía. Es en tales entornos de descontento y desesperanza social, donde el arribismo de los "ungidos", de los "visionarios" y los "elegidos", puede crear expectativas desproporcionadas, promesas de cambio inmediato y de transformación profunda que, alejadas de un proyecto racional, se cimientan en el fanatismo, en la sumisión dogmática, en los atributos idealizados y "extraordinarios" de un carismático arribista; su "voluntad inquebrantable", su "bondad intrínseca", su "pureza" indiscutible. Tal deificación o sacralización de un líder, es reforzada a cada paso, destacada a través del discurso, de velados simbolismos, de una imagen creada a modo para hacerlo "creíble" ante su feligresía. Será revestido con la caridad, con el desprendimiento generoso del que reparte su hacienda; extenderá su dádiva magnánima (siempre con sombrero ajeno) al pueblo explotado, al olvidado, al indefenso. Lucirá ante el mundo su disfraz de humildad, su fingida simplicidad, su careta inmaculada de temperancia y moderación: Mientras condena el derroche, reniega de los excesos, desaprueba el despilfarro y maldice el lujo, habitará con los suyos en su suntuoso palacio, repartirá prebendas a sus fieles y allegados, y tolerará con cinismo los abusos de su obispado. Será el paradigma de la sencillez y el arquetipo de la sobriedad; con su imagen desgarbada y descuidada, tejerá su discurso con las frases del pueblo, con la parábola simplista, casi emocional y primitiva, con su narrativa insulsa que apela a la devoción, a la confianza ciega, a la credibilidad incondicional en su régimen de esperanza. Revestido de tales atributos asumirá su "misión", su ministerio salvador, su tarea suprema de preservar el orden; tutelará la libertad de todo un pueblo que, inmaduro y crédulo, irreflexivo y dócil, incapaz de gobernarse a sí mismo, entregará su voluntad a los caprichos de su redentor, a esa figura paternal y benévola que anuncia la redención, que proclama el milagro de la igualdad, que castiga a los traidores y que exige cuentas a los corruptos, que muestra el verdadero rostro de los "enemigos" del pueblo y que despoja a los ladrones de su botín mal habido.

Los resultados no interesan; no se trata de un juicio racional, de decisiones acertadas u oportunas, de la viabilidad de su propuesta o de la factibilidad de su proyecto; es un acto de fe, una apuesta devocional y fanática que exige sumisión, paciencia, fidelidad incondicional. Basta repetir hasta el cansancio la declaración vacía, la esperada promesa, la proclama redentora: Estamos bien, el bienestar llegará pronto, ya vemos la luz al final del túnel, hemos domado todos los males con nuestra fuerza moral, hemos erradicado al corrupto, hemos barrido las escaleras del pecado, hemos desenmascarado al neoliberal, al señoritingo, al farsante, a quienes concentran el mal, a los que materializan el pecado y la ceguera de los infieles; a esos espectros que pueblan su narrativa, a los depositarios de su odio, a los fantasmas de su envidia, a quienes encarnan su propia incapacidad, su pequeñez y su impotencia. Esas figuras sin rostro, impersonales e indefinidas, en las que se ceba su escasa inventiva, a las que llena de adjetivos, de improperios y de insultos para concretar la promesa, el desquite popular, la esperada reivindicación, la acción justiciera; para instrumentalizar los agravios ancestrales, para capitalizar el resentimiento y usar a su favor los resabios y los rencores del enardecido populacho: Expulsará a los mercaderes de su templo, condenará a los fifís, a los intelectuales orgánicos, a los mafiosillos, a los pirruris, a los salinistas, a los neoporfiristas, los espurios y los conservadores, a Usted y a mí y, en suma, a todos aquellos que en nombre de la racionalidad, de la evidencia o de la reflexión, cuestionen al iluminado o desvirtúen su mensaje.

Nuestro inquilino de palacio se encarama a los altares, se asume como el único dotado, como el poseedor de la verdad, como el infalible justiciero que salvará la república, que mantendrá el bienestar y garantizará el orden. ¿Para qué más voluntades, organismos o contrapesos donde todo lo abarca la excepcionalidad del "supremo", del incorruptible, del defensor y protector del pueblo?

Es en este marco mesiánico, en este engaño burdo de su poder salvífico, donde parece surgir el último milagro, el más reciente engaño del inquilino de palacio, la ratificación de la fuerza de la voluntad y del influjo positivo de sus amuletos: La gloria de la resurrección, el regreso desde las tinieblas de la covid, el triunfo supremo de la integridad moral, la reafirmación de la encomienda histórica (que no la pericia de los médicos, el acceso a oxígeno y a medicamentos inalcanzables para el grueso de la población, o la más sofisticada y costosa tecnología sanitaria). Desde la oscuridad y la especulación, y a pesar de los malignos augurios de sus numerosos "adversarios", emerge victorioso en el "palacio celestial", engalanado con el lujo que merecen los ungidos, frente a los próceres de la patria elegantemente enmarcados, que pretenden recordarnos el destino del "iluminado", su misión gloriosa, su superioridad moral. Nada mejor para el imaginario dúctil del ignorante populacho que ver a su guía emerger de los sepulcros, con su andar lento y luciendo en su gesto las heridas de la flagelación; el triunfo del espíritu sobre la debilidad del cuerpo.

Se conoce como el Plan Valquiria o el complot del 20 de julio, al último intento fallido de asesinar a Hitler (se cree que sufrió más de cuarenta), que fue organizado por conspiradores militares y civiles que intentaban terminar con el control nazi y encontrar una salida negociada con la contraparte aliada que pusiera fin a la segunda guerra mundial. Los militares se harían cargo del atentado y del control del Reich. El ejército de reserva, originalmente destinado a reprimir cualquier disturbio ocasionado por los innumerables trabajadores forzados que existían en Alemania, se utilizaría en el marco del complot para neutralizar a las unidades fieles al régimen como las SS y la Gestapo. El principal impulsor de tal conjura fue el conde Claus Schenk von Stauffenberg, un militar con acceso a la cúpula nazi. El 20 de julio de 1944 en la Guarida del Lobo, uno de los cuarteles generales de Hitler, colocaría un maletín explosivo. Pretextando que padecía una notable debilidad auditiva, pidió sentarse cerca de Hitler y arrastró hacia su "blanco" el artefacto mortal. Se excusó entonces y abandonó la sala para responder una supuesta llamada telefónica. Pronto se apartó del lugar y a las 12:42 la bomba estalló. Stauffenberg, convencido de la muerte de Hitler, no adivinó que en su ausencia alguien había desplazado el maletín situándolo detrás de la gruesa mesa de roble que, junto con las ventanas abiertas del salón, desvió la onda expansiva de la explosión. Hitler salió "milagrosamente" ileso y pronto aplastaría el golpe que se preparaba para deponerle. El domingo que siguió al atentado, sacerdotes y pastores equipararon a Hitler con un enviado de la divina providencia. En muchos sectores de la población y en el propio Führer, el ataque fallido reforzó el mito de su indestructibilidad y la naturaleza sobrehumana de su misión. Entre aquel atentado y el final de la guerra, el 8 de mayo de 1945, morirían 10 millones de personas a consecuencia del enfrentamiento bélico.

Sobre los riesgos de la dinámica del odio y la polarización: Obrador, el artista del insulto

La factura del odio

Preocupa sin duda que en ocasión de la covid-19 que actualmente padece nuestro inquilino de Palacio, la red social Twitter se haya visto en la necesidad de recordar a sus cibernautas que su política de comportamiento abusivo prohíbe cualquier tipo de "contenido que promueva, incite o exprese el deseo o la esperanza de que una persona o grupos de personas mueran, sufran daños físicos graves o se vean afectados por enfermedades severas". Inquietan de igual forma las nutridas expresiones y declaraciones que, por diversos medios y desde diferentes sectores de la población, señalan que la enfermedad del presidente no es más que la crónica de un desenlace anunciado, si atendemos a la negligencia, la irresponsabilidad, la frivolidad y el manejo político que ha caracterizado su nefasta gestión de la pandemia.

Nadie pone en tela de juicio que el desear el mal a otro, especialmente a quien tiene en sus manos los destinos de una nación, es un hecho reprobable que, al igual que la reciente agresión al capitolio de los EE.UU., escapa a la justificación de la animadversión o del antagonismo político. Partiendo de la premisa básica de que "entender" no supone "justificar", resulta útil e incluso indispensable esclarecer los móviles subyacentes de semejantes "agresiones". ¿Por qué la enfermedad de un presidente, que supone una tragedia de gran magnitud por el halo de incertidumbre, el vacío de poder, las consecuencias en las variables económicas, el desasosiego político y el dolor de una víctima más en el avance de la enfermedad es "celebrada" sin reparos, no sólo por algunos de sus detractores u opositores políticos, sino por un sector importante de la población? ¿Tales expresiones son, como lo señalaron Claudia Sheimbaum y Olga Sánchez Cordero, un mero acto gratuito de mezquindad, violencia e iniquidad en contra de nuestro inquilino de Palacio, o tienen un trasfondo aún más complejo en el ámbito de las conductas humanas y la dinámica del odio? Todo parece indicar que tan reprochables manifestaciones son en realidad una radicalización y una reacción emocional extrema ante un discurso divisionista y excluyente alentado desde Palacio, ante una narrativa recurrente, casi obsesiva, que apuesta a la polarización, que juega con los dobleces ideológicos, con el "nosotros y el ellos", con el antagonismo ideológico entre el "pueblo y sus adversarios"; tal retórica perniciosa y estigmatizante, ajena a la igualdad, a la unidad y al pluralismo de una sociedad democrática, ha sembrado la hostilidad y la bipartición social, la desvalorización y el repudio sistemático de todo aquel que no comulga con las ideas de nuestro ínclito "iluminado". Es así que toda disidencia, al margen de su racionalidad o del carácter de sus intenciones, es reprobada, denostada, denigrada y avasallada por el torrente más variopinto de insultos y descalificaciones que han hecho de Obrador el "artista del insulto". No extraña que las reacciones ante tal derroche de adjetivos, expresiones despectivas y latigazos ideológicos, proceda de todos los ámbitos de la sociedad, pues los enemigos de Obrador carecen de rostro, son entes impersonales, colectivos, simbólicos y abstractos; los fifís, los privilegiados, los intelectuales orgánicos, los chayoteros, nombres surgidos del prejuicio, de la estereotipia, de la estigmatización y el odio. ¿Por qué entonces se asustan de la tempestad quienes siembran los vientos? A este respecto nada más a cuento que los célebres versos de nuestra décima musa, Sor Juana Inés: "Parecer quiere el denuedo de vuestro parecer loco, al niño que pone el coco y luego le tiene miedo".

Más allá de una pequeña diferencia de estatura, pocos eran los rasgos que permitían diferenciar a los Hutus de los Tutsis en el país de Ruanda. La etnia Tutsi se encontraba dedicada fundamentalmente a la ganadería, mientras los Hutus se dedicaban a la actividad agrícola. Los colonizadores belgas consideraron superiores a los Tutsi y los hicieron partícipes del poder administrativo, hasta que el país consiguió su independencia en 1961. Aunque las elecciones desplazaron a los Tutsis de los puestos de mando, conservaron muchos privilegios políticos a consecuencia de años de hegemonía y de sus prósperos negocios. Los Hutus, por el contrario, conformaban los estratos socioeconómicos más bajos y albergaban cierto resentimiento social por haber sido tratados como simples trabajadores. La situación de los Hutus no mejoró con el cambio de gobierno. Prevaleció la corrupción y la mala administración, lo que acentuó la pobreza y la escasez. Las autoridades alentaron un discurso de odio en contra de los Tutsis, culpándolos de las desgracias y los males nacionales. A pesar de que los Tutsis conformaron un movimiento político de oposición, fueron discriminados en el otorgamiento de cargos y de empleos, y fueron excluidos de las ayudas del Estado y los servicios públicos. En este ambiente de polarización, el Presidente de Ruanda murió al estrellarse su avión el 6 de abril de 1994, y se culpó de inmediato de la catástrofe a supuestos grupos de insurgencia Tutsi. El mensaje de odio resonó entonces desde la Radio Televisión Libre de las Mil Colinas, manejada por el gobierno: "Los Tutsis no merecen vivir. Hay que matarlos. Incluso a las mujeres preñadas hay que cortarlas en pedazos y abrirles el vientre para arrancarles el bebé". Aquella nefasta noche, dio comienzo el genocidio de los Tutsis a manos de los Hutus. Decenas de miles de ruandeses fueron asesinados ante la absoluta pasividad de la ONU.

Nada más oneroso que las facturas del odio.

La narrativa y los simbolismos como instrumento de manipulación: El primitivismo comunicativo

El choricero de Palacio

Las declaraciones de la multipremiada escritora, activista y periodista Elena Poniatowska, en una entrevista con Edmundo Cazares, dan cuenta de un fenómeno que no sólo se revela en la ganadora del premio Cervantes, destacada defensora de la mujer y de diversas causas sociales, sino que empieza a generalizarse en el sentir de la población: la decepción, la desesperanza y el hastío por una forma de gobierno que parece combinar, bajo una macabra e infortunada alquimia, los rasgos más depravados y decadentes del poder:

"Señor Presidente, ya párele con las mañaneras. ¿Acaso no se da cuenta que hay un hartazgo Nacional? [...]. Las mañaneras son innecesarias y hasta contraproducentes. Es un auténtico abuso del poder presidencial obligar a periodistas que vayan todas las madrugadas a hacer preguntas a modo [...]. El presidente López Obrador ya nos tiene a todos al borde de la irritación social [...]. Las mañaneras se han convertido en una comedia de equivocaciones".

¿Por qué insistir entonces en la farsa, en el desgastado y reiterativo libreto de tan ridícula opereta? ¿Es necesario preservar, ya en el ejercicio del poder, esta retórica repetitiva y desgastante de las "mañaneras" en contra de las "élites" políticas y el "establishment", más allá de una contienda electoral? ¿Es ésta la trampa discursiva de la que se vale el populismo para promover un antagonismo insalvable entre los "neoliberales" y el "pueblo", representado por su "salvador"? Me temo que sí; la clave de la manipulación descansa en la narrativa, en el uso faccioso del lenguaje, en la fuerza velada de los simbolismos; en ese discurso corrosivo y visceral, emocional e incendiario, que cautiva y "enloquece" a las masas . Se requiere pues del escenario demagógico, de este teatro donde el actor repite su monólogo, de este púlpito mañanero que asegura la redención, el cambio y la transformación, la devolución del poder a las manos del "pueblo". Se requiere ejercer esta política directa, esta trampa de simplismo argumentativo que, sin voceros ni intermediarios, le permite al inquilino de Palacio degradar el lenguaje, bordarlo de neologismos, empaparlo de vulgaridad y populacherismo, reducirlo a una ecuación básica de primitivismo comunicativo que apela a las emociones, que crea lazos identitarios con el lenguaje del "pueblo", de los "despojados", de los "olvidados", que introduce el dedo en la llaga para recrudecer sus agravios, su odio y sus resabios; un lenguaje que evade el argumento, que elude la reflexión, que se niega a profundizar, que transforma la narrativa gubernamental en una retórica de la idiocia y de la pequeñez intelectual. Es pues en este circo mañanero donde las ocurrencias expresivas, las frases "populacheras" y domésticas", el "me canso ganso" o las reiteradas acusaciones a "la mapachada de angora", retumban en el ideario colectivo fortaleciendo el mito, el vínculo simbólico con la muchedumbre irreflexiva, la presunta identidad popular del "carismático" líder. Pero detrás de esta tramoya discursiva, de este despliegue de improvisación, se revela el engaño, la manipulación, el propósito perverso: Crear el espejismo de una "voluntad popular", de una "hegemonía de la masa" materializada en el "iluminado", conferir al mesías la representación omnímoda para que decida por "la gente", para transferirle su voluntad, su capacidad de decisión y su albedrío. El líder no es otra cosa que el pueblo mismo, su portavoz, su voluntad incuestionable. Sobran así los sindicatos, los organismos autónomos, las instituciones reguladoras, las organizaciones ciudadanas; la bondad entera le pertenece al líder, al mesías omnisciente en el que la gente "hipoteca" su voluntad, su independencia y su libertad. El "pueblo" (esa masa que se asume en el líder), lo seguirá ciegamente como encarnación del bien, y reconocerá al adversario en la figura de "los señalados": El discurso aguerrido, combativo e insultante, se transforma en daga, en un dardo envenenado que se hunde en el opositor, en el traidor, en el desleal, en todo aquel que se rebele ante las resoluciones del líder; es el instrumento de la descalificación política, la voz que revela y que juzga a "los culpables", a los depositarios y gestores de todos los males; la inseguridad, el desempleo, la criminalidad o la pobreza. De ahí el enfrentamiento, la polarización social, la irritación, la confrontación que emana del discurso, la irritación, la confrontación que emana del discurso, la bipartición retórica entre "buenos" y malos".

No se extinguirá el discurso mañanero: pegajosa telaraña donde se adhieren las voluntades.

En su obra satírica "Los Caballeros", escrita por Aristófanes en el 424 a.c., Paflagonio se aprovecha de Demo y de sus siervos. Dos de estos, Demóstenes y Nicias, atendiendo a un oráculo que se han encontrado, intentan convencer a un choricero llamado Agorácrito para que enfrente a Paflagonio y le quite el poder. El choricero expresa sus dudas, pues considera que no posee los atributos necesarios para gobernar:

"Me pregunto cómo pudiera yo ser capaz de gobernar a un pueblo"

La respuesta de quienes lo animan no se hace esperar:

"El liderazgo del pueblo no le va al hombre instruido, ni al honrado en su forma de ser, sino al ignorante y al corrupto" [...]. Lo que antes has hecho sigue haciendo. Alborota, has rueda las tripas y revuelve todos los asuntos públicos. Cautiva siempre al pueblo; gánatelo con palabras bien cocinadas: tienes todo lo que se necesita para ser un demagogo: Voz obscena, orígenes oscuros, vulgaridad. Posees lo que se pide para gobernar".

Sobre los inconcebibles mecanismos para justificar la inmoralidad: La reformulación ideológica

La desconexión moral

Resultan sorprendentes los mecanismos cognitivos de los que tienen que echar mano nuestro inquilino de Palacio y sus incondicionales funcionarios para justificar, ante la opinión pública y ante sí mismos, algunos actos reprobables que por sus alcances, su naturaleza premeditada y su insólita perversidad, podríamos tachar de profundamente amorales, cuando no de francamente criminales. Tales actos, negados por sus artífices con insultante desparpajo, suponen una desconexión moral y una reformulación ideologizada de conductas censurables que les permite, con descaro y desvergüenza, suprimir los sentimientos de culpa, la autocensura o cualquier asomo de empatía (habilidad imposible para algunas mentes estólidas que sólo se escuchan a sí mismas). No hay artimaña o artilugio al que no hayan apelado para minimizar o atenuar la infamia de sus acciones; ya encubiertas por un lenguaje eufemístico con el que suavizan y esconden la vileza de su proceder, ya atribuyéndolas a las "presiones" o a las "exigencias" del momento, ya deformando la intencionalidad de su execrable conducta para dotarla de justificación moral o simular un comportamiento encomiable, ya negando o falseando las consecuencias y el impacto desfavorable de sus abominables determinaciones, ya diluyendo o desplazando la responsabilidad al más puro estilo de "Fuenteovejuna", para que nadie sea capaz de identificar al verdadero culpable, ya restándoles "humanidad" o "derechos" a aquellos que han sido afectados o victimizados por sus acciones. Tal disquisición resulta oportuna si consideramos las aberrantes e inmorales transgresiones al esquema de vacunación desde que arribo la sustancia biológica a nuestro país. A pesar de la recomendación universal y del consenso general que aconseja, por obvias razones, comenzar las acciones de vacunación por el personal sanitario de primera línea en la atención de los enfermos, comienza a vislumbrarse en la campaña un sesgo ideológico y electorero que, visto a detalle, oculta una intención canalla y despreciable. Me referiré en primer término a los llamados "Siervos de la Nación" (en su mayoría militantes de Morena), encargados de levantar el Censo del Bienestar del actual gobierno, que identifica y contabiliza a los beneficiarios de los programas y apoyos sociales de la actual administración (servidumbre que, por cierto, dista mucho del altruismo, pues recibe remuneración). A pesar de que su riesgo de exposición al virus no excede en ningún sentido el que rige para la población en general, fueron vacunados sin reservas, aun cuando el proceso de inmunización del personal sanitario está lejos de ser completado. Trascendió por su parte la investigación periodística de Azucena Uresti que dio a conocer la serie de llamadas telefónicas que, en los últimos días, efectúa la Secretaria de Bienestar a los beneficiarios del programa de pensiones para adultos mayores del gobierno federal, informándoles que se les aplicará la vacuna de manera anticipada, al acudir a las citas para el pago de sus pensiones. Es el carácter "sectario" y electorero de tales acciones lo que encoleriza e indigna, es el hecho de sustraer para garantizar adhesiones las escasas dosis que en el actual momento de la pandemia no pueden destinarse a un uso distinto que el de la protección prioritaria del personal sanitario. Además de su carácter claramente extemporáneo, ¿por qué limitar la vacuna a los adultos mayores afiliados al programa? ¿Son acaso ciudadanos de primera frente al resto de la población que pertenece a dicho intervalo etario?

Finalmente y con tintes muy cercanos a la conducta criminal, cabe destacar la flagrante exclusión del programa de vacunación del personal de salud, incluidos médicos, intensivistas, enfermeras, laboratoristas, camilleros, etc., que laboran en hospitales privados. ¿Cuál es el motivo de semejante "olvido"? ¿Son acaso médicos de segunda o fueron catalogados desde su deformada visión ideológica como "médicos fifís"? ¿Se les considera acaso, por atender a un sector distinto de la población, los odiados protagonistas del "neoliberalismo sanitario"? ¿Son acaso indignos de ser vacunados por el hecho de ejercer la medicina privada o por conformar un gremio alejado de sus retorcidos ideales "populistas"?

Esta clase de distingos, este tipo de "selección" mal

intencionada y perversa, surge sólo de una mente enferma,
de una conciencia mezquina, de los más bajos fondos de la
ambición y del poder.

Entre el 1 de agosto y el 2 de octubre de 1944, tuvo lugar el
"levantamiento de Varsovia", una de las más valientes y
heroicas acciones coordinadas de fuerzas militares y
población civil en contra de la Alemania nazi durante la
Segunda Guerra Mundial. La insurrección tenía como
objetivo principal liberar a Polonia durante la retirada del
ejército alemán, asediado desde el este por el ejército rojo. A
pesar de que los soviéticos tenían la posibilidad de apoyar
las acciones de la resistencia polaca, detuvieron sus fuerzas a
orillas del Vístula para permitir que los alemanes
masacraran sin piedad a la población civil, que fue asesinada
en ejecuciones masivas o deportada a campos de
concentración. Stalin, no mostró la más mínima intención de
auxiliar al Ejército del Interior polaco, no sólo por su
absoluta carencia de empatía, sino porque estaba dirigido
por un Gobierno anticomunista en el exilio. La catástrofe fue
apocalíptica; el 90% de los edificios históricos fueron
destrozados y sólo unos cuantos miles de personas
sobrevivieron entre los escombros de la ciudad.

Nada más perverso que la desconexión moral de un
gobernante criminal

Sobre la naturaleza falsaria de los ambiciosos: El destino del Uroboro

La desvergonzada retórica de los mentirosos

Del Museo Nacional de Antropología al corazón político de la Ciudad de México, transcurrió el numeroso contingente en la llamada "Marcha del Silencio", el 24 de abril de 2005, que protestaba por el desafuero del entonces Jefe de Gobierno capitalino Andrés Manuel López Obrador. Su voz resonaba en la tribuna del Zócalo para tranquilizar a los asistentes y esbozar lo que él suponía un "proyecto" político:

"No hay motivos para que nadie se preocupe o se alarme con nuestro proyecto alternativo de nación [...]. Nosotros no odiamos ni buscaremos venganzas. No vamos a perseguir a nadie, no inventaremos delitos [...]. Además, la gran tarea de transformación del país requiere tolerancia, acuerdos, concordia y, sobre todo, no perder el tiempo en revanchas políticas [...]. En primer término, aclaro, nuestro proyecto no implica excluir, hacer a un lado a nadie. Por el contrario, proponemos un pacto con todos los sectores de buena voluntad [...]. Asimismo, el cambio que proponemos no significa un retorno al estatismo [...]. Tampoco proponemos autoritarismo, mano dura, predominio de un poder sobre los otros; mucho menos la desaparición del Poder Judicial, o el encarcelamiento de políticos y gobernantes [...]. Es un imperativo consolidar las instituciones, hacer valer a plenitud el principio de división y equilibrio de poderes. "

Tales fueron sus palabras, el discurso falaz de su cinismo insultante; así llamaba a la reconciliación el apologeta del revanchismo, el perseguidor por antonomasia, el que acusa a quien le estorba porque le place al "pueblo". Tal fue la retórica de nuestro "poeta del insulto", del que cultiva la discordia, la desunión y la polarización extrema; del que construye pacientemente con su retahíla de injurias, con su verborrea incendiaria, con su cizaña manipuladora y ventajosa, esa línea divisoria entre "buenos" y "malos", entre "conservadores" y "liberales", con la que instrumentaliza el odio, con la que consolida y apuntala su recalcitrante populismo. Tal fue la perorata descarada de quien repudiaba el autoritarismo, el estatismo y la desaparición de los contrapesos; el mismo que ahora dicta su voluntad incuestionable, que maneja con impudicia a sus marionetas legislativas, que pliega a voluntad el brazo de la justicia para someter al "adversario" o para allanarle el camino a la corrupción de sus serviles. El mismo que acomete implacable contra la prensa, contra los organismos autónomos, contra las redes sociales, contra los intelectuales, los empresarios, los médicos, los expertos, los científicos o, en resumen, contra todo aquel que se entregue al "sacrilegio" de cuestionar su imperio. Sí, tal fue la proclama del "dinamitero institucional", del que tala sin pudor el bosque de la democracia, del artífice de este engañoso totalitarismo estatal construido "por el pueblo y para el pueblo", es decir, para esta entelequia indefinible y amorfa que no es sino la voluntad misma del autoproclamado "mesías". Pero si tal discurso no fuera convincente como una confirmación indisputable de su naturaleza falsaria, de su fabulación premeditada, de su mitomanía sociopática y manipuladora, añadiré la declaración apoteósica de su derroche de falsedad:

"El Presidente de México debe actuar como hombre de Estado , como estadista, no debe comportarse como jefe de partido, de facción o de grupo. El Presidente debe representar a todos los mexicanos. El Presidente debe ser factor de concordia y de unidad nacional. El Presidente no puede utilizar las instituciones de manera facciosa para ayudar a sus amigos ni para destruir a sus adversarios ".

No requiere aclaración lo que se explica en sí mismo; como el mítico Uroboro, como ese horrible dragón serpentiforme, nuestro inquilino de Palacio ha alcanzado su cola y se devora a sí mismo, víctima de su inquina, de su mendacidad, de su ambición y su estulticia.

El primer ministro británico Arthur Neville Chamberlain y Édouard Daladier, su homólogo francés, aprobaban la incorporación a la Alemania nazi de los Sudetes, una región en Checoslovaquia con minoría germanófona, que reclamaba su adhesión al Tercer Reich. Los "acuerdos de Munich", firmados el 30 de septiembre de 1938, cedían a Hitler esta región a cambio de una promesa de paz y de renunciar a nuevas exigencias territoriales, con el fin de evitar una nueva confrontación armada. Hitler mintió pues, a pesar de sus promesas, el 15 de marzo de 1939 la Wehrmacht invadía lo que quedaba de Checoslovaquia.

Antes de la agresión armada nazi a la vecina Polonia, la propaganda nazi estructuraba una agresiva campaña en los medios de comunicación para lograr el apoyo del público frente a una guerra que muy pocos ciudadanos alemanes deseaban. El discurso oficial exageraba las "atrocidades polacas" y aludía sin descanso a la "discriminación" y la "violencia" que sufrían los alemanes étnicos afincados en Polonia. Así, la propaganda nazi ocultaba a la ciudadanía las verdaderas intenciones del Fürher, que disfrazaba de acciones defensivas justas y necesarias su guerra racial, sus ambiciones expansionistas y sus intenciones colonizadoras que pretendían conseguir para los alemanes el deseado "lebensraum" (espacio vital), para su Reich de los mil años. Así, el 31 de agosto de 1939, miembros de las SS disfrazados con uniformes del ejército polaco, "atacaron" una emisora de la radio alemana en Geliwitz. Este montaje, fue utilizado por Hitler como "casus belli" para justificar la invasión de Polonia el 1 de septiembre de 1939, y dar comienzo a las acciones armadas de uno los peores desastres bélicos de la humanidad.

Nada más detestable que la desvergonzada retórica de los mentirosos.

Sobre la destrucción indiscriminada de la ceguera ideológica

El Eresictón de la política o los apetitos de Obrador

La antigua mitología Griega nos abre una ventana en el tiempo para entender la cultura, el pensamiento y la visión del mundo que dieron sustento a la civilización de Occidente. Pero más allá de su interés histórico, los mitos muestran una dimensión simbólica atemporal, que nos permite escudriñar la condición humana y los abismos más profundos de nuestras propias motivaciones. Eresictón, rey de Tesalia, sintiéndose superior a los dioses, atendía exclusivamente sus deseos y caprichos. Decidido a obtener la madera necesaria para construir un lujoso salón, tomó una veintena de sus criados y comenzó a talar sin miramientos una arboleda sagrada que estaba consagrada a Deméter, diosa de la agricultura. Destacaba en su centro una enorme y añosa encina habitada por una ninfa, que se hallaba adornada con guirnaldas y cintas que denotaban su naturaleza sagrada y daban cuenta de las peticiones cumplidas por la diosa. Eresictón ordenó a sus sirvientes que la derribaran. Al ver que dudaban en destruir aquel árbol sagrado, él mismo tomó la segur y asestó tremendos tajos que hicieron sangrar la corteza del gigante. Las ramas palidecieron y el árbol parecía gemir con cada golpe de la cuchilla. Uno de los criados intento detener la sacrílega acción, pero Eresictón volvió el arma contra él y, con certero corte, hizo rodar su cabeza por la tierra. Tampoco la voz de la ninfa que, desde el interior del árbol se decía protegida de Deméter, fue capaz de disuadirlo, y la poblada copa de la encina cimbro los suelos de aquel bosque. Indignadas tras la muerte de la ninfa, sus hermanas las Dríades, acudieron ante Deméter para implorar su justicia. Eresictón ameritaba un castigo ejemplar, a la medida de su codicia. Deméter solicitó así la colaboración de Limos, el hambre, que penetró en las entrañas de Eresictón, condenándolo a sufrir un apetito voraz e inagotable. No había alimento que pudiera saciarle, y se veía impelido a comer ininterrumpidamente sin satisfacción alguna. Agotó su ganado, sus caballos, sus riquezas y su patrimonio entero, ante el incontrolable deseo de llenar su vientre. Pronto se vio obligado a mendigar y, cegado por su insana gula, vendió a su única hija como esclava a cambio de alimento. Finalmente, movido por un apetito inefable, comenzó a devorarse a sí mismo hasta la muerte.

En el marco de su egocentrismo y de su inagotable autocomplacencia, en su desbordado narcisismo, impulsado por su desmedida ambición, su apetencia de poder, su convicción mesiánica de infalibilidad y sus "iluminadas" ocurrencias, nuestro inquilino de Palacio, el nuevo y bizarro Eresictón de la política, ha emprendido la tala furtiva, la destrucción indiscriminada de todo cuanto vive; nada le importa el prometedor retoño, ni la copa imponente del vetusto árbol que otrora, con sudor y esfuerzo, sembramos los mexicanos. Atrapado en su armadura ideológica, en su hermetismo autista, en su pobreza intelectual, en su dogmatismo ciego, atacará las raíces con su segur vengativa, con su afilada herramienta demagógica, con su discurso polarizante e incendiario, e intentará socavar desde su tronco cada una de las instituciones democráticas, cada contrapeso, cada organismo público o privado, cada organización civil que se oponga a su deseo, a su capricho, a su demencial retorno hacia un oscuro pasado que su ego hipertrofiado confunde con "transformación". Nada le importan los árboles caídos, el resquebrajamiento de la economía, la pérdida del empleo, la cancelación absurda de grandes proyectos de infraestructura nacional, la inseguridad epidémica, las mujeres muertas o violentadas, el deterioro de la calidad educativa, el desmoronamiento de los sistemas de salud, la preocupante militarización, la caída en los niveles de inversión nacional o extranjera, el desastre de sus políticas energéticas o los miles de muertos que va cobrando la pandemia; importa el discurso, la trampa populista, la dádiva electorera que captura voluntades, que genera adeptos, que compra votos y lealtades. Importa el dogma, la perpetuación de la miseria que lo sostiene en el poder, el engaño demagógico, el socavamiento de la democracia en nombre del "pueblo", de esa entelequia indefinible y amorfa sólo abierta a los adeptos, a las clientelas, a los incondicionales, a los aduladores, a los leales, a los serviles; esa en la que usted o yo, que cometemos el sacrilegio de pensar, no tenemos cabida. Toda crítica, todo disentimiento, toda oposición por mínima que sea, será

decapitada, desacreditada, ridiculizada o calumniada por el
"poeta del insulto", por el infame Eresictón. Es hora de
reaccionar: La senda del populismo desemboca en la
kakistocracia, en el imperio de los ineptos, en la regencia de
los peores, en un apetito irrefrenable de poder que asuela las
cosechas, que devasta los campos.

Nada detendrá el apetito maligno de su ambición: la
maldición de Limos a tocado su "vientre" y, cautivo de sus
propios apetitos, se entregará a la espiral descendente de la
autofagia y de la destrucción.

Las visiones unidimensionales del mundo: Los graves peligros de los dogmatismos

El dogmatismo de Obrador

En todo dogmatismo, de derecha o de izquierda, la realidad se percibe bajo una lente opaca, endurecida, resistente a la rectificación e impermeable a la crítica. Toda verdad se torna indiscutible, irrefutable, incontrovertible.

El dogmático se asume siempre como referente absoluto, como figura infalible; de ahí su irreflexión, su cerrazón, su visión simplista y unidimensional del mundo. No observa la realidad bajo la lupa del análisis; desconoce su diversidad y su estructura compleja. Supone que la verdad está en su pensamiento, sobrevalorado, cerrado, inconcuso e inmutable; de ahí la intolerancia, el rechazo del exogrupo, la descalificación o la infravaloración del "otro". Su sistema de creencias no es parte de la realidad, que en su naturaleza cambiante e intrincada exige flexibilidad, apertura, reconsideración, reemplazo o enmienda bajo un esquema mental abierto; la realidad del dogmático parte de su personalidad, de su psique deformada, de una rigidez cognitiva e ideológica que ofrecerá en todo momento las mismas respuestas; siempre predecibles e invariables, siempre mecánicas y autoritarias. El autoritarismo es así el producto inevitable de una mente cerrada, hermética a la evidencia, intransigente, inflamada por la sobrevaloración de su propio intelecto, desfigurada por una fuerte dosis de narcisismo y de soberbia.

Todo dogmático es extremista, fanático e intolerante. Para su atrófico intelecto no existen los matices; de ahí su obstinación, su terquedad y su ceguera. Impondrá su verdad como la única posible, por lo que exige adhesión, "lealtad sin dobleces", seguimiento irreflexivo, docilidad obediente. Toda desviación se considera "aberrada", equívoca, recriminable. El que disiente, aun en el escenario de eventuales convergencias, será suprimido, desplazado a la "otredad", al terreno del adversario, del opositor, del odiado, del que se resiste al triunfo de la "verdad absoluta". A pesar de su limitación intelectual, el dogmatismo atrae a las masas; su visión recortada de la realidad, su sobresimplificación del mundo, su anquilosamiento cognitivo, supone para sus seguidores un fuerte ahorro de energía mental en la comprensión del entorno: Harán suyo el prejuicio, tomarán como cierta cualquier declaración que emane de algún "líder" que represente el dogma, sin necesidad de fundamentarla o contrastarla con la realidad.

No es desmesurada la afirmación de Raymundo Riva Palacio al suponer que, nuestro inquilino de Palacio, no se detendrá hasta "destruir todo lo que recuerde el pasado mexicano, aun si algo fue positivo". Aplastará en su marcha los organismos autónomos, las energías limpias, la inversión privada, las instituciones democráticas, el sistema de salud, los contrapesos del poder, las organizaciones ciudadanas, la educación de calidad, la diversidad ideológica, la conexión con el mundo, la libertad de expresión, el derecho a disentir y, en último término, la democracia misma. ¿Puede haber acaso democracia donde se reprueba la pluralidad, donde se reclama como propia la verdad absoluta, donde se alimenta el odio contra el "disidente" o el "pensante"? El dogmatismo es tan sólo la semilla de la intolerancia, el germen del desprecio, la fuente del encono. Tarde o temprano surgirá la violencia; lo hizo en una de las naciones que, desde su fundación, ha sido considerado como referente de la democracia. Una horda de nacionalistas blancos instigada por un autócrata megalómano, asaltó el Capitolio en Washington D.C., en un acto de sedición y terrorismo doméstico, mientras el "Nerón" rubio miraba complacido en la televisión del despacho oval la destrucción y el estallido que él mismo propició, y mientras nuestro inquilino de Palacio se lamentaba por el brutal, infame, incomprensible, injusto e irracional acto de "censura" que supuso cancelar los accesos de Trump a las redes sociales.

Es tiempo de reflexión; el barco de nuestra nación se escora peligrosamente en las aguas del autoritarismo, de una anacrónica visión dogmática imbuida de populismo. La mal llamada "transformación" (diría yo "deformación") que pretende imponer nuestro "iluminado", desconoce la realidad del mundo; no es sino el reflejo de una mente deformada, de un delirio mesiánico cuyas nefastas consecuencias comienzan a pasar factura: inseguridad creciente, mayor pobreza, retroceso democrático, debilitamiento de los sistemas de salud, incremento de la deuda externa, centralismo excesivo, división social, resquebrajamiento institucional. Es así que el dogmatismo no es inocuo: desemboca siempre en los mares de la intolerancia o se precipita sin remedio en los abismos de la violencia.

Tras el intento de golpe de Estado, conocido como el Putsch de Munich, llevado a cabo por los miembros del Partido Nacionalsocialista Obrero Alemán (NSDAP), Hitler fue recluido en la prisión de Landsberg en el verano de 1924 donde escribió el primer volumen de Mein Kampf (Mi Lucha), donde podemos leer:

"El judío sólo conoce la unión cuando es amenazado por un peligro general; desapareciendo este motivo, las señales del egoísmo más crudo surgen en primer plano, y el pueblo, antes unido, de un instante al otro se transforma en una manada de ratas feroces. Si los judíos fuesen los habitantes exclusivos del mundo, no sólo morirían ahogados en suciedad y porquería, sino que intentarían exterminarse mutuamente, teniendo en cuenta su indiscutible falta de espíritu de sacrificio, reflejado en su cobardía ".

Unos años después, el 20 de enero de 1942, funcionarios de alto rango del gobierno alemán y del partido nazi, coordinados por Reinhard Heydrich, segundo en el mando después del jefe de las SS Heinrich Himmler, se reunían en una zona acaudalada de Berlín junto al lago Wannsee para debatir la "solución final" al "problema judío" que consolidaría el genocidio en marcha que llevó a la muerte a 6 millones de judíos en los campos de exterminio nazi (junto a otros 11 millones de personas más, entre ciudadanos soviéticos , prisioneros de guerra, polacos, serbios, romanís, homosexuales, etc.)

También se lee:

"Todo individuo notoriamente enfermo y efectivamente tarado, y, como tal, susceptible de seguir transmitiendo por herencia sus defectos, debe ser declarado inapto para la procreación y sometido a tratamiento esterilizante"

A partir de 1939 y hasta el final de la guerra en 1945, tendrá lugar la aktion T4, un macabro programa nazi de eutanasia, en realidad, el homicidio sistemático y médicamente supervisado de enfermos mentales, niños con deformidades congénitas o anomalías físicas, enfermos incurables o discapacitados, cuyas vidas eran consideradas "indignas de ser vividas". Los seleccionados, eran trasladados a viejos hospitales o a cárceles abandonadas donde eran gaseados usando monóxido de carbono puro, para luego ser incinerados en hornos crematorios. Las cenizas eran a menudo enviadas a los familiares, y el certificado correspondiente señalaba una causa y una fecha de muerte ficticias. Tras los juicios de Nuremberg se estimó que el número total de víctimas rondó las 275,000 personas.

Sólo cambian los tiempos; de Hitler a Obrador, el dogmatismo es el mismo

La mendacidad, la impostura y la falsedad como estigmas de la perversidad política

Obrador o la desaparición del "florero"

El ocultamiento, la opacidad, el fingimiento, el embuste o la mentira, son los esbirros del engaño; cargados de intención, son la herramienta predilecta del que burla, del que delinque, del que somete, del que peca, del que abusa, del que mata, del que manipula o del que ataca. La mentira no es equivocación, omisión o mala comunicación; esconde la intencionalidad perversa que se fragua en la conciencia, que va hilándose lentamente en la rueca de la premeditación. La mentira es un proceso mental elaborado, intrincado, claramente ventajoso, que anticipa en la mente propósitos y objetivos; empapado de planeación, no desconoce la naturaleza inmoral del acto que ejecuta. La mentira se cocina en el caldero de la planificación; es elección y deseo, disposición y prefiguración. Es el arma del dictador, la trinchera del traidor, la evasiva del delincuente, el instrumento del demagogo, el rasgo fundamental del cínico, el artilugio del abusador, la triquiñuela del mediocre, la basa del corrupto. El que habla con la verdad no se envuelve en el discurso, no recurre a la divagación, no teme a la transparencia; no evade el interrogatorio ni se esconde en la indefinición. Es raudo en el hablar y claro en el actuar; sin dobleces ni contradicciones, sin cortapisas ni descalificaciones.

La mendacidad, la impostura y la falsedad son los estigmas de la perversidad política, más aún cuando se vuelven descaradas, sistemáticas y recurrentes; cuando se envuelven en un falso afecto, en un fingido interés por el bienestar de los demás, más cruel y reprochable tratándose de los pobres, de los que por su condición de marginación o de abandono, son proclives a la irreflexión, a la manipulación demagógica, a la trampa del que compra voluntades con dádivas o privilegios.

En la URSS de Josef Stalin, la mentira y el engaño mantuvieron ocultos muchos de los crímenes más infames de la historia: Cómo olvidar el Holodomor o gran hambruna ucraniana, provocada por la estrategia de colectivización forzosa de las tierras del campesinado, que condenó a la inanición a unas 7 millones de personas en la Unión Soviética, especialmente en Ucrania. Tras requisar las cosechas y los alimentos, el Estado cercó a poblaciones enteras condenándolas a una muerte segura, lo que obligó a miles de personas a alimentarse de hierba, a comerse los gatos y los perros, o a incurrir incluso en actos de canibalismo. Cómo ignorar la llamada Gran Purga, perpetrada por Stalin a partir de 1930, en la que miles de miembros del Partido Comunista Soviético, socialistas, anarquistas y miembros de la oposición, fueron acosados, perseguidos, juzgados y, finalmente, encarcelados o ejecutados en los tristemente célebres gulags. En total, el proceso llevaría a la muerte, según diversos cálculos, a entre 4 y 50 millones de personas. Cómo pasar por alto la masacre del bosque de Katyn, llevada a cabo por la policía secreta rusa (la NKVD) bajo las órdenes de Stalin en 1940 en la Polonia ocupada por el ejército rojo. Cerca de 22,000 personas, miembros de la élite polaca, oficiales militares, políticos, intelectuales y artistas, fueron ejecutados con un tiro en la nuca y enterrados en fosas comunes. Este crimen fue ocultado por la URSS durante más de medio siglo, y atribuido a la Gestapo alemana.

Tales atrocidades, entre otras muchas que caracterizaron la dictadura Stalinista, permanecieron ocultas por largo tiempo y, aún hoy día, Vladimir Putin intensifica su defensa de Josef Stalin, atacando a los que llaman a revelar archivos secretos sobre el asesinato de millones de ciudadanos por el Estado soviético.

No puede haber justicia donde falta la verdad: La desaparición de Stalin supuso, para millones de comunistas, un enorme vacío que rellenaron con elogios y desmesuradas apologías. Dolores Ibárruri, dirigente del Partido Comunista Español, calificó a Stalin como "un revolucionario de acción y un gigante del pensamiento científico revolucionario".

La mentira es así el parapeto de los tiranos. Hoy nuestro inquilino de Palacio, acérrimo defensor de la opacidad y la censura, intenta desaparecer definitivamente el Instituto Nacional de Transparencia, Acceso a la Información y Protección de Datos Personales (INAI), señalando que representa un gasto innecesario y un organismo "creado durante el período neoliberal" (era de suponer que aflorarían sus fijaciones ideológicas). Su atrófico intelecto no alcanza a comprender que la autonomía del poder público es condición sine qua non para que tales organismos, presentes en nuestro país y a nivel internacional, garanticen la rendición de cuentas, sean un verdadero contrapeso al poder público y resguarden frente a los poderes del Estado nuestro derecho a saber. ¿Por qué entonces se opone a la transparencia quien dice combatir la opacidad del pasado? La respuesta es simple; al igual que para el delincuente, para el asesino o el conspirador, la oscuridad es su cómplice, su aliada principal, su benefactora y su trinchera. Es ahí, en la indefinición de las tinieblas, donde el "paladín de la justicia" disfraza la podredumbre y la corrupción de los suyos, el cinismo insultante de sus familiares y sus fieles. La utilizó cuando era Jefe de Gobierno de la Ciudad de México para mantener la secrecía en torno a los segundos pisos; para esconder la bitácora del avión que transporto a Evo Morales (que será secreta durante 5 años) , la inversión y el costo actual del aeropuerto de Santa Lucía, del Tren Maya o de la refinería de Dos Bocas. ¿Qué mejor camuflaje que las sombras? Es ahí donde se falsifican documentos (como el que permitió a Bartlett esconder los errores del apagón), donde prevalecen los "otros datos", donde se asignan contratos a familiares cercanos (como los que favorecieron a la prima Felipa), donde se ocultan las corruptelas de compinches y allegados (como las de Irma Eréndira Sandoval, John Ackerman, Pío López, Manuel Bartlett, Zoé Robledo, y las de una larga lista de desvergonzados e impresentables), donde se socavan las instituciones para afianzarse en el poder y donde, finalmente, se engaña al pobre o se manipula al desvalido.

Alguna vez declaro nuestro inquilino de Palacio que el INAI es un "florero". Tenía razón ... hoy muestra las flores podridas y marchitas de su engaño y mal gobierno.

Reflexiones sobre la ambición y la multiplicación de los "adversarios"

El mensaje de año nuevo: Reflexiones Shakesperianas

Nada más emblemático de los alcances de la ambición política que una de las más grandes creaciones de las letras universales: La tragedia de Macbeth, inspirada en el último de los reyes de la antigua Escocia gaélico parlante que gobernó del año 1040 al 1057. Macbeth y Banquo, generales de Duncan, rey de Escocia, regresan victoriosos del campo de batalla donde han vencido a los invasores noruegos e irlandeses. En su camino se encuentran en una llanura con tres brujas que profetizan a Macbeth que será muy pronto Thane de Cawdor (título nobiliario similar al de barón) y, más tarde, rey de Escocia. A Banquo le anuncian, de igual forma, que será "tronco de reyes" y que sus descendientes ocuparán el trono de Escocia. Apenas desparecidas las brujas, un enviado del rey Duncan notifica a Macbeth que ha decidido, "como adelanto de una más alta merced", nombrarlo Thane de Cawdor. Al ver cumplida parcialmente la profecía, la ambición de ser rey se apodera de Macbeth. La oportunidad de cristalizar su deseo se presenta pronto, cuando el rey Duncan anuncia que se hospedará por una noche en el castillo de Macbeth que, alentado por su esposa Lady Macbeth, decide asesinarlo mientras duerme. Aunque los hijos del rey Duncan consiguen huir, Macbeth se apodera de la corona. Pero aún hay un obstáculo en su camino al poder, Banquo y su hijo Fleance, quien según la profecía de las brujas, podría acceder al trono. Aunque Fleance consigue escapar, tres matones a sueldo asesinan a Banquo. A partir de entonces. Macbeth no tendrá paz; los demonios del remordimiento lo perseguirán sin tregua. Así, mientras ofrece un banquete y lamenta ante sus invitados la ausencia del buen Banquo, éste aparece ante sus ojos como un espectro ensangrentado, ocupando la única silla que se encuentra vacía:

"¡Atrás y apártate de mi presencia!...¡Qué la tierra te esconda! ¡Tus huesos son huecos! ¡Helada está tu sangre! ¡No tienes mirada en esos ojos que deslumbran! [...] ¡Acércate bajo la forma de un oso de Rusia, del rinoceronte armado o del tigre de Hircania! ¡Toma cualquier forma, menos esa, y no temblarán mis firmes nervios!".

A partir de ese momento no habrá tranquilidad posible para Macbeth, todo en su entorno se volverá contra él, no encontrará descanso ni en sus sueños, y sus manos llenas de sangre le impedirán gobernar: El número y el tamaño de sus "adversarios" tienen ahora la dimensión de sus ambiciones. ¡Al que mucho arrebata, al que a muchos traiciona, al que a muchos menosprecia, al que a todos asfixia, todo le persigue! Encontrará a sus "adversarios" detrás de cada puerta, a cada paso, durante el sueño y la vigilia, en el silencio o en la guerra. Los "espectros" de sus "rivales", los fantasmas de sus "contrincantes", se sentarán a su mesa ensangrentados.

Cerramos el 2020 con el tradicional mensaje de nuestro inquilino de Palacio: "Estamos en este jardín de Palacio Nacional que hemos bautizado como Jardín Nezahualcóyotl; el rey poeta que era amante de la naturaleza, sembraba árboles como este, un ahuehuete que vamos sembrar [...]. Este 2020 que termina ha sido un año difícil, de sufrimiento por la pandemia del Covid, muchos perdieron la vida, familiares nuestros, amigos y conocidos. [...] Estamos sembrando este árbol pensando en el porvenir, pensando [...] que nos va a ir mejor a todos. [...]; a nuestros adversarios, a nuestros amigos, a todos los mexicanos.

Ni el formalismo del mensaje, ni la obligación constitucional de gobernar sin distingos, ni la diplomacia o el espíritu de unión y fraternidad que suele envolvernos en estas fechas, fueron capaces de desvanecer el espectro, la figura ensangrentada del adversario, del rival, del opositor, del detractor. Ahí aparecieron, ante los ojos del "rey Obrador" que al igual que su homólogo Nezahualcóyotl siembra ahuehuetes en el jardín de "su palacio", los fantasmas de sus adversarios; esos que le persiguen, que le atacan, que intentan derrocar su gesta histórica, que lo insultan y lo asedian detrás de cada puerta. Son muchos y de muy diversos rostros: Usted, yo, el vecino, los intelectuales, los escritores, los políticos, la prensa nacional y extranjera, los ex-presidentes, los conservadores, los neoporfiristas, los fifís, los ambientalistas, los chayoteros, las mafias del poder, los pirruiris, los señoritingos, los médicos, los empresarios, las mujeres que reclaman, los hombres que se quejan, los que denuncian la violencia, los que levantan la voz o los que callan: Todo aquel que no se pliegue a sus designios, que no aplauda sus dislates, que no se muestre servil a su mandato, que no comulgue con sus anacrónicos y disparatados proyectos, que no muestre lealtad ciega frente a cada ocurrencia de su mesiánica locura. Sus adversarios se agigantan y se multiplican en la misma proporción en que su ambición se acrecienta. Le perseguirán siempre, al lado de esas víctimas de la pandemia por las que ahora se lamenta y por las que fue incapaz de ponerse un cubrebocas, de incrementar su gasto en salud o de desviar un solo peso de sus arrogantes proyectos. Pronto deberá estar rodeado de un ejército fiel que lo custodie, que lo proteja de sus "íntimos fantasmas": De usted y de mí, de todos los espectros que su paranoia construye con la insignificancia de su intelecto, de todos nosotros que pronto, por el simple pecado de "pensar", seremos incorporados a las filas de sus indeseables.

Macbeth vio avanzar frente a sus ojos el bosque de Birnam (en realidad, los soldados que venían a derrocarlo y que se escondían tras algunas ramas que habían cortado de los árboles) y sucumbió bajo la espada de Lord Macduff (diría yo, bajo el peso y los golpes de su propia ambición).

La ambición desmedida, señor Obrador, puebla de adversarios la paz de los sueños.

Sobre la mezquindad de quienes desconocen el significado de la empatía

El amargo sabor de la pandemia

La desgracia, la opresión o la injusticia son a menudo el incentivo del reformador, la materia prima del idealista, el manantial del que beben los santos, el acicate de los altruistas, la motivación de los héroes, el "Hades" del que sólo retornan los caracteres excelsos. Los espíritus superiores se agigantan en la adversidad, se purifican en la desventura; pulen a golpes de infortunio su constitución adamantina. Así, bajo el yugo de los alemanes, en la Polonia ocupada por los nazis, la enfermera católica Irena Sendler trabajaba infatigable en los comedores comunitarios del Departamento de Bienestar Social de Varsovia, encargados de proveer alimento, dinero y ropa a los pobres, los huérfanos y los ancianos de la ciudad. Tras la creación del infame gueto de Varsovia en 1940, cuyo único propósito era mantener confinados en condiciones infrahumanas a poco más de 400,000 judíos mientras eran deportados a los campos de exterminio, se unió bajo el nombre de "Jolanta" al Cuerpo Sanitario del Consejo para la Ayuda de los Judíos, una sociedad clandestina conocida como "Zegota". Ante la posibilidad de que el gueto se convirtiera en un foco de tifus, los nazis consintieron la entrada de Irena y de otros mujeres al gueto, para que llevaran a cabo "inspecciones sanitarias". En el interior del gueto Irena solía portar, como muestra de solidaridad, un brazalete con la estrella de David a pesar de ser católica. Prestaba ayuda a los moribundos judíos y compraba comida y medicinas que introducía de contrabando entre sus ropas. Al enterarse del oscuro destino que aguardaba a aquella gente, visitó numerosas familias judías y las convenció de que le permitieran sacar a sus hijos y entregarlos, con una nueva identidad, a familias u orfanatos católicos para evitar que los pequeños fueran llevados a los campos de exterminio en los trenes de la muerte. Valiéndose de toda clase de subterfugios y a riesgo de su propia vida, logró rescatar del gueto a más de 2,500 niños escondidos en cestas, bolsas de basura, ataúdes, cajas o ambulancias. Elaboró entonces un registro con los nombres de aquellos niños y con los datos de las familias o los lugares de acogida para que pudieran recuperar en el futuro sus verdaderas identidades. Irena fue arrestada y brutalmente torturada por la Gestapo en la prisión de Pawiak, en octubre de 1943. Se le condenó a muerte por fusilamiento y fue salvada en el último momento por los miembros de Zegota, que consiguieron sobornar a un agente de la Gestapo para que le permitiera escapar.

A decir de Michal Glowinski, uno de los niños que sobrevivieron al holocausto, "Irena Sendler fue la estrella más brillante en el oscuro cielo de la Polonia ocupada". Pero esta capacidad de remontar la adversidad, esta virtud de sacudirse el egoísmo y de renunciar a sí mismo para reconocerse en el "otro", esta grandeza silenciosa que ignora el reconocimiento, que rechaza la retribución , que desoye los elogios para escuchar en sus adentros los mandatos de la conciencia; esa cualidad de entender el sufrimiento y las necesidades de los demás, de la que emergen la comprensión, el afán genuino de ayuda, la conexión sincera y profunda con los demás o el deseo de consolar y, en resumen, esas aptitudes tan escasas de "resiliencia" y de "empatía" que tan enfáticamente denuesta nuestro inquilino de Palacio, son acaso los rasgos, las conductas, las actitudes que hubiéramos esperado para quitarnos de la boca el sabor a ineptitud, a impudencia, a desatino y negligencia que ha dejado en nuestras mientes la gestión de la pandemia. Ahí donde esperábamos la visión inobjetable del experto, el apego a la ciencia, la respuesta oportuna, la ampliación inmediata del presupuesto en salud, la compra generosa y expedita de equipos de protección para el personal médico, la cancelación de proyectos superfluos para ampliar la capacidad hospitalaria y mitigar el impacto de la enfermedad; ahí donde hubiéramos deseado la coordinación y el diálogo entre las autoridades federales y estatales (al margen de mezquindades políticas o de intereses electoreros), la compra inmediata de medicamentos con utilidad demostrada en el combate del coronavirus, la promoción de las medidas de prevención y el uso de los cubrebocas desde las más altas esferas de la planilla gubernamental; ahí donde era imprescindible hacer pruebas, pruebas y más pruebas, dar seguimiento a los contactos y emitir mensajes inequívocos en torno a las conductas sanitarias ya preconizadas y aceptadas como útiles en los países con mayor éxito en el control de la pandemia: ahí donde se requería una atención temprana de los enfermos antes de que sobrevinieran las complicaciones mortales, ahí donde era importante paliar el impacto económico de la pandemia para evitar la pérdida masiva de fuentes de empleo; ahí donde debíamos dejar de lado los resabios políticos y los traumas ideológicos para ponderar el interés supremo de la vida humana, nos encontramos con la mezquindad, con los afanes electoreros, con la negligencia criminal, con la soberbia de quien se niega a reconocer el error y la imprudencia. Nos encontramos con el ocultamiento de las cifras, con la tacañería criminal del que no entiende que tratándose de vidas no se ahorra ni se escatima, con el malabarismo pseudocientífico de esos dos matasanos impresentables que dirigen el barco. Nos hallamos en fin con la mentira, con la carencia absoluta de empatía, con las infames declaraciones de quienes "contabilizan" a los muertos, con la bajeza insensible de quien supone que, más allá de sus respuestas exiguas, nada más hay que ofrecer: A fin de cuentas, "los que fallecieron, fallecieron".

Irena Sendler fue postulada al premio nobel de la Paz, fue nombrada Justa entre las Naciones por el Yad Vashem y reconocida como dama de la Orden del Águila Blanca, máxima condecoración civil otorgada en Polonia.

Algunos otros serán reconocidos, con una alusión a su infamia, en el "Libro Negro de la Historia".

Los resultados lógicos de la ineptitud y la soberbia: Los naufragios ideológicos

Tras el naufragio, la vileza

Corría el 14 de abril de 1912 cuando el radiotelegrafista Jack Philips ignoraba varias notificaciones sobre masas compactas de hielo en la ruta del transatlántico, que no fueron transmitidas al puente de mando. Más tarde Frederick Fleet, vigía del gigantesco barco, notó con angustia la cercanía del iceberg, apenas perceptible en la oscuridad de la noche. El primer oficial William Murdoch ordenó un viraje inmediato a babor para evitar la colisión, aunque hielo y acero contactaron a estribor. Una pequeña sacudida, apenas notada por los pasajeros a bordo, sería el preludio del desastre, el fatídico aviso de una de las más grandes tragedias de la navegación universal: El hundimiento del Titanic. El informe de los daños llegó rápidamente a oídos del capitán Edward Smith, quien al comprender la magnitud y los alcances de la catástrofe se mostró paralizado, dubitativo, incapaz de girar a sus principales oficiales las órdenes convenientes para la rápida evacuación de los pasajeros. Tras un retraso incomprensible en las labores de rescate, se ordenó a la orquesta que "amenizara" el momento

para evitar el pánico y propiciar entre los pasajeros una
sensación de control y de seguridad. Aunque el barco tenía
la posibilidad de albergar 64 botes salvavidas, sólo fue
provisto con 20. Cada uno de ellos, con capacidad para
albergar a 65 personas, fueron botados al mar y ocupados
tan solo con 20 pasajeros, lo que condenó a la muerte a
cientos de personas. Cuando el aturdido capitán descubrió el
error, conminó a los botes que se alejaban a través de su
megáfono para que volvieran por la gente abandonada en el
navío; todo fue en vano. El caos se apoderó de las personas y
de la tripulación e hizo que surgieran, como en toda
catástrofe, los más variados comportamientos humanos;
desde las más encomiables y heroicas actuaciones, hasta los
más abominables actos de ruindad y de vileza (se dice que
alguien, disfrazado de mujer, salvó su pellejo en el interior
de los botes, y que otra persona se negaba a ayudar mientras
degustaba su brandy). Durante el hundimiento no sólo se
aplicó el protocolo propio de salvamento marítimo que
dictaba "niños y mujeres primero", sino la ley no escrita que
privilegiaba el rescate de los más adinerados; mientras sólo
fallecieron el 38% de los pasajeros de primera clase, morían
el 58 y el 74% de los de segunda y tercera clase,
respectivamente (ahí también había quien se ocupaba de sus
clientelas).

Así el enorme y portentoso barco, orgullo del capitalismo
británico, quedaría sepultado en el océano a las 2:30 de la
madrugada, víctima de la soberbia, de una arrogancia sin
límite que se asumía infalible, de la ausencia de previsión y
planeación, de la imprudencia y la negligencia, de la falta de
acciones coordinadas y dirigidas de la forma correcta, de un
capitán paralizado por la ineptitud y la incredulidad que,

renuente a emprender las acciones necesarias, intentaba adormecer a sus incautos pasajeros con las agradables notas de una orquesta (no sé por qué, pero apareció en mi mente el inquilino de Palacio) .

La gestión de la pandemia, instrumentada por el Sr. Obrador y sus nefandos matasanos, parece haber sido confeccionada con los mismos ingredientes; y es que el fracaso es, a menudo, el resultado inevitable de una secuencia previsible de malas decisiones, de repetidos errores de evaluación y de juicio, de una sordera necia y orgullosa que ignora los avisos y se niega a tomar las debidas previsiones, de un narcisismo desbordado y sordo que desatiende los consejos de la ciencia y la prudencia. No en vano hemos sido calificados a nivel internacional como el peor de los países en el enfrentamiento de la pandemia. Pero a la desatención inicial de la inminente amenaza sanitaria, a la falta de reacción de nuestro impresentable "capitán" (quien, por cierto, se ofreció desde agosto a colocarse antes que todos el salvavidas de la vacuna "para que no quede duda de la importancia que tiene para nosotros"), a la falta de acciones eficaces para mitigar la desgracia y salvar al mayor número de personas, a la intentona de ocultar con "frases musicales" la magnitud de la desgracia, cabe añadir las distorsiones ideológicas y la falta evidente de planeación y organización en la instrumentación de las campañas de vacunación en contra del coronavirus. Aunque resulta comprensible que sea el ejército el que custodie y distribuya las vacunas, blanco apetecible de la delincuencia organizada, ¿por qué han quedado excluidas las dependencias y entidades de la Administración Pública, tanto federal como local, que forman parte del Sistema Nacional de Salud que, como lo mandata la Ley General de

Salud en materia de vacunación, serían las encargadas de "instrumentar los mecanismos necesarios para garantizar la vacunación de las personas"? ¿Con qué propósito encargar al ejército y a la marina una tarea estrictamente sanitaria, cuando en solo unos meses se han encargado de la construcción de sucursales bancarias, de la edificación de un aeropuerto, del apoyo en el combate al robo de combustibles, de frenar la migración a EE.UU., de la administración de puertos y aduanas, de la atención de los enfermos de covid 19 y de la ejecución del plan DNIII en los estados del sur, además de la atención de sus funciones relacionadas con la seguridad interior? ¿Por qué no ha sido convocado el Consejo de Salubridad General con el fin de definir las modalidades de participación de los gobiernos locales y del sector privado, los criterios de distribución y reparto de las vacunas, los protocolos a seguir para la conservación en frío, y la forma de garantizar la protección simultánea y equitativa del personal sanitario que atiende en primera línea a los enfermos de covid 19 en las 32 entidades federativas? ¿Qué sentido tiene, más allá de sus propósitos "ideologizantes", la nueva convocatoria de los médicos cubanos fuertemente repudiados por el gremio médico en su primera visita? ¿Con qué criterios se eligió a la Ciudad de México y a Coahuila como las entidades prioritarias en la vacunación inicial? ¿Cómo se enfrentará el reto de aplicar la segunda dosis exigida para que la vacuna actualmente disponible confiera la protección esperada? Más son las interrogantes que las respuestas que nos proporcionan los malabarismos discursivos del tristemente célebre Hugo López Gatell. Si atendemos a la conocida locución latina " Excusatio non petita, accusatio manifesta" (o lo que es lo mismo, el que se excusa se acusa), me temo que la respuesta a tales interrogantes se encuentra en la propia declaración de nuestro inquilino de Palacio:

"Es sencillo de responder. Primero, la vacuna no se puede utilizar con propósitos electorales. Eso sería ruin, sería una mezquindad"

Efectivamente señor Obrador, tan ruin como tirar al agua un bote salvavidas que podría albergar a 65 personas, con sólo 20 a bordo. No hay motivos para suponer que Usted meterá a los botes a sus fervientes clientelas o que intentará endulzar nuestros oídos con su acostumbrada "orquesta" mientras hunde en el océano nuestro frágil transatlántico, pero el iceberg de la desgracia se aproxima y nada nos hace presumir que ha girado el timón.

Nada más lamentable que naufragar por su soberbia, ambición e ineptitud.

A propósito de los políticos atenazados por la ambición: La tinta de los mediocres

La lección del estadista

Muchos de los grandes discursos de la historia vieron la luz en momentos aciagos, en el epicentro de la confrontación, en el furor de la guerra, en el vórtice de la injusticia, en el seno de profundos cismas sociales o políticos, en el marco del infortunio o en los agitados mares de la desolación y la desgracia. Se trata de simples cúmulos de palabras que, por su naturaleza inspiradora, por su carácter atemporal, por su fuerza y claridad argumentativa o por su trascendencia y poder transformador, han marcado la historia y la vida de los hombres. Y es justo en estos momentos de grave crisis sanitaria cuando la conciencia del mundo ha sido sacudida por el emotivo discurso de la Canciller Alemana Angela Merkel, recientemente pronunciado ante el Bundestag en ocasión de la pandemia y de su avance devastador; resistente a las tentaciones demagógicas y a los convencionalismos oficiosos de los políticos tradicionales, se sitúa en los terrenos y en la narrativa del Estadista. Y es que, como suele recordarnos la célebre frase de Winston Churchill, uno de los más destacados hombres de Estado del que guardemos memoria, "el político se convierte en estadista cuando comienza a pensar en las próximas generaciones y no en las próximas elecciones" (frase que nuestro inquilino de Palacio, no parece guardar en su memoria). Marcado por su claridad y por una inusitada empatía (una palabra que algunas conciencias egocéntricas y pusilánimes han borrado de sus diccionarios) trasciende las fronteras de la lejana Alemania para volverse universal:

"Me dirijo hoy a ustedes por esta vía inusual, porque quiero decirles lo que me guía como canciller, y a todos mis colegas del gobierno, en esta situación. Corresponde a una democracia abierta que transparentemos y expliquemos las decisiones políticas. Que fundamentemos lo mejor posible nuestro proceder y lo comuniquemos, para que resulte comprensible [...]. Por eso, permítanme decirles: La situación es seria. Tómenla también en serio. Desde la reunificación de Alemania, no, desde la Segunda Guerra Mundial, no se había planteado a nuestro país ningún otro desafío en el que todo dependiera tanto de nuestra actuación solidaria mancomunada [...]. Alemania tiene un excelente sistema de salud, tal vez uno de los mejores del mundo. Pero también nuestros hospitales se verían superados si en poco tiempo ingresaran demasiados pacientes con una evolución grave del coronavirus [...]. No son cifras abstractas en una estadística, sino un padre o un abuelo, una pareja. Son personas. Y nosotros somos una comunidad en la que cada vida y cada persona cuentan [...]. Yo sé cuán dramáticas son ya las restricciones: no más eventos, ni ferias, ni conciertos, y por lo pronto tampoco más escuela, ni universidad, ni jardín infantil, ni juegos en los parques. Yo sé cuán duramente golpean nuestra vida y nuestra idea de la democracia los cierres acordados entre el gobierno federal y los regionales. Son restricciones que jamás hubo en la República Federal de Alemania [...]. Permítanme asegurarles: Para alguien como yo, para quien viajar y desplazarse fueron derechos por los que hubo que luchar mucho, tales restricciones solo pueden justificarse por una absoluta necesidad. En una democracia, jamás deberían dictarse a la ligera y solo pueden ser aplicadas temporalmente. Pero en este momento son imprescindibles para salvar vidas".

Tales fragmentos de su discurso parecen encerrar, en su simplicidad y contundencia, esos rasgos que la demagogia rancia y el discurso populista de nuestro inquilino de Palacio han archivado en la bodega de las cosas inútiles: La transparencia y fundamentación del proceder político, la capacidad de afrontar y de comprender un evento catastrófico en su dimensión verdadera, el entendimiento inequívoco de que cada víctima de la tragedia es algo más que una cifra hueca en la contabilidad de los muertos, y la comprensión clara de que la salud y la vida humana se ubican siempre en la cúspide de las prioridades, por encima de conveniencias políticas, intereses personales o electorales, proyectos materiales o mezquindades narcisistas.

Y es que, ¿puede haber ruindad más grande que negarse a usar un cubrebocas con el fin de aparentar, en el plano de lo simbólico, "fortaleza física", "inmunidad moral" o "poderes especiales", aun cuando el mal ejemplo de un "líder político" podría cobrar la vida de miles de personas? ¿Qué mayor vileza puede haber que "falsear" la ciencia, recurrir a malabarismos estadísticos, minimizar u ocultar las verdaderas cifras del desastre, o insistir en la gestión de dos infames matasanos, más preocupados por su escalada política y su fidelidad ciega al iluminado que por evitar la muerte de sus semejantes?

Ante la impenetrable cerrazón ideológica, la renuencia a la rectificación, la sordera a la crítica o la recomendación; ante la canallada de gobernar mirando las encuestas, preocupado por el aquí y el ahora, sin visión de futuro ni proyecto de nación; ante quien busca tan sólo el poder y los aplausos mientras endosa sus errores a los artífices del pasado, se levanta como una campanada el discurso de la Canciller alemana: "Ésta es una situación dinámica y seguiremos siendo capaces de aprender, para reconsiderar en cualquier momento las cosas y poder reaccionar con otros instrumentos".

Cuando se tiene un simple gobernante, un político anodino atenazado por la ambición y obnubilado por el odio, se escribirá tan sólo el discurso de la infamia, las oscuras páginas de la incompetencia y del fracaso. La desgracia pone en su sitio al incapaz o al farsante, pero encumbra al visionario, al Estadista, al que se olvida de sí mismo para pensar en los demás.

En uno de los peores momentos de la Segunda Guerra Mundial, tras la caída de Francia en manos de los nazis, cuando todo parecía perdido para los aliados, tuvo lugar uno de los momentos más gloriosos y emblemáticos de la contienda a finales de mayo de 1940: la operación Dinamo. Tal estrategia fue diseñada para rescatar a los cientos de miles de soldados británicos, belgas y franceses rodeados por el avance demoledor de los ejércitos alemanes en las playas cercanas a Dunkerke. Sin importar su tamaño, su velocidad o su calado, todo barco capaz de cruzar el canal de la Mancha fue incorporado a la labor de rescate. Muchas embarcaciones civiles acudieron en ayuda de una marina británica rebasada por la magnitud de la empresa. Tras la evacuación de alrededor de 338,000 efectivos, y en medio de los momentos más difíciles de la guerra, surgiría el "espíritu de Dunkerke", esa actitud de tenacidad, capacidad de resistencia y sacrificio que habrían de caracterizar a Churchill y a los valientes británicos a lo largo de la guerra.

Los Estadistas escriben la historia entre la tinta derramada por la mediocridad.

De los extremos a los que puede llegar la estupidez

"Real diccionario de la demagogia, el fracaso y la ineptitud"

"El diccionario de la estupidez no es una enciclopedia; si lo fuera, se habría llamado muy probablemente Enciclopedia de la estupidez. La extensión espaciotemporal y la biodiversidad de los estúpidos quizás lo hubieran reclamado"

Pergiorgio Odifreddi (en su "Diccionario de la Estupidez")

¡Qué extraordinaria idea! Confieso Sr. Obrador que una proeza cultural de tal envergadura, hubiera rebasado con creces mis exiguos talentos intelectuales. Pero, si hay un "diccionario de la estupidez" escrito por Piergiorgio Odifreddi, matemático, ensayista y hombre de ciencia, galardonado con la Orden al Mérito de la República Italiana (que, como lo señala el propio autor, podría haber reclamado, por la biodiversidad de los estúpidos, un formato enciclopédico), si hay un "Diccionario de la ignorancia" del filósofo, productor de radio y escritor francés, Michel Cazenave, ¿por qué no habría de existir el "Real Diccionario de los Términos Neoliberales y Posneoliberales? Nada más oportuno en estos momentos de gran desesperación y crisis que contar con una herramienta tan vital como necesaria para enfrentar las cambiantes amenazas de nuestro tiempo.

Acepte mi humilde contribución, al menos en el esclarecimiento de los términos que, en un primer momento, han tomado por asalto el centro de sus preocupaciones:

Empatía neoliberal: Atuendo oropelado y engañoso del que suele revestirse la avaricia y la codicia de "la mapachada", con el propósito siniestro de aparentar una falsa preocupación por las necesidades y las carencias del "pueblo bueno".

Debo decir que en mi ignorancia (y quizás influenciado por mi veta romántica), prefiero el significado tradicional del término, el que encuentra su razón en nuestras raíces griegas o latinas. Esa "empatheia" que en sus inicios significaba "pasión" y que, a lo largo del tiempo, pasó a designar esa capacidad inconmensurable que tenemos los humanos de comprender los sentimientos del "otro", de reconocerlo como "nuestro igual" para adueñarnos de su dolor o para hacer propias sus necesidades. Esa cualidad que, cercana a la compasión, nos permite experimentar en carne propia el sufrimiento de un padre que, impotente y desesperado por la falta de medicamentos, ve morir a su hijo atenazado por el cáncer; esa especie de sintonía mental y emocional que transforma en "nuestro" el dolor de quienes han visto morir a sus familiares a consecuencia de la pandemia y que nos hace entender que valdría la pena sacrificar cualquier proyecto, ponernos un maldito cubrebocas, o romper con cualquier sesgo ideológico si es que se encuentra en juego la vida de las demás; esa propiedad tan escasa hoy día, que al abrir nuestros oídos y nuestra mente a las emociones del prójimo, debería sonrojar a nuestros ineptos políticos que, impávidos e impertérritos, malgastan su tiempo en proclamas electoreras, en banalidades demagógicas y en ocurrencias fatuas, mientras cientos de mujeres son asesinadas por su simple condición de género y millones de ciudadanos enfrentan la violencia y las masacres callejeras. Pero sigamos adelante con nuestra humilde contribución:

Resiliencia neoliberal: Capacidad del pueblo para asimilar incólume y con un sonriente gesto de conformidad, los efectos negativos y la creciente rapiña de las mafias en el poder y que, utilizada con frecuencia en beneficio de la élites neoliberales, funciona como un amortiguador de la indignación y la protesta social.

¡Qué equivocado estaba! Había asumido que la resiliencia era esa capacidad de superar la adversidad, de salir transformado y fortificado de la desgracia y de los golpes del infortunio; esa expresión de nuestra naturaleza moldeable y adaptativa que nos permite sortear la desgracia, salir indemnes de las dificultades y mitigar, de la mejor manera, las secuelas de la desventura; esa aptitud evolutiva y útil que, más allá de la simple negación de las difíciles experiencias de la vida, nos permite resistir la destrucción y preservar nuestra integridad en circunstancias hostiles; esa herramienta de sublimación que nos impide sucumbir ante la decepción y la tristeza, cuando un político infame le ofrece a nuestros pobres, sedientos de educación, de empleo y de salud digna, una dádiva miserable y electorera; esa incomprensible destreza plástica que nos impide doblegarnos de dolor e indignación ante el desastre económico o los desplantes autoritarios y estatistas de un gobierno fallido, que pretende perpetuarse a toda costa con engañifas populistas; esa propiedad de afrontamiento que, en condiciones desventajosas, nos conmina a revelarnos frente a la mentira y el engaño de un líder ambicioso. Ah, perdón, olvidaba el diccionario:

Holismo neoliberal: Visión perversa e integradora de las minorías rapaces que, oponiéndose a la voluntad inequívoca, infalible e incuestionable del pueblo, ponderan la utilidad de decisiones plurales y ampliamente consensuadas, y presumen que el todo resultante es mayor a la suma de sus partes.

Yo que había supuesto que lo "holístico" aludía a la posibilidad de analizar los fenómenos que nos rodean desde una perspectiva integradora, global y completa que nos permita entender en su justa dimensión la realidad circundante, a esa manera de abordar los problemas y las disyuntivas complejas bajo una visión más amplia que nos libre de atavismos ideológicos, de prejuicios absurdos y de la percepción estrecha que suele imponer la cortedad intelectual o el reduccionismo perezoso del que se niega a mirar por encima de su cabeza.

Perdone ahora que interrumpa mis sugerencias, pero su creativa empresa me ha dado una idea: El "Real Diccionario de la Demagogia, del Fracaso y de la Ineptitud.

Algunos de los componentes esenciales de la estupidez

"Del canal de Stalin a Santa Lucía"

"Algunos nacen estúpidos, otros alcanzan el estado de estupidez, y hay individuos a quienes la estupidez se les adhiere. Pero la mayoría son estúpidos no por influencia de sus antepasados o de sus contemporáneos. Es el resultado de un duro esfuerzo personal. Hacen el papel del tonto. En realidad, algunos sobresalen y hacen el tonto cabal y perfecto.

Naturalmente, son los últimos en saberlo, y uno se resiste a ponerlos sobre aviso, pues la ignorancia de la estupidez equivale a la bienaventuranza".

Richard Armadura

Antes de Joseph Stalin, fueron muchos los que imaginaron la posibilidad de una Rusia navegable. Los turcos otomanos intentaron sin éxito unir el río Volga con el Don para crear una salida directa desde el corazón de Rusia hacia el mar Caspio. La empresa fue retomada por Pedro I el Grande, pero la abandonó en 1701. Stalin, heredero de aquellos proyectos megalómanos, decidió materializar su primer gran sueño marítimo: La creación de una red faraónica de canales en el noroeste de Rusia que, partiendo de Leningrado (hoy San Petersburgo), uniera el mar Báltico con el mar

Blanco. Como un mero trazo sobre el mapa, la obra parecía factible y permitiría el movimiento de la marina y el rápido transporte de mercancías. Así, en 1931 ordenó su construcción, que debía ser completada a toda costa en un lapso de 20 meses con la mano de obra forzada de cerca de 120,000 prisioneros políticos y criminales, procedentes del sistema penitenciario soviético (Gulag). Con herramientas rudimentarias, sin ninguna ayuda mecánica y a temperaturas congelantes de -30 a -40 °C, la titánica obra cobró la vida de entre 12 y 20 mil personas. La "hazaña" fue recogida por orden de Stalin en una obra literaria propagandística en la que participaría un grupo de 120 escritores dirigidos por Máximo Gorki, que daría cuenta de las "maravillas" de la reeducación de los presidarios a través del Gulag. La visita de los escritores al Canal, que habrían de atestiguar la grandeza de la obra, fue manipulada para esconder a sus ojos la brutalidad del trabajo forzado y mostrarles sólo escenas "idílicas" de aquella encomiable tarea de "rehabilitación" y "reinserción" de prisioneros. El libro, con más de 600 páginas, que alababa la excepcional obra de ingeniería, se publicó con el nombre de "El Canal Stalin Mar Blanco-Mar Báltico", y representaría una especie de descripción "histórica" forzada, plagada de elogios, sobre un hecho que apenas acontecía. El canal fue un rotundo fracaso, una obra inútil e inservible construida con la muerte de miles de seres humanos que, por su escasa profundidad, impedía el tránsito de los buques de la marina y de los cargueros de gran calado. Las paredes del canal por su parte, construidas de madera, terminarían colapsando debido a la podredumbre. No se habló más del tema y la obra quedó abandonada como un triste recuerdo de esa mezcla heterogénea de bajo rendimiento, torpeza y terquedad, sobrestimación delirante de las propias capacidades, incapacidad para rectificar, fijación absurda e inamovible en proyectos irrealizables y exceso de autoconfianza, que hemos dado en llamar estupidez.

Tras cancelar el Aeropuerto de Texcoco con una absurda consulta popular y a pesar de las observaciones de numerosos expertos en el tema, nuestro empecinado inquilino de Palacio decidió emprender una de sus obras emblemáticas; el aeropuerto de Santa Lucía. El proyecto inicial del Ingeniero José María Riobóo (caja de resonancia de la testarudez presidencial), que pretendía agregar al sitio un edificio para pasajeros y dos pistas adicionales, resultó irrealizable debido a dos obstáculos orográficos, incluido el Cerro de Paula de 240 m. de altura y una segunda formación montañosa de la Sierra de Guadalupe. Así la Secretaria de la Defensa Nacional tomó la decisión de modificar el diseño, con el subsiguiente incremento en el costo del proyecto. A estos problemas logísticos, se agregarían los relacionados con el espacio aéreo, considerando la cercanía de los aeropuertos de la Ciudad de México y Toluca. Por si esto fuera poco, un documento publicado por la SEDENA daba cuenta de importantes problemas de eficiencia en el diseño aeroportuario, de acuerdo con las conclusiones del Grupo Aeropuertos de París Ingeniería, la empresa especialista en proyectos ejecutivos que realizó el Plan Maestro de la Obra:

La pista 1 sólo podrá ser utilizada para despegues una vez que esté lista la pista 3. Esta última, por su parte, sólo podrá ser empleada para aterrizajes, sin posibilidades de

operaciones simultáneas en ambas pistas, como se había
previsto, lo que hará imposible aliviar la congestión aérea
de la ciudad de México. De este modo, la previsión del
inquilino de Palacio para iniciar operaciones con 19 millones
de pasajeros tras su inauguración en marzo de 2022, será
alcanzada sólo 20 años después.

La inflexibilidad mental, la incapacidad para anticipar
problemas, la renuencia a rectificar el rumbo, la falta de
planificación y prevención, la mentalidad pétrea e
inamovible del soberbio, la sordera egocéntrica, los sesgos
cognitivos que desatienden la evidencias y se decantan por
las creencias, la tendencia a desoír lo que no halaga al oído,
la visión ideologizada de la realidad circundante, la
sobrevaloración de las capacidades intelectuales y una
simple y llana terquedad, son los ingredientes de esa
batiburrillo incomprensible que llamamos estupidez.

Homo sapiens brutalis: El pensamiento sin matices

Las razones de la sinrazón

La Ilustración, movimiento cultural e intelectual surgido en la Europa de mediados del siglo XVIII, conocido hoy día como el Siglo de las Luces, supuso que el conocimiento humano, el progreso y la soberanía de la razón, podrían liberar al hombre de los prejuicios religiosos, de las tinieblas de la ignorancia, del oscurantismo y de la imposición ideológica. La Ilustración privilegió un nueva forma de pensamiento que pretendía reexaminar los valores y las viejas ideas bajo el microscopio de la razón. Superar los antiguos prejuicios que anclan al individuo a dogmatismos religiosos o a gobiernos despóticos, condujo a una hegemonía de la comprensión racional mediante el uso de la inteligencia y la experiencia (al margen de revelaciones o de tradiciones "heredadas"), y a una ponderación irrestricta de las libertades individuales. Pero el fatídico 1914, que dio inicio a la primera Gran Guerra Mundial, desembocaría en una infortunada sucesión de cataclismos sociales impulsados por el fanatismo y la irracionalidad, que se extenderían a lo largo de todo el siglo XX. Ahora, el fantasma del fanatismo fragua su retorno, con renovado impulso, a los distintos escenarios del quehacer humano, donde parece resurgir esa especie nueva e involutiva de individuo que el psiquiatra español Francisco Alonso Fernández ha dado en llamar el "Homo sapiens brutalis". Y es que, a diferencia de un "partidario" que se apega a verdades perfectibles, refutables y contrastables en el terreno empírico, el marco de creencias o tendencias del fanático es típicamente acrítico, irreflexivo, incondicional y a menudo violento. El carácter ciego de la convicción, la rigidez, la sobrevaloración de sus "ideas" y la abnegada defensa del conjunto de dogmas que rehúyen el análisis y la contrastación, posicionan al fanático como el antípoda del científico y del hombre racional. Para el fanatismo no existe la disidencia, la discrepancia o la diversidad de opiniones; todo "detractor", todo "adversario" (como suele llamarlos nuestro inquilino de Palacio), caerá en el campo de la herejía, de la traición o de la apostasía y deberá ser silenciado, descalificado, perseguido u obligado a la abdicación o a la retractación. El pensamiento del fanático es cerrado y simplista, intelectualmente elemental considerando su visión dicotómica y su miopía de los matices ("se es o no se es", "estás conmigo o contra mí", eres "chairo o fífí", "liberal" o "conservador"). El "ojo" del fanático contempla sólo un ángulo estrecho de su recortada realidad, ignorando selectivamente o desechando como falsas todas las ideas que no encajen a cabalidad con sus acartonados prejuicios. Mira lo que desea ver, siempre a través de su lente doctrinaria. La consecuencia lógica de tal desviación óptica, es el surgimiento de una realidad deformada, una pérdida de las dimensiones reales de su entorno social, que debilitan aun más los escasos puntos de contacto racional con la realidad objetiva. Infortunadamente el fanatismo se implanta con facilidad, pues supone un ahorro de energía psicológica que minimiza el trabajo intelectual. Sin embargo, el costo a pagar es excesivo, pues la incondicionalidad y el seguidismo conducen a la enajenación y a la despersonalización progresiva. Cabe preguntarse en este punto, ¿por qué se promueve con tanto ahínco el fanatismo político cuyo resultado invariable será la radicalización, el odio por el "otro", la exclusión o la proscripción del "adversario" y la pérdida de la individualidad y la capacidad crítica en aras de una masificación gregaria? ¿Qué fines perversos persigue un líder político que, a través de su narrativa, moviliza a su favor los sentimientos de agravio, vejación, desposesión o "ultraje histórico" de todo un pueblo para alentar un conjunto de "emociones" irracionales que sembrarán en sus adeptos la semilla del fanatismo? La razón es simple, pérfida y pragmática: La necesidad de control y la consecución de una incondicionalidad acrítica que convierta a sus adeptos en simples acólitos, en soldados ideológicos o prosélitos de su "religión". El fanático no cuestiona, no inquiere, no indaga, no investiga, no analiza: Cree en un dogma sin fisuras, en el halo salvífico de su autoproclamado mesías. Este fenómeno de idealización, de embelesamiento y de fascinación por la figura del "elegido", trasformada casi en impulso "amoroso", explica los altos niveles de popularidad de nuestro inquilino de Palacio quien, a pesar de su cortedad intelectual, de su pobreza discursiva y de las evidentes debilidades de su "proyecto de país" (si es que tiene alguno), consigue capturar lealtades ciegas a través de una narrativa tan insulsa como elemental, pero capaz de despertar entre sus fieles (proclives a la unilateralidad, al seguidismo irreflexivo y la robotización obediente) las acaloradas reacciones emocionales que alentarán el fanatismo.

Eso explica a todas luces la aparente contradicción que
encierra la elevada aceptación de la figura presidencial entre
las ruinas de nuestra patria: Nadie parece advertir las
señales de la agonía, la proximidad de la catástrofe, la
amenaza autoritaria, el desmoronamiento de la democracia,
la tentación dictatorial, las cifras de la ineptitud, los flagelos
de la descomposición social, los retoños del odio y la debacle
nacional. Nada más emblemático de la ineptitud
gubernamental que el evidente fracaso en sus promesas
torales: Once millones (sí, once millones) de personas se
agregarán a las filas de la pobreza, lloraremos quizás a
400,000 personas (cada una con un nombre, una familia y un
rostro), a consecuencia de una de las más deplorables
gestiones de la pandemia alrededor del mundo, dirigida con
negligencia criminal por un impresentable
matasanos; deberemos pagar el costo financiero de la deuda
del sector público que asciende ya a 1.35 billones de pesos;
despediremos a casi 11 mil pequeñas y medianas empresas
que han ido a la quiebra y seremos testigos del asesinato de
10.3 mujeres por día antes de que el inquilino de Palacio
haya revisado en el diccionario la palabra "feminicidio"; le
apostaremos a una empresa petrolera y construiremos una
refinería absurda, cuando la pérdida de PEMEX en los
primeros nueve meses de 2020 es de 26 mmdd (sí, dólares,
un 243.1% más que en el mismo período de 2019), y cuando
tratamos de eliminar de la faz de la tierra los combustibles
fósiles; veremos actos imperdonables de corrupción
cometidos con absoluta impunidad por quienes dicen
combatirla, tal como pudimos constatar en el caso de Pío

López y de Felipa Obrador (por citar sólo los más casos con mayor derroche de cinismo y de impudencia), que serán justificados por la virtud de sus "fines"; caeremos en las redes de la desesperación y el miedo esperando a que termine el año más sangriento en la historia de nuestro país con tasas al alza en feminicidios y en homicidios dolosos; despediremos el 2020 con la pérdida de 555 mil plazas en el empleo formal en los últimos dos años y México tendrá una de las contracciones económicas más severas entre los 36 países miembros de la OCDE; soportaremos la muerte de los niños con cáncer y los pacientes con VIH debido al desmantelamiento de las redes de distribución sanitaria y al raquítico presupuesto destinado a la salud, y experimentaremos en carne propia el colapso del sector sanitario en aras de programas clientelares y de demagógicos proyectos.

La oposición deberá entender, sin embargo, que es la rabia social, el sentimiento de abandono y de desprotección, la necesidad de colectivos marginados de resarcirse frente al mundo ante el ultraje y las injusticias, la depauperación intelectual de quienes habitan en una realidad marginal, lo que ha permitido que un farsante demagógico y populista se monte en los fanatismos para perpetuarse en el poder.

El fanatismo es el umbral del desmoronamiento democrático y la razón de la sinrazón.

La ética de la farsa, el cinismo y la hipocresía

Las galletas de la fortuna

En su obra "El Príncipe", inspirada en el inescrupuloso Cesar Borgia, el diplomático, filósofo y escritor florentino Nicolás Maquiavelo supone que la política se rige por una ética distinta que, bajo sus propias leyes, difiere en esencia de la ética clásica (cristiana o aristotélica); esta última, insta al hombre a observar en todo momento la bondad de los medios, mientras cede el patrimonio de los fines a los designios del hado o de la voluntad divina. Es evidente para Maquiavelo que la ética política no persigue el bien en sí mismo, sino la gloria y el poder. Bajo esta cosmovisión, la política deberá mantenerse siempre al margen de la moral religiosa, a la que sólo deberá ajustarse el hombre común, aquel que ha nacido para ser "gobernado". Para el "gobernante", por el contrario, el bien político materializado en el poder, habrá de justificar la naturaleza de los medios; así el pensador italiano nos dice, en alusión al "gobernante", que no deberá preocuparse en modo alguno de "incurrir en la infamia de vicios sin los cuáles difícilmente podría salvar al Estado, porque si consideramos esto con frialdad, hallaremos que, a veces, lo que parece virtud es causa de ruina, y lo que parece vicio sólo acaba por traer el bienestar y la seguridad". En este orden de ideas, la concepción maquiavélica de la ética plantea una dualidad irreconciliable; el ciudadano debe ceñirse a la "ética de medios" y centrarse en las "buenas obras", que de todo bien habrá de derivarse un bien semejante. Mientras tanto, en el marco específico de la política, pareciera factible afiliarse a la "ética de los fines"; bajo esta óptica, el mal e incluso el crimen podrían resultar justificables en aquellos casos en los que el bien político y el bien moral entran en conflicto. Así, el gobernante puede adueñarse bajo la justificación del ejercicio político o del supuesto "bienestar común", de un recurso de excepción (que a menudo emplea con tanta frecuencia, que termina por desdibujar cualquier clase de marco ético). Bajo esta perspectiva se abre la enorme puerta de la falsedad y la simulación. Como lo menciona el propio filósofo en su obra: "Un príncipe prudente no debe observar la fe jurada cuando semejante observancia vaya en contra de sus intereses" [...]. "No es preciso que un príncipe posea todas las virtudes, pero es indispensable que aparente poseerlas" [...]. "Está bien mostrarse piadoso, fiel, humano, recto y religioso, y asimismo serlo efectivamente; pero se debe estar dispuesto a irse al otro extremo si ello fuera necesario".

Tal ética de la farsa, del cinismo y de la hipocresía, ha sido el sello distintivo, la mácula inocultable de la "cuarta transformación" (que en la dinámica del retroceso, nada transforma). Se trata de una ética maquiavélica y acomodaticia que recomienda, como lo señala el propio escritor, "disfrazarse bien y ser hábil en fingir y en disimular", ya que "los hombres son tan simples y de tal manera obedecen a las necesidades del momento, que aquel que engaña encontrará siempre quien se deje engañar". De este modo, la misma corrupción que se repudia en el "otro", será tolerada con descaro en los cercanos al poder; ética mágica y conveniente, holgada y complaciente, que reserva para sí la impunidad y las prebendas. Es la ética del embalsamamiento momentáneo que devuelve lozanía a los cuerpos corrompidos; la que permite a "nuestro hermano" llenarse las bolsas de dinero mal habido, que será perfumado de inmediato en la "virtud de los fines". Es la ética podrida y engañosa, que les permite ignorar las necesidades verdaderas, las que no se resuelven con "subsidios etiquetados", con dádivas miserables, con ayuda a cuentagotas, con discursos fatuos o promesas demagógicas. Es la ética del "Tartufo", la del embaucador y el embustero; ésa que les llena la boca con sus míticas "hazañas sanitarias", mientras los niños con cáncer se aferran a la vida y los muertos se apilan en el montón de las cifras. Ésa por la que jamás buscarán en el diccionario la palabra "feminicidio" porque, al fin y al cabo, ¿qué diferencia habrá al final en la cuenta de los muertos? Ésa que les permite confundir con facilidad la violencia y el crimen con el "inevitable paisaje" de nuestra realidad cotidiana, ésa que les permite esperar sentados a que la pandemia "se agote" para que cesen los muertos, ésa que les procura la serenidad necesaria para contemplar a sus conciudadanos ahogarse bajo las aguas, mientras esperan impávidos a que cesen las lluvias. Es esta "moral" de la desvergüenza y la desfachatez, la que impide que se sonrojen al editar su "Guía Ética para la Transformación de México", oropelada e insípida, falsa y engañosa como un cadáver maquillado que se pudre por dentro. No hay recomendaciones éticas más indignas y abominables que las que se prodigan para buscar la propia beatificación, las que intentan revestir a quien las signa con aluviones de bondad y de pureza. De ahí su vacuidad evidente, su sonido a moneda falsa, su similitud con los consejos del "gurú" de las revistas de moda, o con las papeletas que encierran en sus entrañas las "galletas de la fortuna":

"Del trabajo: No hay mayor satisfacción que tener trabajo y disfrutarlo".

"De la riqueza y la economía: No es más rico el que tiene más, sino el que es más generoso".

"De los acuerdos: Los compromisos se cumplen".

"Del pasado y del futuro: Quien no sabe de dónde viene difícilmente sabe a dónde va".

Perdonen que me ausente, tengo urgencia de vomitar.

Los principios éticos que llevan a la verdad

¡Entre curanderos te veas!

Karl Popper, considerado hoy día como uno de los filósofos de la ciencia más relevantes del siglo XX, mencionaba cuando se le concedió el doctorado "honoris causa" de la Universidad Complutense de Madrid que hay tres principios éticos que deben ser observados si es que pretendemos descubrir la "verdad": El "principio de la falibilidad", que nos obliga a asumir la posibilidad de que estemos equivocados, el "principio del diálogo racional" por el que debemos siempre asumir una actitud crítica como parte de nuestra responsabilidad intelectual, y el "principio del acercamiento a la verdad a través del debate", que nos permite (incluso en aquellos casos en los que no se llega a un acuerdo), mejorar nuestro entendimiento. Tales principios llevan implícito el reconocimiento de nuestras fronteras y limitaciones (lo que supone renegar de nuestra megalomanía), la imposibilidad de aseverar con absoluta certeza que poseemos la verdad, y la necesidad de un espíritu de tolerancia, diálogo y autocrítica que nos aleje de los dogmatismos y las complacencias. Cabe destacar en este punto que tales principios, en lo que atañe al manejo de la pandemia, han brillado por su ausencia; nuestro Secretario de Salud (incapaz de hilvanar cinco ideas consecutivas que no provengan de un papel) y su infame zarevich, parecen tener un código distinto, una metodología singular, acartonada e inflexible apegada al "principio de la infalibilidad", al "principio del rechazo al diálogo racional" y, finalmente, al "principio del alejamiento de la verdad por evitación del debate", si es que es posible etiquetar de algún modo los principios que rigen el chamanismo, la seudociencia y la contaminación ideológica del conocimiento. Desde el inicio de la pandemia, nuestro errático subsecretario López-Gatell, subestimó la magnitud de la amenaza que se cernía sobre nosotros al declarar que "la virulencia y la letalidad del nuevo agente eran bajas" y que no existían "indicios sugestivos de un comportamiento grave". Así, la enfermedad no debía ser etiquetada como una emergencia sanitaria. Las consecuencias inevitables de tan erradas suposiciones fueron el retraso evidente en la implementación de las medidas apropiadas de combate sanitario, la falta de pruebas diagnósticas e insumos hospitalarios, y la exposición excesiva del personal médico y paramédico que enfrentó cara a cara al letal enemigo utilizando equipos de protección de muy dudosa calidad, lo que posicionó a México como el país con la tasa más alta de mortalidad a nivel mundial en personal sanitario, de acuerdo con informes de Amnistía Internacional y de la revista "The Lancet". Mientras la ciencia basada en evidencias recomendaba con absoluta claridad la práctica abundante de pruebas diagnósticas para encontrar, aislar, supervisar y atender oportunamente a los pacientes, rastrear contactos para seguir y romper las cadenas de transmisión del virus, y señalar sin ambigüedades las ventajas ampliamente demostradas del uso de las mascarillas, descargaba incontinente su andanada verborreica para desestimar, con la evidente complacencia de su amo, las más elementales medidas de protección. ¿Y qué decir de su faraónica soberbia, de los interminables circunloquios y malabarismos pseudocientíficos con que intenta disfrazar su cortedad intelectual y ocultar el evidente sesgo ideológico, el servilismo político y su renuencia incomprensible a enmendar el rumbo, aun a costa de los muertos?

Con la insensatez del que rebaja el mérito ajeno para igualarlo con su pequeñez, descalificó de inmediato (aun sin conocer su contenido) el documento de consenso "La gestión de la pandemia en México", preparado por 6 exsecretarios de salud con el propósito de analizar las políticas públicas en el combate del coronavirus y exponer sus propuestas de cambios urgentes. Hoy, a meses de distancia de aquel fatídico comienzo, resuena en nuestras mentes la frase inaudita, la insensible revelación de un burócrata de la salud que quedará registrada en los anales de la infamia como apotegma macabro de la ineptitud y del fracaso; "los que fallecieron, fallecieron". No extraña así que la empresa Bloomberg, tras evaluar numerosas variables como el crecimiento de los casos, la tasa de mortalidad general, las capacidades para realizar pruebas, los acuerdos de suministro de vacunas, el impacto de las restricciones o los bloqueos económicos, nos hayan colocado en el último lugar de los 53 países evaluados, por debajo de Irak, Irán o Nigeria.

Rasputín, conocido como el "monje loco", fue un campesino

semianalfabeto que abandonó a su familia para ingresar en un monasterio y, posteriormente, en una secta proscrita conocida como "los flagelantes", famosa por sus frecuentes orgías y francachelas. Se forjó una fama de curandero y vidente, que llegó a oídos de la zarina Alejandra Fiódorovna, esposa del zar Nicolas II, quien a raíz de una de las graves crisis hemorrágicas relacionadas con la hemofilia padecida por el zarevich Alexis Nikolaiévich, convocó a Rasputín, quién le aseguró que el heredero viviría. El monje sería considerado por la mística zarina como un santo. A partir de 1915, con Nicolás II ausente de la corte por el estallido de la primera guerra mundial, ejerció sobre Alejandra una influencia perniciosa, convirtiéndose de facto en su principal consejero, lo que le permitía deponer a placer a ministros y oficiales que no fueran de su agrado. No había ley u opinión que no pasara por las manos de Rasputín; lo mismo en política que en economía. Pronto, los rumores de sus constantes orgías, de su inmoralidad y de un tórrido romance con la propia zarina, acrecentaron el odio y la animadversión por tan oscuro personaje. El pueblo lo odiaba y repudiaba sus excentricidades mientras moría de hambre, y suponía que a la par que la zarina, deseaba el triunfo de Alemania. Rasputín fue así el más claro catalizador de la desgracia de los Romanov y de la revolución rusa de 1917.

¡Entre curanderos te veas!

Instrumentalizar la educación con fines ideológicos: El dogma y la consigna doctrinaria

¡Con nuestros hijos nunca!

La educación es la base fundamental del desarrollo de la libertad, del juicio autónomo, de la conciencia de un "yo" único e irrepetible, de la originalidad del pensamiento, de la bendita singularidad del que forja sus ideas, del que busca sus respuestas, del que analiza y decide, del que discierne y discrepa, del que repudia el servilismo y abomina de la domesticación. Nada más repulsivo y deleznable, nada más despersonalizante y perverso que instrumentalizar la educación con fines ideológicos. En pleno siglo XXI, la esclavitud abandona los grilletes para adoptar formas igualmente viles de dominación, aun más reprobables si consideramos que apelan a menudo a la vulnerabilidad de nuestra infancia, que en su receptividad acrítica y en su inexperiencia cognitiva, es presa fácil del dogma, del prejuicio doctrinario, del acatamiento incondicional, de la disciplina insensata, de la implantación de sesgos políticos o culturales, del proselitismo descarado o la aceptación ciega; en el programa educativo norcoreano, los "estudios revolucionarios" constituyen una de las materias más importantes de su programa educativo, en la que el niño debe asimilar la grandeza casi "divina" de la dinastía Kim que gobierna el país desde hace más de 70 años. Los alumnos deben crecer en el "amor y el afecto al partido y al Estado". Los norcoreanos requieren autorización para viajar en su propio país y sólo podrán ver en sus televisores programas propagandísticos, noticias autóctonas o películas de la extinta U.R.S.S. o de la otrora Alemania del Este.

En Venezuela, la dictadura de Hugo Chávez implementó políticas públicas a partir de 1999 encaminadas a "injertar", desde la niñez, los principios ideológicos de la revolución Bolivariana con el fin de cohesionar el tejido social en torno a su modelo socialista de corte militarista. Así, tras defender la entrega de una versión "ilustrada" de la Constitución Chavista en escuelas públicas, la Ministra de Educación de Venezuela, Maryann Hanson, declaraba; "Nosotros estamos intentando crear un estado socialista y tenemos que reproducir la ideología de un Estado Socialista". Así, los libros de texto venezolanos lucen hoy como panfletos políticos, como un panegírico de Hugo Chávez que encomia las virtudes del gobierno y la relevancia de la revolución. De un libro de matemáticas para niños de 9 años pueden extraerse textos como este:

"A través del programa 'Mi Casa bien equipada', Juanita compró un televisor de 32 pulgadas y una lavadora por un total de 3.555 bolívares. Si hubiera comprado estos productos en una tienda, habría tenido que pagar 25% más por la televisión y un tercio más por la lavadora. ¿Qué conclusiones podemos hacer mediante la comparación de los precios de un mismo lugar con la otra? "

Pero este adoctrinamiento burdo e infame, este mecanismo de control y de manipulación pervertida, ha sido traído a nuestra patria por los que, en sus delirios mesiánicos, suponen que el país avanza y se transforma. En la página 24 del Programa de Ciencias Sociales e Historia Socioeconómica de México, distribuido en Puebla entre alumnos del bachillerato, se lee:

"Estaba cenando y viendo mi 'face' cuando mi papá, quien es chofer del transporte público, nos platicó que el tráfico durante su turno del día estuvo terrible por "la famosa marcha Fifí" y fue muy desgastante, ya que la micro utilizó mucha gasolina y hubo pocos usuarios, sacando muy poco económicamente ese día, y como tenía que pagar la letra de la casa, la luz, el teléfono y otras cuentas, pues casi no le va a alcanzar. Seguí viendo mi ´face´ y principalmente los memes de la marcha que me dieron mucha risa, pero mi mamá que se enoja y que me regaña porque algunas de sus amigas que son empleadas domésticas cargaron las pancartas de sus patrones y me dijo: ¿Qué hubieras hecho tú? ¿Hubieras cargado las pancartas de tus patrones? Porque si te niegas no te pagan el día. Ahora ya tengo muchas dudas. ¿Por qué marchan? ¿Por qué Fifís y Chairos? ¿Qué características tienen los Fifís y los Chairos? ¿A cuál de estos grupos pertenezco? Cuando trabaje, ¿me alcanzará pagar mis cuentas? ¿Qué contradicciones económicas y sociales tiene el país? ¿Por qué hay tantas desigualdades en el país? ¿Quién ha hecho algo para evitar esa desigualdad?".

Así, el discurso de odio, la polarización perversa implantada por los regímenes populistas para crear en la sociedad una escisión extrema entre dos bandos enfrentados, que le permita al "iluminado" encumbrarse en el poder como representante de la voluntad del pueblo, del oprimido", del vejado y del explotado, mientras fractura la cohesión social y elimina todo rastro de oposición centrando el odio en sus adversarios políticos, raya en las más recriminables prácticas doctrinarias de las peores dictaduras.

Nuestro gobernador poblano, lacayo servil, mascota presidencial antropomórfica de ideas diminutas pero de lengua expedita, ha emprendido la "ruta bolivariana", la deformación de la enseñanza, la educación perversa que asesina el pensamiento para reemplazarlo con la "fe", que sustituye la razón y la duda, esencia misma de la condición humana, por el dogma y la consigna doctrinaria.

Ante el fracaso del "Gran Salto Adelante", Mao Zedong ideó la llamada "revolución cultural" en 1966, cuyo objetivo era purgar la sociedad China de las influencias capitalistas y del pensamiento burgués (en realidad, un esfuerzo cínico de Mao para consolidar su poder en el partido). Los instrumentos de este movimiento fueron miles de estudiantes universitarios, de enseñanza media y primaria, que fueron adoctrinados para conformar la "guardia roja" de Mao, que habría de combatir las élites sociales. Millones de ejemplares del "Libro Rojo", catequismo de la revolución cultural que recopilaba los pensamientos del líder, fue distribuido por toda China. Los estudiantes chinos golpeaban, torturaban, asesinaban y exigían confesiones a académicos y maestros. La persecución se extendió a la intelectualidad, la ciencia y la cultura. El saldo, decenas de millones de personas perseguidas y una cifra de muertos que varía entre cientos de miles y los 20 millones. Este evento traumático que se extendió por 10 años hasta la muerte de Mao, marcó a toda una generación; algunos estudiantes denunciaban a sus propios padres, a pesar de que la denuncia conllevaba su ejecución.

¡Con nuestros hijos nunca!

Las características indefectibles de la traición: Los dividendos del engaño

¡Que alguien despierte al gallo!

El pasaje bíblico que narra la forma en que Pedro niega a su amado maestro, recoge a mi juicio los elementos que hacen de la traición un acto terriblemente amoral y recriminable: Su traición va dirigida a quien dice amar y respetar, a quien lo ha acogido en su círculo privilegiado para revelarle los secretos del mundo; niega a Jesús tocado por el egoísmo, pensando en sí mismo, en salvaguardar su integridad sin atender a la deslealtad que el hecho implica; la negación fue triple y anunciada, había en su fuero interno conciencia plena de su traición, sabía lo que escondía detrás de sus palabras y tres oportunidades tuvo de afiliarse a la verdad. Pero la santidad de Pedro no sucumbe a su traición, tras el canto del gallo recupera su grandeza y, arrepentido y avergonzado, emprende la incansable misión con la que cambiará la historia.

Pero el gallo no canta para todos: La traición se adueña para siempre de los espíritus malignos, de los que amordazan la dignidad, de los que abrillantan el oropel de la virtud bajo el que esconden su podredumbre; esos que escalan las grandes

cimas del mundo apoyándose en las cabezas de los demás, esos que esconden la maldad de sus acciones con la generosidad de su retórica. Así, la bondad de sus palabras se diluye en los hechos; marcharán en sentido contrario a sus declaraciones más "sagradas" si en ello está empeñado algún beneficio. El logro personal o la ventaja individual adormecerá cualquier escrúpulo, obnubilará la conciencia para recoger sin repugnancia los dividendos de su engaño. No sentirán jamás la vergüenza que acompaña a la mentira y responsabilizarán a su escoba de la suciedad del mundo.

No extraña así que, en medio de la desgracia, nuestro inquilino de Palacio se aferre a su catecismo, presto a ofrecer su flanco para ocultar su frente: La ambición le torna esquivo, rápido en el engaño y pródigo en la mentira. Como el árbol que nutre su follaje en la podredumbre de la ciénaga, la catástrofe le sienta como "anillo al dedo". Espera paciente la extinción de la pandemia y, al igual que el habitante solitario de un poblado remoto, ve pasar desde el umbral de su casa los cortejos fúnebres de sus infortunados vecinos, para contabilizar impávido las muertes ajenas. Así, parapetado detrás de su chamán de cuarta y en pleno repunte de la pandemia insisten en la inutilidad de las pruebas, en enviar a su casa a los enfermos mientras les alcance para respirar el aire de su habitación con tal de no saturar los hospitales, en desestimar el valor de un cubrebocas a pesar de la evidencia aplastante que surge día a día alrededor del mundo. ¿Y qué decir de los que a solas, en el abandono absoluto, yacen bajo las aguas de Tabasco, de esos pobres a los que había que inundar porque alguien debía tomar la fatídica decisión y "optar entre inconvenientes"? ¿A qué exponerse a la

enfermedad por remojarse los zapatos si puede evaluarse la desgracia desde la seguridad de un helicóptero? Desaparecido el FONDEN y en medio de una parálisis asistencial, los vecinos se auxilian los unos a los otros mientras el inquilino de Palacio satura sus mañaneras con su politiquería ramplona.

¿Y qué hay de las mujeres asesinadas, de los niños mutilados, de los pequeños con cáncer y de las diarias masacres que su agenda transformadora no tiene contemplados? ¿No vulneran a su "pueblo" e injurian a sus "pobres"? Más deleznable que la mentira es la hipocresía; aquella puede ser incidental y hasta piadosa, pero ésta se adhiere al alma como la piel al cuerpo. Tantas veces nos ha traicionado que alguien debe despertar al gallo: Pero temo que, a diferencia de Pedro, no brotará jamás de él ni el más mínimo atisbo de arrepentimiento.

La colectivización forzosa de la agricultura emprendida por Joseph Stalin, acarrearía entre 1932 y 1933, uno de los mayores genocidios de los que se tenga memoria. Las tierras, los animales, la maquinaria y las cosechas fueron confiscadas para asegurarse el control de los recursos agrícolas, cumplir con los planes de exportación de granos y alimentar al Ejército Rojo. En 1928 los campesinos de Ucrania, Kazajastán y el norte del Cáucaso, sólo pudieron entregar 4.8 millones de toneladas de sus cosechas en vez de las 6.8 millones del año anterior. Eso proporcionó a Stalin el pretexto perfecto para intervenir en Ucrania. A partir de 1930 el grano y el trigo fueron requisados. En 1932, se aprobó la Ley de las espigas que establecía castigos para los opositores a la confiscación. Así, fueron ejecutadas 5,400 personas y 125,000 fueron enviadas a los gulags. Casa por casa se confiscaba la comida de los campesinos mientras las fronteras eran cerradas para que nadie pudiera salir. La gente moría de hambre y se veía obligada a comer la corteza

de los árboles. Hubo incluso actos de canibalismo. El resultado final de este evento, conocido por los académicos como "Holodomor" fue la muerte de 25 millones de personas.

La traición a su propio pueblo, es el estigma más vil de los malvados.

A propósito de la insignificancia intelectual y la mediocridad indómita: La vocación destructiva

El depredador de las luciérnagas

La escritura es la llave de la comunicación, es presencia y permanencia, desarrollo y cultura. No en vano apuntó Jorge Luis Borges en una de sus famosas conferencias que tuvieron lugar en 1978 en la Universidad de Belgrano en Buenos Aires: "De los diversos instrumentos del hombre, el más asombroso es, sin duda, el libro. Los demás son extensiones de su cuerpo. El microscopio, el telescopio, son extensiones de su vista; el teléfono es extensión de la voz; luego tenemos el arado y la espada, extensiones de su brazo. Pero el libro es otra cosa: el libro es una extensión de la memoria y de la imaginación". Por eso a través de sus hojas, ventanas abiertas al mundo, nos asomamos al pasado, entendemos el presente y prefiguramos el futuro. La palabra escrita es la herramienta misma de la civilización, la piedra angular del conocimiento; de ahí la enorme importancia que supone para nuestro país la edición 34 de la Feria internacional del Libro de Guadalajara que, tras ver la luz en 1987, es señalada como el evento cultural más relevante en su tipo para el mundo hispanohablante. Por su riqueza cultural y literaria, por sus alcances y envergadura, es considerada la segunda feria más importante del planeta, sólo superada por la feria del libro de Francfort (la "Frankfurter Buchmesse") en Alemania. Galardonada junto con el "Hay Festival of Literature & Arts" con el premio Princesa de Asturias de comunicación y humanidades por "representar uno de los más importantes puntos de encuentro del libro, los escritores, los lectores y la cultura en el mundo, así como un foco de difusión para la lengua española", contará este año en su versión virtual, a consecuencia de la pandemia, con la participación de más de 300 personalidades del mundo de la cultura entre premios Nobel, científicos, diplomáticos, especialistas de 38 países y destacados escritores de la talla de la multigalardonada escritora portuguesa Lidia Jorge, Juan Villoro, Salman Rushdie, Fernando Savater, Enrique Krauze, Ángeles Mastretta, Almudena Grandes, Arturo Pérez Reverte, y un largo etcétera. Hasta este punto nada cuestionable; orgullo para México y ejemplo para el mundo. Pero hay espíritus malévolos, personalidades alicortas, liliputenses del entendimiento empeñados siempre en ensuciar la grandeza, en enlodar el mundo, en pisotear cualquier brote de originalidad o de progreso; denostarán cualquier virtud y sofocarán hasta la más insignificante chispa de ingenio, solo para dejar constancia de su pequeñez, de su mediocridad indómita, de su ignorancia altiva. Lejos de subrayar y enaltecer su valía, nuestro inquilino de Palacio repudió y descalificó el evento que, en su ya acostumbrada miopía intelectual, supuso tan solo una venta de libelos, un ataque panfletario contra su gobierno orquestado por las hordas amenazantes de conservadores espectrales que pueblan a diario sus alucinaciones mañaneras. ¿Qué especie de narcisismo delirante le hace suponer que un suceso de tal relevancia no es sino un pretexto para denostar a su gobierno? ¿Qué tipo de desviación paranoide deforma a tal grado la realidad de nuestro mandatario para asumir que una reunión de escritores, científicos, intelectuales y personalidades destacadas de todo el orbe no tiene otro fin que echar abajo su, de por si infructuoso, proyecto de Nación? No hay enemigo más peligroso que el que vive en nuestra casa. Todo lo que no decide, no proyecta o no controla, insiste en destruirlo; nada puede ser valioso si no emerge de sus entrañas, aunque beneficie a los mexicanos o represente un destello entre su bruma gubernamental; el brillo de las luciérnagas atrae a los depredadores, molesta a todo aquel que incapaz de generar el más mínimo resplandor o brote de luz en el faro de su ingenio, encomia las virtudes de la noche y decreta orgulloso la oscuridad perpetua.

A finales de la década de 1930 tuvo lugar la llamada "Gran Purga" emprendida por Joseph Stalin en la Unión Soviética, bajo los efectos devastadores de su incurable paranoia. Cientos de miles de seres humanos entre miembros del Partido Comunista, socialistas, anarquistas y opositores, que a sus ojos no mostraban lealtad ciega e incondicionalidad total a su proyecto ideológico, fueron torturados, asesinados o enviados a los gulags. Las sangrientas "limpias" involucraron también al Ejército Rojo, donde casi la totalidad de sus mariscales, comandantes de ejércitos, almirantes, generales de división y comisarios del ejército fueron juzgados, condenados por razones políticas y eliminados sin

piedad. El inevitable debilitamiento de las fuerzas armadas y
la ausencia de oficiales capacitados de alto rango, impediría
al Ejército Rojo contener el implacable avance de la
"Blitzkrieg" alemana, que llevaría a los nazis a las puertas
de Moscú.

Sin consideración alguna por la vida humana, Stalin no
dudo en enviar al matadero a millones de soldados que, mal
equipados y peor entrenados, lograrían al fin (con la
colaboración involuntaria del congelante invierno soviético)
contener la devastación enemiga.

Por alguna razón, incomprensible para nuestro inquilino de
Palacio, Raúl Padilla López presidente de la FIL mencionó al
recibir el galardón Princesa de Asturias: "Los libros, y en
general la letra impresa, se alimentan de la libertad y a la vez
la amplían. La modernidad política apareció con la libertad
de imprenta, con el derecho a escribir y publicar sin
restricciones.

Defendamos este valor fundamental, con más razón frente a
los gobiernos populistas que hoy amenazan nuestra gerencia
liberal y ponen en riesgo la democracia",

 Ante tales "ataques" del ala "conservadora y neoliberal",
nuestro depredador de luciérnagas concluyó: "enfrentamos
la decadencia, no sólo de México, (sino) de las
universidades, de la intelectualidad y de los que otorgan
estos premios"

Cuando el narcisismo y la egolatría ciegan al hombre: La sobrestimación delirante de sí mismo

Antes de que pisemos nuestras ruinas

Aunque ajeno a cuestiones de Derecho y con plena conciencia de la abrumadora cascada de descalificaciones que puede acarrearle a un lego cualquier señalamiento en torno a nuestra Carta Magna, resulta incomprensible (al menos para mí) que en las facultades y obligaciones del Presidente, consagradas pormenorizadamente en el Artículo 89, no se señale en forma explícita su deber de gobernar, sin distingo alguno, para todos los mexicanos. La reflexión se desprende del clientelismo dominante y del desprecio absoluto del inquilino de Palacio por cualquier tipo de demanda, reivindicación, interés, asunto, petición, señalamiento, necesidad, crítica, iniciativa, propuesta, razonamiento, ocurrencia o aportación que no proceda de sí mismo. Encerrado en su burbuja de halagadores compulsivos, se regodea satisfecho con el logro que imagina, con la realidad que confecciona como saco a la medida, la que construye en su arrogancia y apuntala en su egolatría; esa especie de mundo autónomo, independiente e inconexo, que su narcisismo desbordado ha generado para sí, poblado de logros, hazañas épicas y transformaciones históricas. Todo egocentrismo sobrestima sus alcances y exagera sus triunfos; desconoce la brecha ineludible entre el desear y el conseguir, entre el querer y el lograr, entre el proyecto y la obra. Supone, como el rey Midas, que su toque es suficiente para transformar nuestro mundo en un áureo y refulgente paraíso. Pero vislumbrar las estrellas dista mucho de habitarlas; ahí están, impertérritos e insultantes los males de siempre, el flagelo de la corrupción, las masacres, los feminicidios, los niños con cáncer, la violencia cotidiana, la pandemia, el dolor y la pobreza. Pero no hay ojos para verlos ni empatía para sufrirlos; todo parece girar en torno a nuestro "iluminado". Miles de horas consumidas en soliloquios narcisistas, en mañaneras fatuas, en preocupaciones insulsas sobre lo que se dice o no se dice de él en la "prensa "fífí", en los "pasquínes inmundos" o en cualquier otra parte, como si nada de lo que sucede estuviera a su altura. Supone que nadie sino él posee los rasgos, las características, los atributos, los alcances, el entendimiento y la omnisciencia para transformar nuestra Nación, para marcar hitos en el devenir de nuestra patria. Su sentido de la autoimportancia le priva de interlocutores, le vuelve sordo ante la crítica, indiferente ante el consejo, ciego a las necesidades de otros, impermeable a cualquier sugerencia o enmienda gubernamental que no haya surgido de sus entrañas. Nada lo detendrá en su camino hacia el abismo y aun en la desgracia se aferrará a su grandiosidad y despotismo, como lapa a la roca.

En mayo de 1945, mientras las tropas alemanas colapsaban y el ejército rojo marchaba implacable en su camino hacia el Reichstag, entre las ruinas de Berlín, Adolf Hitler pasaba sus últimos días a escasa distancia de la Cancillería del Reich en las profundidades del búnker, último refugio de los nazis hacia el final de la guerra. Mientras las mujeres civiles alemanas eran violadas en masa por los oficiales rusos y la capital alemana ardía en llamas entre los escombros, Hitler continuaba soñando con armas milagrosas que cambiarían las tornas de la guerra. Movilizaba ejércitos inexistentes y destituía al general de las Waffen SS Felix Steiner por su "negligencia" en el auxilio de Berlín. Niños y ancianos fueron armados y sacrificados para combatir por su Fürher.

Despertemos de este delirio narcisista, antes de que tengamos que abrirnos paso entre los escombros de nuestra patria.

Sobre las fronteras de la libertad de expresión y los soliloquios decadentes del populismo

¡Alguien aquí debería avergonzarse!

Algunos políticos y periodistas mexicanos, de esos que defienden a ultranza las supuestas virtudes del seudoproyecto de autoritarismo descarado y retroceso democrático, que en sus insanos devaneos esquizoides suponen "transformación", rasgaron con indignación sus vestiduras y, cual plañideras en entierro, lamentaron a los cuatro vientos la infame e inmerecida "censura" de la que fue objeto el presidente Donald Trump al ver interrumpida en las principales cadenas televisivas y radiofónicas de los EE.UU., su teatral declaratoria de fraude y su velada convocatoria a la confrontación callejera: "Si cuentan los votos legales, gano fácilmente. Si cuentan los ilegales van a intentar robarnos las elecciones (aquí es donde los mexicanos sufrimos un "deja vu").

Tras más de dos sexenios en México de crónicos delirios de confabulación, mafias del poder y fraudes por doquier, no extraña que un acto encomiable y valiente de congruencia democrática, haya sido degradado por algunas mentes reducidas y obtusas al rango de "complot". Pero, ¿qué puede esperarse de quienes en su inconmensurable apetito de poder prefieren regalar nuestras instituciones al diablo antes que aceptar una merecida derrota? ¿Cómo no iba a indignarles que desarmaran la mentira, la manipulación, la desvergüenza y el artero ataque a la democracia si blanden en su lucha las mismas espadas?

La libertad de expresión como derecho universal no puede ser restringido por previa censura, pero no es un derecho absoluto; está sujeto a responsabilidades ulteriores. La posibilidad de difundir ideas y opiniones a través de cualquier medio, como deja claro la propia declaración universal de los derechos humanos, no es una licencia a la ilegalidad; encuentra sus naturales fronteras en el respeto al derecho y la reputación de los demás, en la preservación del orden público, en la incitación irresponsable a la violencia, en las apologías del odio, o en el respeto a la honra y la dignidad del "otro" (algo que parece no recordar, por cierto, nuestro inquilino de Palacio). Polarizar a la sociedad con fines maniqueos, taladrar su mente con discursos de odio racial y proclamas ultra derechistas, lanzarla a las calles en plena jornada electoral y denunciar entonces por los micrófonos nacionales, aun antes del conteo de los votos, que ha sido víctima de un fraude es un acto criminal, una cerilla encendida con intencionalidad perversa en un almacén de pólvora.

No nos engañemos: El móvil de la airada condena expresada por nuestros connacionales a la acción valiente y decidida emprendida por los medios de comunicación en nuestro vecino país del norte no es parte de una cruzada en defensa de la libertad de pensamiento, ni la expresión espontánea de una impoluta vocación democrática; es el temor de que nuestros propios medios de comunicación decidan hacer lo mismo con

el esperpento de glorificación demagógica y polarización populista que han dado en llamar las "mañaneras" (un título tan odioso y ramplón como el "aló presidente" del difunto Hugo Chávez): Soliloquio decadente de clasismo bananero, tribunal de la venganza y del odio donde el debido proceso y la presunción de inocencia son tan solo un sofisma democrático. ¿No es acaso un derecho de los medios seleccionar sus contenidos para dar difusión responsable a la información veraz y verificable antes que hacerse eco de falsedades y de basura manipulativa? ¿Por qué alguien estaría obligado a dar seguimiento a este espectáculo insulso e intrascendente, mientras los cementerios de nuestra nación vomitan a sus muertos? ¿Tenemos obligación de convertirnos en la caja de resonancia de un divisionista resentido? Evidentemente no: me niego a la complicidad con quien, montado en su discurso de odio, dinamita la democracia y fragmenta nuestra sociedad.

Mientras tanto, lejos de los maiceados, los chayoteros, los fifís, los vendepatrias, los señoritingos, y de todos aquellos que personalizan los odios y los resabios de nuestro ínclito "iluminado", resuena el primer mensaje de Joe Biden a una nación polarizada: "Prometo ser un presidente que no busca dividir, sino unificar, que no ve estados rojos y estados azules, sino que solo ve Estados Unidos" (...) Soy un demócrata orgulloso, pero voy a gobernar como presidente de Estados Unidos y trabajaré duro por aquellos que no votaron por mí, así como por aquellos que lo hicieron".

!Alguien aquí debería avergonzarse!

El socavamiento de nuestro valores y la plaga populista

Los populismos: La fórmula del odio

Durante décadas, la democracia fue el más sólido baluarte en la defensa del mundo libre frente a los constantes embates de los sistemas absolutistas o del corporativismo estatal de los regímenes comunistas. El estrecho margen que separa a Donald Trump de su rival demócrata en la contienda por la silla presidencial de los EE.UU, revela sin duda un hecho preocupante: El fortalecimiento creciente y vertiginoso de los populismos que, al margen de su sello ideológico, amenazan con tormentas los cielos de la democracia.

Como la mosca del gusano barrenador que asuela los rebaños, el populismo aprovecha toda "herida" en el tejido social para depositar sus huevecillos que, transformados en larvas y escondidos tras la retórica misma de la democracia, se alimentarán de sus entrañas hasta dejarlos inertes.

De muy variado cuño en el vasto espectro político derecha-izquierda, los populismos proliferan sin piedad como una plaga invisible, socavando los valores que suponíamos inamovibles: La igualdad frente a la ley, la solidez institucional, la libertad de expresión y la pluralidad de pensamiento. Sin conformar un sistema ideológico, el populismo puede ser entendido como una forma particular de gobernar, como una modalidad discursiva que, al margen de su encuadre político, taladra en su estrategia los cimientos de la democracia. Pero, ¿cuáles son los rasgos comunes que dan forma y cuerpo a los llamados populismos? ¿En dónde radica su peligrosidad? ¿Qué implicaciones adversas supone el que un líder como Donald Trump o López Obrador, consiga posicionarse como el genuino y único representante de la voluntad popular?

Los populismos parten siempre del principio de la confrontación, de una polarización maniquea del mundo en dos realidades enfrentadas: el pueblo verdadero y bueno, materializado en la voluntad de su autoproclamado representante legítimo, y un "otro" corrompido y perverso que surgido de diversos grupos y bajo variados nombres y apelativos, encarna al enemigo de las aspiraciones populares. Así la voz del líder, siempre llana y coloquial, puebla el imaginario popular de enemigos vagos e intangibles: Neoliberales o fifís, imperialistas o judíos, migrantes o islamistas, da igual; cada populismo fabrica sus fantasmas. Como el canto irresistible de las sirenas, el líder populista emite su llamado, se adueña de la voluntad popular para ejercer el poder sin cortapisas, aun por encima de las leyes, de las instituciones, o de cualquier estructura que acote su proceder. Decirle a las masas lo que desean escuchar, permite al líder su control absoluto, su fidelidad ciega; perdonarán la mentira y tolerarán la ineptitud. El respaldo incondicional y visceral de las masas hacia la figura del iluminado focalizará el poder en su persona: El autoritarismo y el narcisismo serán a menudo la consecuencia inevitable...el pueblo soy yo. Las dicotomías populistas impiden todo acuerdo; el carácter irreconciliable de los polos se opone a la negociación democrática, al reconocimiento de las necesidades y los derechos del "otro". Tarde o temprano, la intolerancia, el enfrentamiento y la descalificación prejuiciosa hará su debut en la vida pública.

Lo mismo en México que en los EE.UU., la polarización se agudiza y se alienta para apuntalar la discursiva perversa del líder populista. Pero nadie siembra odio para cosechar manzanas. La historia parece recordarnos los peligros de la descalificación y de las separaciones prejuiciosas: El 9 de noviembre de 1938 tendrían lugar en la Alemania nazi, en la Austria anexionada y en el área de los Sudetes en Checoslovaquia, los progromos de la Kristallnacht o "noche de los cristales rotos" que, promovidos desde el poder por el ministro de propaganda Joseph Goebbels, condujeron al asesinato de docenas de judíos, a la quema indiscriminada de 191 sinagogas y al saqueo y destrucción de cementerios y negocios judíos.

La polarización populista no ofrece un desenlace distinto: Quien siembra vientos, recoge tempestades.

Entre la irrealidad y la desvergüenza

La brevísima frontera

Señor presidente López Obrador, quiero felicitarlo muy sinceramente por sus logros. Soy un fiel seguidor de esos encuentros consuetudinarios de transparencia democrática, comunicación institucional abierta, rendición de cuentas e intercambio plural y receptivo con la prensa, que en su país llaman de manera coloquial "las mañaneras". En estas latitudes señor presidente, la realidad es muy distinta: Un pasado oscuro y represivo que suponíamos superado, asoma de nuevo en el horizonte de nuestra patria, con negras nubes de intolerancia y de autoritarismo. Aquí, en estos lares, sufrimos impotentes la retórica hueca y la perorata predecible de un líder autocrático, soberbio e inflexible, impermeable a la crítica, sordo e irreflexivo; un émulo casi cómico de los antiguos caudillos que, en su desbordada soberbia, irrumpían en la escena política para rescatar al mundo. Cada comunicación del poder en estas tierras no es sino una farsa democrática, un rígido aleccionamiento doctrinario que apunta insistente a la domesticación de las masas, a la aquiescencia popular y a la obediencia sumisa e incondicional del pueblo; una grosera estrategia manipulativa que acicatea los odios de clase, los resabios sociales y las antiguas afrentas históricas para alimentar el encono contra todo aquel que muestre trazas de oposición o disidencia política. Aquí, para nuestra desgracia e infortunio, los micrófonos oficialistas repiten incansables la narrativa demagógica bajo el aplauso fiel de huestes mercenarias, que indignas, aduladoras y serviles, como manadas de micos amaestrados, festejan las ocurrencias y los dislates del iluminado. Qué distinto es descubrir su conducción con rumbo, ese proyecto de cambio y progreso que Usted mismo a bautizado en su país como la cuarta transformación; ese salto en la historia, paradigma de austeridad Republicana y de combate implacable de la corrupción, del dispendio y los abusos de las élites neoliberales, que habrá de llevar a su nación hacia una sociedad más justa y solidaria que dejará atrás el flagelo de la pobreza y los fantasmas de la desigualdad. Mi país no corre con la misma suerte; polarizado y confrontado en una burda trampa maniquea, cebado por la dádiva demagógica y por un paternalismo manipulador y degradante, se precipita al abismo de la miseria. De acuerdo con los expertos señor presidente, mi país será el más afectado en mi región y las filas de la extrema pobreza recibirán a 15.9 millones de nuevos desventurados. Mientras tanto intentamos asimilar su exitoso modelo para ponerlo en práctica y solventar la desgracia. Qué decir de lo que ha conseguido en materia de seguridad; en su país, dichosa realidad, no existen la tortura y las masacres; los esporádicos reportes de feminicidios o de actos violentos contra sus mujeres, son tan sólo una exageración maquiavélica de quienes intentan, infructuosamente, desbarrancar su proyecto de nación para preservar sus privilegios. En mi país, estimado señor, el panorama es más sangriento y desmoralizador. Mi amada Nación se debate entre el miedo y la impotencia al enfrentar el año más violento del que tengamos memoria; sólo en lo que va de este año, ochenta mujeres han sido asesinadas aquí cada mes y el homicidio doloso, las extorsiones, el secuestro y los asesinatos del crimen organizado se fusionan implacables con nuestra realidad cotidiana. Festejo que en su país ninguna madre deba buscar a su hijos en fosas clandestinas. No puedo ocultar, lo confieso, cierto dejo de envidia al escuchar sus declaraciones sobre el combate de la pandemia. Pocos mandatarios en el mundo pueden preciarse de no haber sufrido la saturación de sus hospitales. Qué fortuna contar con el apoyo y la asesoría experta de un renombrado equipo de profesionales de la salud que se tradujo en un ahorro, sin parangón en otras geografías, en la compra de pruebas de detección del virus que, sin sustento científico, han sido preconizadas y recomendadas por supuestos expertos en países como el mío. Aquí señor presidente, sufrimos la verborrea de un charlatán infame que oculta los muertos y que insiste en abandonar las mascarillas como una medida estúpida de protección. ¿Se imagina la dimensión de la ignorancia?

Me uno además a las alabanzas procedentes de diversos puntos del orbe por la valiente cruzada que encabeza en su país en defensa de la libertad de expresión. Benditos sus gobernados; nuestras tierras no corren con la misma suerte. Aquí se amenaza con cárcel a todo aquel que se atreve a denunciar actos de corrupción vinculados al poder, y se elaboran listas negras de periodistas opositores para que a nadie le quepa la menor duda de la vigilancia y la fiscalización continua de los que se atreven a disentir.

Pero en fin, seguro estoy de que tendrá éxito; qué mejor decisión que apoyarse en su gran empresa nacionalista que habrá de devolver a su pueblo la soberanía petrolera. Su magno proyecto de refinación de crudo proporcionará a su gente la tan ansiada autosuficiencia, y hará totalmente innecesarios los flujos de inversión privada que amenazan con saquear sus recursos naturales. En mi país señor Obrador, la corrupción de funcionarios gubernamentales amparados por el poder, y la ineficiencia operativa han originado que la industria petrolera registre pérdidas difíciles de comprender que, según han dicho aquí, equivalen a 1.9 mil mdp.

Me congratulo de sus hazañas. Qué diéramos en nuestro país por que fueran nuestras. Lástima, si se considera la estrecha vecindad y la cercanía de nuestros países, separados apenas por su brevísima frontera: La puerta de un Palacio.

Las lecciones de la historia: A propósito de Mao Zedong

El "Gran Salto" al vacío

Cuando resulta difícil dar lectura inmediata a una cifra numérica, tratándose de pérdidas económicas, es porque las cosas marchan verdaderamente mal: A 1.9 mil millones de pesos ascendieron los números rojos de PEMEX en el tercer trimestre, con una caída del 31.8% en las ventas totales de la empresa y una baja en las exportaciones de petróleo crudo del 18.6%.

A pesar de los graves problemas económicos por los que atraviesa la industria petrolera de nuestro país y de la inminente amenaza que supone el cambio climático relacionado con la acumulación de gases con efecto invernadero, especialmente bióxido de carbono (CO_2) procedente del empleo de combustibles fósiles, la proclama anacrónica y nacionalista del habitante de Palacio no cambia un ápice: Nada de inversión privada, negativa rotunda frente a la necesidad apremiante de una transición hacia energías limpias, y monopolio absoluto del Estado en materia energética.

A pesar de que expertos de todas las latitudes del orbe han sugerido cancelar la construcción de la "Refinería de Dos Bocas" cúya viabilidad financiera ha sido cuestionada, incluidos los del Instituto Mexicano para la Competitividad, que de acuerdo con un estudio de 30 mil financieros de la refinería señalaron que en 98% de los escenarios posibles habrá más costos que beneficios con una pérdida de valor para PEMEX, el empecinamiento presidencial es orgulloso, ciego y sordo. Más allá de su dudosa utilidad en el contexto financiero, la obra supondrá encadenarnos a los combustibles fósiles en las siguientes décadas, sin ninguna perspectiva de cambio hacía una matriz de energías limpias. Por si fuera poco, las subastas de electricidad y las licitaciones para encontrar socios potenciales en PEMEX han sido canceladas.

¿Por qué a pesar de que los signos vitales del enfermo revelan su condición de "moribundo", el inquilino de Palacio insiste en prescribir la misma medicina, esa que tantas veces ha fracasado en el pasado? La respuesta es simple: Dogmatismo ideológico y conveniencia política. Revertir la reforma energética de Enrique Peña Nieto y cacarear las cancelaciones de contratos, cuenta con la aprobación del "pueblo" y con el apoyo de un amplio sector de la población que mantiene aún la distorsión anacrónica de la visión nacionalista. Dicho de otro modo, aunque el proyecto energético tenga el viso de un suicidio ritual, producirá jugosos dividendos en las urnas.

Pero las decisiones que se toman con el fin de agradar a las masas y bajo el estrecho abrazo de las camisas de fuerza ideológicas, suelen conducir a la desgracia y al desastre. ¿Por qué no aprendemos de la historia?

El "Gran salto adelante" fue una campaña implementada por Mao Zedong en 1958, que pretendía alcanzar en tiempo récord el bienestar y la bonanza del pueblo chino. Su férreo dogmatismo ideológico (males que hoy día parecen contagiosos), le hicieron suponer que la simple movilización a gran escala de la enorme población china sería suficiente para alcanzar en el corto plazo una producción agrícola e industrial similar a la de los países capitalistas. La movilización de masas haría posible el milagro; Mao despreciaba profundamente a los "especialistas burgueses" a los que calificaba de derechistas conservadores (hay algo aquí que me resulta familiar), mientras celebraba la enorme sabiduría depositada en el pueblo (al parecer ya se hablaba entonces del "pueblo sabio"). De acuerdo con sus propias palabras, "los humildes son los más inteligentes; los privilegiados los más estúpidos" (algo así como la narrativa maniquea del "pueblo bueno" y de los "conservadores corruptos", que nadie le quita de la boca al protagonista de las mañaneras). El proyecto se apoyaría en dos elementos fundamentales: Colectivizar la agricultura y emplear a millones de chinos en la producción de acero. La improvisación de pequeños hornos en los patios traseros de aldeas y vecindarios urbanos permitiría una producción sin precedentes del preciado metal, zanjando el lento proceso de industrialización tradicional. La voluntad del pueblo sería el motor que permitiría a China superar a las grandes potencias industriales (esto de suponer que la simple voluntad es suficiente para cambiar las cosas, es por lo visto un mal antiguo).

El resultado de aquella aventura pronto haría evidente lo que es capaz de producir la deificación irreflexiva de un líder de masas (mesías -tropical o no-, salvador o como guste Usted llamarle), el dogmatismo ideológico (que en nuestro inquilino de Palacio se ha transformado en ceguera) y el desprecio por la ciencia (que hoy día es casi un requisito para incorporarse a la 4T). Ollas, estufas y toda clase de objetos fueron fundidos en aquellos hornos. Agobiados por el hambre, las jornadas forzadas y la implacable vigilancia de los milicianos, se lograron al fin las cifras deseadas. Todo en vano: Ni siquiera un tercio del hierro producido de esta forma era aprovechable. Los lingotes de hierro, cuyo costo de producción superaba en casi el doble lo que hubiera supuesto su fabricación en hornos modernos, se acumulaban en todas partes como basura inútil. El fervor puesto en la producción de acero condujo a que en dos años consecutivos las cosechas no fueron recogidas. La prohibición de los cultivos privados (que afán este de demonizar todo lo que no viene del Estado) y la introducción de nuevas técnicas agrícolas sin sustento científico (también tenían su "Gatell"), mermo drásticamente la producción de granos. Por si esto fuera poco, Mao ordenó el exterminio de todos los gorriones, argumentado que las cosechas serian más abundantes si se alejaba a estas aves del grano almacenado. Según sus cálculos, la muerte de un millón de gorriones permitiría alimentar a 60,000 personas más. Tras ser declarados "enemigos de la Revolución" (una paranoia gubernamental con tintes obradoristas), los gorriones fueron masacrados por la población china hasta su casi total extinción. Como era de esperarse, su desaparición atrajo numerosas plagas de insectos que acabaron con las ya mermadas cosechas, sumiendo al pueblo de China en la peor hambruna de la historia humana, que llevó a la muerte de 40 millones de seres humanos (aunque algunos tienen "otros datos "aún más amargos).

Mao llamó a su proyecto el "Gran salto adelante", nosotros llamaremos al nuestro el "Gran salto al vacío". Si pretende suicidarse señor Obrador, deje el cuello de los mexicanos afuera de la soga.

La degradación vergonzosa de los modos y las formas

Nada en el horizonte de los cambios

Parto de una declaración simple de principios: Reniego de cualquier proyecto político que desconozca el flagelo de la marginación, ignore las devastadoras consecuencias de la desigualdad social, o desatienda las genuinas demandas y reivindicaciones populares. Pero vayamos a las formas, a la intencionalidad y, sobre todo, a aquello que establece diferencias en el ámbito de la transformación verdadera: El fondo.

Con un "a favor cabrones", resonó el voto de la senadora de Morena Lucia Trasviña en el magno recinto de la Cámara Alta, en apoyo a la extinción de los fideicomisos, seguido por el festejo arrabalero de sus compañeros de bancada; los que enloquecen ante el espectáculo barato y la función circense; los que suponen que representar al pueblo es manchar de escupitajos las curules y, en medio de un griterío tribal, aplaudir los disparates de un simio desenjaulado. ¿No merece el pobre o el oprimido una representación digna y ordenada, con olor a jabón y a baño, que en el formato de la racionalidad y de la contundencia argumentativa lleve su voz al Senado? ¿Es necesario hacer todo un despliegue de rusticidad y de patanería en cada intervención o comentario? Repelo con enojo de la chabacaneria barata, del disfraz de charrito desmontado, del vocerío de mercado y la consigna repetitiva de un loro descerebrado.

¿Y qué sobre el decir presidencial rebajado a discurso de barriada; diarrea visceral que se muestra incontinente en una retahíla de ofensas y de injurias? Cada palabra lanzada desde el podio se convierte en un dardo envenenado, en una burda estrategia manipulativa para aguijonear rencores, despertar animadversiones, fomentar enconos o a hacer sangrar las viejas heridas del pasado.

Desde su profunda visión de gran estadista, Barack Obama sentenciaba: "Estamos demasiado dispuestos a echar la culpa de todo lo malo a quienes piensan diferente", cuando deberíamos hablarnos los unos a los otros "de maneras que curen y no que hieran". Así, vomitar las palabras sin su obligado componente reflexivo, es un acto irresponsable: El lenguaje es fuente de realidades y causa de efectos. El calificativo irreflexivo es una bala en el fusil de un ebrio. En el podio de las mañaneras abundan los disparos: la mapachada de angora, los maiceados y los chayoteros, los espurios y politiqueros, los neoporfiristas y las chachalacas: Degradación vergonzosa de los modos y las formas.

¿Y qué con la intencionalidad, con la pretensión oculta tras el discurso y la proclama? Si la narrativa presidencial no esconde una intención perversa y manipulativa, ¿a qué acicatear los rencores, recrudecer las confrontaciones y hacer cada vez más hondas las divisiones sociales? ¿No es acaso la expresión burda de un juego maniqueo? La unidad rinde más que la confrontación y la hermandad más que el distanciamiento. En su discurso de la toma de posesión de la presidencia de los EE.UU., Barack Obama llamaba a la concordia: "Hoy nos reunimos porque hemos elegido la esperanza sobre el temor, la unidad de propósitos sobre el conflicto y la discordia. Hoy hemos venido a proclamar el fin de las quejas mezquinas y las falsas promesas, de las recriminaciones y los dogmas caducos".

Pero, más allá de formas e intenciones, ¿hay algo rescatable en cuanto al fondo? Nada parece vislumbrarse en el horizonte de los cambios. La demagogia del pasado hace su entrada triunfal, aparece en escena con su rifa y su tómbola, con la dádiva miserable y coercitiva con la que se compra el voto y se doblegan las voluntades, con la reivindicación intrascendente que le exige disculpas al pasado, que atribuye siempre al otro la responsabilidad de sus fracasos. Mientras en una farsa de teatralismo insulso se exhiben los excesos del pasado, se promocionan desde la máxima tribuna de la nación los cachitos de la lotería y se reclama a voz en cuello el penacho de Moctezuma, la gente se ahoga en su miseria, los niños se mueren de cáncer, la gente pierde sus empleos o sucumben al flagelo de la violencia, la incertidumbre y el abandono.

Ni en las formas, ni en las intenciones ni en el fondo: Nada ocurre que dignifique al "pueblo".

Cuando el dolor y la muerte pierden el rostro

La insultante intrascendencia del discurso

Como parte de la exposición permanente del Museo Conmemorativo del Holocausto en Washington D.C., se encuentra un espacio cerrado en forma de torre que, a lo largo de sus tres pisos, muestra a los visitantes un conjunto de casi 1000 fotografías antiguas pertenecientes a la comunidad judía de la ciudad lituana de Ejszyski que, en septiembre de 1941, fue brutalmente masacrada por los Einsatzgruppen, escuadrones alemanes de ejecución itinerantes formados por unidades de las "SS" y por otros miembros de la policía secreta nazi que operaron principalmente en el frente oriental durante la segunda guerra mundial. Los cerca de 4,000 judíos, incluidos mujeres y niños, fueron violentamente arrancados de sus hogares y llevados a campo abierto donde fueron obligados a cavar las grandes fosas en las que serían ejecutados. Pero las imágenes que ahí se exponen no corresponden a los momentos infames de los asesinatos, ni muestran el horror de los cadáveres "anónimos" que se apilaban en el fondo de las fosas; se trata de escenas comunes de la vida cotidiana de aquella población, capturadas por el fotógrafo de la localidad de Ejszyski antes del desastre. Un niño en bicicleta, un alegre día de campo, una reunión, una suntuosa boda, un grupo de hermosas adolescentes. Gente con una vida, una familia y un pasado, que nos recuerda algo crucial: Los muertos no son cifras, ni un número de folio en los certificados de defunción. Los muertos tienen rostro, hermanos, padres, hijos, ambiciones, proyectos y esperanzas; algo que parece habérsele olvidado al inquilino de Palacio quien, con su acostumbrada socarronería y su decir pausado, hace resonar frente al micrófono mañana tras mañana el interminable discurso de la intrascendencia. Afuera mientras tanto, entre peroratas y sospechas, acusaciones y ocurrencias, sin tregua ni recesos, las cuatro grandes tragedias de nuestro México de hoy siguen su curso implacable, haciéndonos imposible el mirar hacia otra parte: Los miles de homicidios dolosos que tiñen de sangre las calles de nuestro país, mientras se niega descaradamente que existan las "masacres"; los cientos de niños fallecidos por cáncer en medio del incomprensible desabasto de medicamentos; las mujeres que día tras día son asesinadas en México frente a la absoluta indiferencia gubernamental, y el número creciente de muertos por la covid-19 a causa de la ineptitud, el desprecio por la ciencia, la austeridad irresponsable y la pésima gestión de la pandemia . Cada uno de esos muertos tenía un nombre, una misión y un futuro, tal vez fotografías en los cajones de su casa al lado de sus hijos, en medio de un festejo o en el patio de la escuela.

Mientras tanto, el excelentísimo habitante de Palacio dedicó su acostumbrado encuentro matutino a revelar ante la sociedad un hallazgo sorprendente, un verdadero hito que cambiará sin duda el curso de la historia: La similitud que tiene el logotipo de la nueva organización opositora a su gobierno "Sí por México" con la propaganda que usaba el dictador Augusto Pinochet en Chile. Afuera del salón de sesiones, los muertos de la calle abultaban las estadísticas y se marchaban para siempre, sin nombre...y sin rostro.

La "óptica invidente" de la intolerancia

La lista negra del inquilino de Palacio

"La tiranía no puede derrotar el poder de las ideas", fue la frase acuñada por la gran escritora y activista política estadounidense Helen Keller en ocasión de la quema de libros perpetrada por ligas estudiantiles y profesores nazis el 10 de mayo de 1933 en la Opernplatz de Berlín y en otras ciudades alemanas. Esta mujer extraordinaria, primera sordociega en lograr un título universitario en Radcliffe College, con una distinción cum laude, veía en su mente con claridad el significado de aquel suceso; eliminar todo conocimiento y toda manifestación cultural, que no fuera favorable a la visión del nacionalsocialismo.

"Hemos dirigido nuestro esfuerzo a actuar contra el espíritu no alemán. Entrego todo lo que representa al fuego", fue la proclama de Herbert Gutjahr, líder del sector estudiantil del partido nazi, antes de que fueran arrojados miles de libros a las llamas de la barbarie. Ahí, entre las cenizas, ardían aquellas voces que intentaban "apagar" las palabras contrarias a su visión del mundo, las que no debían ser leídas o escuchadas: Simplemente, las voces del "otro". Lo mismo Einstein que Freud, Hemingway que Jack London,

Victor Hugo que Dostoyevsky, sucumbieron en la pira de la infamia por el simple hecho de ser "contrarios" a la ideología dominante o "desagradables" al régimen. Aquel acto deleznable, fue precedido por una campaña de recogida de libros que representaban, a decir de los nazis, la "literatura decadente". Las "listas negras" donde se señalaban las obras que formaban parte de aquella literatura "dañina y despreciable", fueron elaboradas por Wolfgang Herrmann, un bibliotecario y miembro del partido nazi.

Aquellas "listas negras" cuyo propósito es excluir, perseguir, estigmatizar, repudiar, denostar o simplemente señalar al "adversario", regresan ahora bajo otro sesgo ideológico y en otro contexto histórico (aunque con la misma perversidad en las intenciones), para intimidar y desalentar la comunicación crítica. El propio inquilino de Palacio Nacional, en un acto inédito de cinismo e impudencia autocrática, ha presentado su lista de "indeseables": Los que deben callar, los que deben ser "quemados" en la pira de la descalificación y de la intolerancia. Esos que no le son "afines", sin importar su bandería ni su discurso. Bajo el rasero elemental de la ignorancia suprema, fueron calificados como "negativos" o "positivos", "favorables" o desfavorables". No importan los contenidos ni las razones; la descalificación es ciega, como lo es cualquier juicio emitido desde la rigidez conceptual del dogmatismo y la cerrazón ideológica. Nadie, sin importar la solidez de sus razonamientos o la inteligencia conceptual de sus apreciaciones, será aprobado bajo esta "óptica invidente". El fuego de la hoguera no distingue el discurso ni las hojas donde se escribe; toda voz contraria está condenada a las cenizas. Todo aspirante a dictador se ocupa de silenciar a sus adversarios; no me extraña. Pero de los dichos se pasa a veces a los hechos; la amenaza de encarcelar al periodista Loret de Mola a 12 años de prisión por haber destapado un acto descarado de corrupción en los allegados del habitante de Palacio, enciende las alarmas y deja entrever las tentaciones represivas de un sistema totalitario.

Hoy, en la misma plaza donde se quemaron aquellos libros que hicieron arder la flama de la estupidez humana, se encuentra una placa que recuerda los fatídicos hechos de aquella primavera berlinesa, con una frase del poeta alemán Heinrich Heine:

 "Das war ein vorspiel nur, dort wo man bücher verbrennt, verbrennt man auch am ende menschen" ("Esto sólo fue un preludio, ahí donde se queman libros, se termina quemando también a las personas")

Las visiones ideologizadas de la historia: La automutilación

La verdadera infamia

Desvirtuar los hechos históricos en el marco del adoctrinamiento o de la manipulación, es un acto deleznable. La historia exige la mayor objetividad; una exploración del pasado sin pretensiones doctrinarias ni apriorismos ideológicos, libre de conveniencias políticas, sesgos propagandísticos o reinterpretaciones ventajistas. Seleccionar a modo o excluir en forma consciente aquellos sucesos históricos que mejor se acoplan a pretensiones o intereses personales, corrompe el análisis histórico convirtiéndolo en un cúmulo estéril de juicios de valor. El historiador debe impedir que la ideología le ciegue, que el prejuicio o la monomanía le ofusquen. El hecho histórico es de suyo multidimensional, pues conlleva un marco temporal, un entorno geográfico y un contexto cultural específico, cuyo esclarecimiento objetivo requiere una visión amplia, receptiva y abierta. El simplismo histórico que analiza los hechos bajo una visión "en blanco y negro", crea mitos más que verdades históricas.

Las corrientes políticas de izquierda, bajo el sesgo de la percepción marxista, han condenado a ultranza la llegada de Colón a América, como una aventura colonizadora bestial, sin otra motivación que la sed de riqueza; una gesta inhumana que a través de la explotación, el saqueo y la mano de obra esclava fortaleció el auge del capitalismo en Europa, manchado con la sangre y el dolor de los indios. La inmoralidad atribuida a la empresa colonial y a la conquista de tierras lejanas, se extendería al capitalismo mismo, presentándolo como un sistema de opresión y explotación infame. Bajo este sesgo ideológico, remembrar la llegada de Colón a América no es sino una celebración "burguesa" de la unificación del mundo y del mercado capitalista. Pero el rechazo insistente al evento histórico de la colonización, del que ha hecho gala la mal llamada cuarta transformación, y que culminó con el retiro de la estatua de Colón y las expresiones irracionales de repudio y de odio en torno al monumento de Reforma, va más allá de esta visión marxista, compartida por las banderías políticas de izquierda: Se trata en realidad de una manipulación maniquea, que sitúa a los "malvados españoles" en el polo antagónico de los "buenos indios", recogida por una buena parte de la historiografía americana y europea, y que reduce la colonización a una sucesión interminable de hechos sanguinarios y genocidas perpetrados por una banda de saqueadores inmorales, ávidos de oro y de poder, sin más propósito que la aniquilación, el sometimiento y el exterminio sistemático de los indios, encasillando nuestra percepción de los hechos a la llamada leyenda negra, difundida por Julián Juderías en los comienzos del siglo XX. Tal interpretación distorsionada y unidimensional de aquella realidad, encaja a la perfección con la retórica demagógica Obradorista, con la que busca situarse invariablemente como el personaje redentor y justiciero del "pueblo bueno", afrentado y sometido por un conjunto de fuerzas malignas y antipopulares encarnadas en "el otro", esto es, en todo el que se opone a su distorsionada concepción del mundo. La revisión de la verdad histórica en torno a la colonización, es tan sólo un absurdo pretexto; se trata de reforzar en el imaginario popular su rol de "reformista social", con la misma narrativa de despojo, abuso e injusticia, con la que ha establecido un vínculo emocional y litúrgico con las masas, en una mecánica bipolar de enfrentamiento entre el pueblo virtuoso y su amado Mesías, y las fuerzas oscuras y corrompidas de sus adversarios.

Nadie pone en tela de juicio los abusos de la colonización, pero el encuentro de los dos mundos, es algo más que una matanza despiadada; es nuestra lengua, el color de nuestra piel, la riqueza de la cultura mestiza, los edificios y monumentos que engalanan nuestra nación, la diversidad de formas y colores, la interminable variedad de platillos y sabores, nuestra fisonomía y, en una palabra, nuestra identidad. Mutilar la historia, arrancar de nuestros libros las páginas incómodas es negarnos a nosotros mismos, ignorar que en las venas de nuestra nación corre otra sangre, tan orgullosa y tan mexicana como la que corría antes de la llegada de Colón a América.

Cada año, los sobrevivientes de los horrores perpetrados por los nazis vuelven a aquellos campos de exterminio donde dejaron a sus padres, a sus hijos o hermanos, para entender su presente en la dimensión justa. Reducirlos a escombros o dinamitarlos, no hará que el holocausto desaparezca. La grandeza humana y personal que acompaña a cada víctima, se forjó también en medio de las barracas, entre los crueles encargados de los campos y entre el olor insoportable de los cuerpos calcinados.

Pensar Sr. Obrador que nada hay de bueno o de grandioso que debamos recordar en torno al 12 de octubre de 1492, considerando el amplio espectro consecuencial de la colonización, refleja sólo su ignorancia indómita. Retirar a Colón del monumento y reducir a escombros su sólida estatua, bajo su sesgada y estrecha visión de nuestra patria, no borrará la verdadera historia, enquistada ya irremediablemente en lo que ahora somos. Tampoco nos hará olvidar la verdadera infamia, la que tiene lugar en el presente: La de los niños que Usted ha condenado a morir de cáncer, la de las mujeres asesinadas día con día que sólo atina a calificar como un complot mediático, la de las masacres cotidianas que le mueven a risa, la de una pandemia manejada con descuido y soberbia que nos sitúa como el país con mayor número de muertos en personal sanitario y con la tasa de mortalidad más alta (10.2/100,000 habitantes) en América, la de los narcotraficantes y extorsionadores que actúan impunemente sembrando de muertos el territorio nacional, la de los miles de desempleados abandonados a su suerte, la de la corrupción rampante que tolera y justifica en su propio gobierno. Esa es la verdadera infamia que deberíamos retirar de las calles.

Desentrañando los misterios de las trampas populistas

Manual para entender el engaño Obradorista

Todo intento por descifrar los mecanismos subterráneos que gobiernan la mente de nuestro inquilino de Palacio desde la lógica tradicional de la democracia representativa, conduce por lo general a callejones sin salida que profundizan aún más el desconcierto y el enojo de amplios sectores de la población en torno a su proceder. Si se pretende desenmarañar la nueva retórica dominante y descubrir los verdaderos móviles tras el accionar de la llamada cuarta transformación, deberemos escudriñarla desde sus entrañas. En forma similar a lo que ocurre con otros gobiernos latinoamericanos, la gestión Obradorista puede situarse en forma clara, con sus particularidades geográficas, en los llamados regímenes populistas, cuyo fantasma deambula por todo el continente. Suelen emerger en momentos de crisis ante el desencanto general de la población por los sistemas hegemónicos, el debilitamiento institucional, la acumulación partidista de poder derivada de su transferencia representativa y los abusos cometidos por diversos grupos oligárquicos. Más que un sistema o una doctrina de orden político, el populsimo representa en realidad una forma particular de liderazgo que, al margen de sus diferencias regionales, comparte estrategias y características comunes:

1. El líder (léase Obrador en nuestro caso), se ostenta en la arena política como el portador de una misión reformista extraordinaria, el artífice de una transformación sin precedentes que a menudo equipara con las grandes gestas heroicas de los próceres nacionales. No es así un hecho casual la denominación de sus movimientos o de sus partidos: La Revolución Bolivariana de Chávez en Venezuela, la Revolución Ciudadana de Correa en Ecuador, la Revolución Cultural y Anticolonial de Evo Morales en Bolivia, o la Cuarta Transformación y el Movimiento de Regeneración Nacional en nuestro país.

2. La narrativa presidencial se estructura siempre en torno a una premisa indefectible: La del líder como representante absoluto de la voluntad del pueblo, reducido a un ente homogéneo e indiferenciado, revestido con un aura de virtud y de bondad intrínsecas (el pueblo "bueno"), al que sitúa invariablemente en un arreglo antagónico y maniqueo como el polo opuesto de grupos políticos u oligárquicos señalados como la fracción maligna, privilegiada y corrompida; los enemigos de la patria, los que intentan a toda costa mantener el statu quo en agravio de los pobres, el antipueblo amoral, el enemigo del bienestar que se encarna por igual en "adversarios" políticos, "élites" sociales, intelectuales, comunicadores o, finalmente, en todo aquel que no comulgue con la doctrina del "iluminado". Trasladado al terreno de la pugna moral, de la antítesis irreconciliable entre el bien y el mal, todo posicionamiento político distinto al del líder es trastocado y replanteado de

inmediato como una oposición perversa al bienestar popular.

3. El líder establece siempre una conexión directa con el pueblo en un lenguaje burdo, coloquial, resentido, incendiario, impregnado de una fuerte carga emotiva con la que moviliza a las masas, centrando su foco demagógico en las reivindicaciones sociales, los reclamos de clase, las injusticias ancestrales, los agravios históricos, los rezagos culturales, o en todo aquello que potencie o magnifique el antagonismo entre el "nosotros" y "los otros", entre el binomio "pueblo-redentor" y los "responsables del agravio": Es la narrativa del despojo, del abuso, del robo y la arbitrariedad, un discurso cimentado en el odio que se va enquistando en el imaginario popular, creando un vínculo cuasi litúrgico entre el "mesías" y sus seguidores, una adhesión "ciega", irreflexiva e incondicional al autoproclamado reformista social, que trasciende el plano de lo racional para situarse en la dimensión "emocional". El líder es amado y desata las pasiones (que no las reflexiones). Toda intermediación entre el pueblo y su líder debe ser eliminada, pues la participación institucional u organizativa se convierte en un obstáculo indeseable. Su sitio es el templete, la "mañanera", la plaza pública; la voluntad del líder ejercida en nombre y representación del pueblo se encuentra por encima de la mecánica institucional, de los escenarios republicanos, de las disposiciones de la ley o los ordenamientos constitucionales. El populismo no suele transitar por las vías institucionales de la democracia, toda vez que pueden oponerse a los caprichos y ocurrencias del líder equiparadas con el "mandato popular".

4. Los líderes populistas suelen gozar de altos niveles de popularidad y de aprobación, debido a los vínculos identitarios entre el líder y el pueblo, al que confiere un ficticio poder participativo en la figura de la consulta o del plebiscito. Sin embargo, la participación popular es menos genuina de lo que parece; los resultados son conocidos a priori, pues el deseo del líder ha sido anunciado de antemano y se injertará invariablemente en el ideario popular como la decisión conveniente y moralmente correcta, al margen de las opiniones, las evidencias o el decir de los expertos. Así, el líder cancelará cualquier proyecto que le resulte incómodo, modificará cualquier ley que se interponga en su camino o socavará los principios de la participación democrática que dice defender. El nuevo orden legal se traslada al ámbito de lo moral; la condena del opositor se encuentra garantizada, pues procede de la opinión y del veredicto popular prejuiciados de antemano por la visión de su líder.

5. Los recursos son siempre redistribuidos bajo una lógica clientelar y electoral. Los apoyos y beneficios económicos o sociales, asimilados a la "bondad" y determinación del líder, garantizarán los apoyos necesarios para mantenerse en el poder y una lealtad popular que, rayana en el fanatismo, habrá de ser explotada en las urnas o en los actos de apoyo masivo a las decisiones presidenciales.

6. La concentración excesiva de poder en la persona del líder y el debilitamiento institucional sistemático, limita el accionar de los contrapoderes y de los organismos independientes que, infiltrados por sus leales y supeditados a la voluntad presidencial, se transforman en cajas de

resonancia. El desequilibrio en las fuerzas políticas y el sometimiento popular a través de la dádiva y la compra de apoyos, crea enormes desigualdades en la contienda democrática, que garantizan su éxito en las urnas.

Los augurios no son alentadores; la concentración desmedida de poder, el maniqueísmo a ultranza, la confrontación social, el discurso de odio, el debilitamiento del marco institucional, la manipulación del juego democrático, la necesidad de perpetuar los rezagos sociales y las desigualdades de clase como el escenario imprescindible para la manipulación, la dádiva ventajosa y el chantaje político, prefiguran sin duda el rostro del fracaso.

Los peligros de ignorar la alteridad: El camino a la intolerancia, la inquina y el fanatismo

La trampa maniquea de López Obrador

El maniqueísmo es una antigua doctrina que, en solo 200 años, se extendió rápidamente por Oriente Medio. Llegó después a China y al imperio romano a finales del siglo III. Fue fundada en torno al año 240 d.c. por Mani, un antiguo sabio persa que se decía el último de los profetas; se conformó como una religión de corte dualista, pues suponía la existencia de dos principios supremos e irreconciliables que rigen el universo: el de la luz (el Bien) y el de las tinieblas (el Mal). Aunque se extinguió como un credo religioso tras numerosas persecuciones y prohibiciones, su percepción dicotómica de la realidad se injertó en otros campos del quehacer humano. Así, una tendencia a la dicotomía, a dividir las realidades, los esquemas de pensamiento o las personas en dos polos opuestos irreductibles y enfrentados, pervive como uno de los rasgos más sobresalientes en el transcurrir histórico y político de la nación mexicana. Situarse en el polo del bien y reducir al adversario al extremo opuesto bajo diversos nombres y apelativos, supone una trampa que busca legitimar moralmente a una de las partes, mientras se desacredita la naturaleza de la otra como perversa y reprobable. Esta polarización, que replica en el plano político la hipotética lucha entre el bien y el mal, suprime todos los matices y anula toda posibilidad de acuerdo o acercamiento entre las partes, pues prescinde de la amplia gama de posicionamientos políticos frente a una misma realidad y de la compleja diversidad ideológica que caracteriza a los seres humanos. El maniqueísmo político es empleado a menudo con fines manipulativos: Toda disidencia, al margen de su racionalidad, su grado de acierto o sus cualidades éticas intrínsecas, será posicionada en automático en el polo irreductible de la inmoralidad. En este contexto, el diálogo y el acuerdo que caracterizan la vida democrática de las naciones desarrolladas, cimentada en la diversidad, en el acuerdo negociado y en el reconocimiento de los otros, resulta imposible; la intolerancia, el enfrentamiento, la descalificación prejuiciosa y el debilitamiento de la convivencia social, invadirán tarde o temprano la vida pública. El maniqueísmo político es, en los hechos, un rasgo frecuente en los regímenes totalitarios o dictatoriales; presupone que toda idea diferente a la propia, considerada como "moralmente correcta", debe ser perseguida y eliminada a toda costa por su carácter "malévolo", sin importar los medios ni el ajuste a la legalidad de los métodos empleados para combatirla.

De ahí la descalificación sistemática de López Obrador a todo opositor, tildado sin distingos como "adversario", independientemente de su vinculación o no con el terreno de la política. Para su acostumbrada desacreditación matutina le sobran calificativos en todos los órdenes de la vida social: Neoporfiristas, neoliberales, conservadores, mafiosos o corruptos (entre otros muchos), para la "oposición política"; fifís, "pirruris", señoritingos, clasemedieros egoístas, y un sinnúmero de ridículas alusiones clasistas, para los disidentes de a pie; gacetilleros, prensa vendida, chayoteros, maiceados o hablantines para la prensa crítica; delincuentes, minoría rapaz, "riquínes" u otros tantos vituperios para empresarios o emprendedores; "intelectuales orgánicos", o "defensores del régimen conservador", para aquellos que cometen el pecado, la imperdonable "falta" de pensar. Nadie se salva en su mundo de odio y de venganza; solo el servil, el obediente, el alienado, el adepto, los leales, los aplaudidores o todo aquel que le profese culto o lealtad ciega; para ellos no existe la regulación ética ni las consideraciones de igualdad o de justicia; no hay para ellos legislación que no se acople ni falla que no se enmiende.

Nada más próximo a su declaratoria maniquea que sus propias palabras: "Se acabaron la simulación y las medias tintas, llegó el momento de definirse en favor o en contra de la transformación del país. O somos conservadores o somos liberales". El peligro es inminente; todo maniqueísmo a ultranza pasa por la intolerancia, la inquina y el fanatismo, para desembocar en la ruptura, la división y el desastre. La bomba explotará tarde o temprano y no distinguirá filias ni banderías: Se llevará por delante a todos los mexicanos.

Sobre la complicidad insensata, la anulación de sí mismo y la depreciación de la persona

La lealtad ciega se llama servilismo, señor Obrador

Los destinos de una nación pueden verse influenciados, al margen de la ideología imperante o de las condiciones histórico-sociales de una época en particular, por los rasgos de personalidad, las ambiciones políticas, la naturaleza dogmática o las convicciones individuales de quien ejerce el poder. Esto es particularmente cierto cuando, instrumentalizando el descontento, la frustración social o los deseos de cambio, un líder social más o menos carismático, se presenta ante las masas como un salvador, una figura transformadora y libertaria capaz de suprimir, aun sin un plan razonable y estructurado, todas las injusticias, las miserias, los vicios o cualquier otro rasgo negativo de una sociedad, configurando en torno suyo mediante el engaño mediático y la manipulación de masas, un culto a su personalidad. Este mecanismo de dominio y de control, involucra siempre una ponderación desmedida de sus alcances y cualidades reales, que genera un apego ciego y acrítico, una veneración exagerada en sus seguidores que, rayana en el sometimiento, termina por anular la capacidad de análisis y la voluntad individual, que son efectivamente reemplazadas por un nuevo perfil identitario proclive a la incondicionalidad y a la complacencia fervorosa. En el clímax del reclutamiento mental de las masas, el líder en el poder se asume infalible y, revestido de una aura de omnisciencia, se ostenta como la única autoridad legítima e incuestionable del estado. De ahí su tendencia sectaria y su postura hostil frente a toda oposición o asomo de insumisión; las causas del líder reclaman la obediencia absoluta de sus adeptos. La más mínima disidencia crítica será catalogada de inmediato como insubordinación, y será condenada al ostracismo y la marginación.

No es de extrañar así que tras la renuncia del director del Instituto para devolver al pueblo lo robado, Jaime Cárdenas García, quien denunció irregularidades administrativas, procedimientos de valuación que no garantizaban el mayor beneficio para el Estado, mutilación de joyas, contratos favorables a las empresas y conductas de servidores públicos contrarias a las normas de la institución, haya sido etiquetado por el Sr. Obrador como persona non grata, por no poseer la característica indispensable exigida por su gobierno a todo servidor público: "Lealtad ciega". Pero suponer que la lealtad debe ser ciega, ajena a todo análisis o reflexión, supone enajenarla de sus rasgos fundamentales; la libertad de conciencia, el sentido de la justicia, la observancia de las normas éticas y el sentido del deber y del honor. La "lealtad" que exige al individuo la anulación de sí mismo, la complicidad insensata, la mutilación de sus valores o la depreciación indigna de su persona, recibe otro nombre:

Servilismo. El análisis etimológico de los términos revela a menudo su verdadero sentido. El adjetivo servil, proviene del latín "servilis", esto es, propio de esclavos. Así, lo que el Sr. Obrador reverencia como encomiable "virtud" en servidores o gobernados, es en realidad un rasgo deleznable, moralmente reprobable, vinculado a la depreciación de nuestro ser y nuestros méritos. Se trata de una adhesión irreflexiva, que defienda a capa y espada las convicciones del amo, que no cuestione los medios tratándose de los fines, que festeje su insensatez, que asfixie en su origen todo cuestionamiento o todo juicio que ponga en entredicho la supremacía del "iluminado". Como una sombra humana que replica sin voluntad propia los movimientos de quien la genera, el hombre servil pliega su voluntad a los caprichos del líder, aun a costa de su dignidad. De ahí la adulación, la sumisión, la sujeción miope a los designios del gobernante. Diferenciar la lealtad del servilismo ciego no es un ejercicio ocioso.

"Mi honor se llama lealtad", era el lema de las "Schutzstaffel" de Hitler, mejor conocidas como las "SS", que con su brazo derecho alzado y los tres primeros dedos de la mano derecha apuntando hacia arriba, pronunciaban el juramento con el que se incorporaban a sus filas: Yo te juro, Adolf Hitler, lealtad y valentía, como guía y canciller del Imperio Alemán. Te juro a ti y a los superiores designados por ti, obediencia hasta la muerte. Esta "lealtad ciega" condujo al exterminio indiscriminado y sistemático de millones de judíos en Europa, eslavos, homosexuales, gitanos, comunistas, socialdemócratas, discapacitados, niños, mujeres y enfermos mentales, en el peor genocidio del

que se tenga memoria. La lealtad ciega, corre el riesgo de
extraviarse.

La vigencia del Quijote en épocas de mediocridad: Pretender ser lo que no se es

Don Quijote y AMLO panza

"Horroriza pensar que escritores españoles, creyendo mitigar con ellos los estragos de la quijotería, hanse tornado apologistas del grosero Panza, oponiendo su bastardo sentido práctico a los quiméricos ensueños del caballero."

José Ingenieros

En ocasión del 473 aniversario del nacimiento de don Miguel de Cervantes Saavedra, la Sra. Gutiérrez Müller felicitó en redes sociales a la gloria de las letras hispanas por "la maravilla de su narrativa y de sus personajes". Aprovechó para destacar (váyase usted a saber con qué propósito) un texto que reza: "Cambiar el mundo, amigo Sancho, no es locura ni utopía, sino justicia".

Me temo sin embargo señora Müller que está frase no aparece jamás en el Quijote, tal como lo señalaron numerosos expertos y foros hispanistas, en ocasión del 400 aniversario de la muerte del escritor en el 2016. Se trata de una más de esas numerosas frases y supuestas citas que "no pertenecen a la obra sino que son paráfrasis, mejor o peor redactadas, que se han ido extendiendo". De hecho, la palabra utopía no aparece ni una sola vez en toda la obra. De cualquier manera agradezco su buena intención, porque me hizo recordar un suceso inolvidable en la novela, que guarda estrecha relación con el ejercicio de la autoridad y del poder. Me refiero al episodio donde Sancho Panza es nombrado, como parte de una broma cruel, gobernador de la ínsula de Barataria, con lo que al fin haría realidad su más grande sueño: Gobernar

Por supuesto, el infortunado Sancho, más proclive al servilismo y a los apetitos, tan burdo y rutinario como corto de entendederas, se sintió listo para la encomienda:

"...venga esa ínsula; que yo pugnaré por ser tal gobernador, que, a pesar de bellacos, me vaya al cielo". Y unos párrafos después afirma sin recato: *"...Yo imagino que es bueno mandar, aunque sea un hato de ganado"*.

Cuando se le hizo ver que para gobernar la ínsula era menester saber de armas y de letras, respondió sin dudarlo:

"Letras, pocas tengo, porque aun no sé el abecé: pero básteme tener el Christus en la memoria para ser buen gobernador."

Por cierto, este es un mal muy extendido en nuestros días. Cualquier palurdo infame imagina que conducir un rebaño de ovejas es lo mismo que gobernar una nación. Pero sigamos adelante. Al caer don Quijote en la cuenta de que

Sancho asumiría tal cargo, le aconseja que se conozca a sí mismo y que actúe con prudencia:

"Del conocerte saldrá el no hincharte como la rana que quiso igualarse con el buey." Aludía por supuesto a aquella fábula atribuida a Esopo que nos recuerda los riesgos de pretender ser lo que no se es, un vicio muy arraigado en nuestros actuales gobernantes, que con facilidad se extravían en su soberbia y desmesura. Pero el asunto de los consejos no paró ahí:

"Si trujeres a tu mujer contigo (porque no es bien que los que asisten a gobiernos de mucho tiempo estén sin las propias) enséñala, doctrínala y desbástala de su natural rudeza: porque todo lo que suele adquirir un gobernador discreto suele perder y derramar una mujer rústica y tonta."

Por supuesto, gobernar al lado de una mujer virtuosa es mejor que hacerlo junto a una mujer imprudente, que esconde su rusticidad e ignorancia tras una fachada distinta. Pero vayamos adelante con las recomendaciones:

"Hallen en ti más compasión las lágrimas del pobre, pero no más justicia, que las informaciones del rico."

"Procura descubrir la verdad por entre las promesas y dádivas del rico como por entre los sollozos e importunidades del pobre"

Parece recordar el Quijote a nuestros políticos que el buen gobierno se cimienta en la verdad y en los principios de igualdad frente a la justicia. El ejercicio prejuicioso del poder, el que se apoya en absurdas concepciones maniqueas que separan al mundo en buenos y malos, ricos o pobres, sesgando y obnubilando nuestra visión del mundo, está condenado al fracaso. De ahí su siguiente consejo:

"Cuando te sucediera juzgar algún pleito de algún tu enemigo, aparta las mientes de tu injuria, y ponlas en la verdad del caso". ¡Cuánta razón la del hidalgo! La venganza es mala consejera porque nubla la mente y ensucia el alma. Quién busca dañar a su adversario, sin honrar la verdad, sin atender el imperio de la ley y la justicia, exhibe su ruindad y su mala cuna.

Para fortuna nuestra, Cervantes incluyó un capitulo adicional en el que señala los *"consejos segundos que dio don Quijote a Sancho Panza"*:

"....no has de mezclar en tus pláticas la muchedumbre de refranes que sueles: que puesto que los refranes son sentencias breves, muchas veces los traes tan por los cabellos, que más parecen disparates que sentencias." Nada más cierto: Hay que gobernar con la lengua conectada al cerebro, sin ocurrencias ni dislates; que es más sabio proceder con la razón y el buen juicio que con la falsa sabiduría del populacho.

Por supuesto, como le sucede a los políticos necios, sordos a toda recomendación o sabio consejo, a Sancho le sirvió de poco el señalamiento de su amo, pues tres segundos después volvió a la carga con sus insensatos refranes: *"...yo tendré en cuenta de aquí en adelante de decir los que convengan a la gravedad de mi cargo: que en casa llena, presto se guisa la cena; y quien destaja no baraja; y a buen salvo está el que repica; y el dar y el tener, seso ha menester."*

Pero señora Müller, dejemos esto para una charla de café.

Ah, y un buen consejo para mis lectores: No pongamos en la boca del Quijote palabras que jamás pronunció.

Reflexiones sobre la libertad de expresión y sus fronteras

Libertad de expresión o apología del odio

Con el apelativo de "intelectuales orgánicos" fueron descalificados los 650 firmantes de un desplegado dirigido a López Obrador en defensa de la libertad de expresión, que destaca el carácter permanente de estigmatización y de difamación que ha caracterizado el discurso presidencial contra los que llama sus adversarios , con el que "agravia a la sociedad y degradada el lenguaje público".

Desde el podio oficialista de la confrontación y el denuesto, la respuesta no se hizo esperar: "No me van a quitar el derecho a la palabra, a decir lo que siento". Ante este airado contraataque presidencial, cabe preguntarse:

¿Se trata de un intento, tal y como lo señala, de amordazarlo y de coartar su derecho a la libre expresión, que pertenece por igual a gobernados y gobernantes? ¿Es legítimo utilizar sin restricciones la tribuna presidencial para expresar, a la par que los ciudadanos, lo que se siente o se piensa?

La libertad de expresión es, sin duda, uno de los rasgos primordiales de los sistemas democráticos, el oxígeno mismo de la pluralidad, el motor de las ideas, el bastión de la diversidad, el portavoz de las convicciones y, a fin de cuentas, la extensión de un derecho aún más amplio: La libertad de pensar. Es ahí, en las trincheras del pensamiento, en las extensas llanuras del análisis y la reflexión, donde se libran las batallas más cruentas y acaloradas en contra del dogmatismo, de la imposición ideológica, del autoritarismo y de la manipulación. Como derecho universal e inalienable, pertenece a todos; es presencia, voz y voto en los ciudadanos de a pie y vehículo natural de las comunicaciones en el ejercicio del poder. Pero no es un derecho absoluto ni irrestricto, como lo enfatizan numerosos organismos de derechos humanos; no cuando el discurso fomenta el odio y las brechas de clase para capitalizar e instrumentalizar la desigualdad y el resentimiento social; no cuando se monta en el engaño, la mentira o la demagogia para envolver al ignorante en las redes del prejuicio y el dogmatismo; no cuando siembra la discordia y un clasismo deleznable que tilda de "fifí" o de "pirruris" a todo aquel que no comulga con su visión del mundo. Para nuestro ínclito merolico palaciego, la libertad de expresión es irrestricta mientras la ejerza él mismo, sus halagadores compulsivos, o el conjunto de paleros que sienta a diario en sus mañaneras para aplaudir sus dislates y festejar sus ocurrencias. Esos que ha galardonado con el doctorado honoris causa en la ridícula ciencia de la adulación y la lisonja, esos a los que dicta las preguntas que abrirán la brecha a su denostación en turno. Su repudio consuetudinario a la libertad de expresión "de los otros" confirma mis sospechas, pues sólo silencian los malos gobiernos, los que temen que emerjan a la luz pública sus vicios y su podredumbre. La palabra señor Obrador, solo es aliada de los hombres honestos.

De la desvergüenza y el desatino que caracterizan a la ignorancia

Mañanera para el mundo

Nada más cercano a lo que se ha calificado como vergüenza ajena, que la sensación producida en los mexicanos pensantes por la intervención de López Obrador ante la Asamblea General de Naciones Unidas; una mezcla vomitiva de asombro, repudio, incomodidad, rechazo, indignación, enojo y desaprobación. Y es que la vergüenza, aunque surja del decir o del hacer de otro, no es sino una turbación del ánimo surgida de una acción deshonrosa y humillante. Pero el trago es aún más amargo cuando el artífice del ridículo se enorgullece de su obra, se envanece de su insensatez, se vanagloria de su impertinencia. Ante un foro internacional, sin en el más mínimo indicio de asesoría en las formas, sin ajustes a las dimensiones e importancia de la audiencia, con pleno desconocimiento de la agenda y los propósitos de la Asamblea, instaló su "mañanera dedicada al mundo", haciendo gala de su acostumbrada improvisación, de su incontinencia discursiva plagada de ocurrencias, de sus risibles dislates y sus abundantes despropósitos. Dar cuenta de una economía en ascenso, pujante y vigorosa, de una pandemia controlada donde la prioridad ha sido "el salvar vidas", de un combate implacable de la corrupción y de una atención efectiva a la pobreza, emite un hedor a cinismo que resulta insoportable. Oropel narrativo que esconde la mentira, que oculta nuestra lastimosa realidad frente al mundo: El peor desplome económico de América Latina y una de las tres caídas del PIB más agudas del orbe, una posición entre los 10 países con más muertes por covid-19 a pesar del subregistro y el primer lugar mundial en muertes por la enfermedad en personal sanitario, una corrupción rampante y tolerada sin pudor en las altas esferas del gobierno y en su partido político impulsor, el mayor aumento a nivel global en los niveles de pobreza extrema, que pasarán de 11.1 a 15.9%.

Pero a la dosis de demagogia y fantasía, cabe agregar su vocación por la ignorancia. En la tribuna de la Asamblea de Naciones Unidas se espera que los países fijen su postura, hagan aportaciones y establezcan compromisos frente a los grandes problemas que enfrenta el mundo, atendiendo a la agenda del organismo fijada en el 2020 alrededor del desarrollo sustentable, el cambio climático, el abatimiento de la pobreza, la energía asequible y no contaminante, la igualdad de género, el trabajo decente, el crecimiento económico y la educación de calidad; rubros en los que por cierto, estamos reprobados.

Al margen de tales expectativas y con la apariencia infame de un juerguista trasnochado, soltó como un mal chiste su patética perorata: "Les comento que había un avión presidencial, existe todavía, pero está en venta, ya lo rifamos y todavía vamos a venderlo", cualquier cosa que signifique este galimatías indescifrable. ¿Qué trascendencia tendrá para el mundo tal derroche de tercermundismo? ¿Será un ejemplo para los grandes mandatarios que a partir de ahora no dudarán en rifar sus flotillas presidenciales? Pero aún faltaba la cereza; traer a cuento que el odiado dictador Benito Mussolini, integrante de las potencias del eje, repudiadas por las 26 naciones que en 1942 firmaron la Declaración de Naciones Unidas, debe su nombre a nuestro benemérito de las Américas, Don Benito Juárez. ¿Con tantas cualidades presentes en los próceres de nuestra historia, que pudieran haber sido rescatadas para dar ejemplo al mundo de la grandeza de nuestra nación, tenía que echar mano de semejante ocurrencia?

Pero la vergüenza ajena es también mi esperanza, el indicio inequívoco de que un amplio sector de la población reconoce el ridículo, los zafios propósitos de un dirigente extraviado, que intenta a toda costa transformar a México en un país bananero y rezagado donde la manipulación y el mal gobierno encuentren su apoteosis.

Sobre el peor y más reprensible de los rasgos: La sobrevaloración enfermiza de sí mismo

La "hybris" del presidente y los destinos de la nación

Al margen de sus convicciones ideológicas, hay un rasgo aún más radicalizado y notorio que incapacita a López Obrador para cumplir con su obligación de gobernar sin distingos para todos los mexicanos, pues hace imposible el diálogo político, los consensos sectoriales o partidistas, el acuerdo nacional o cualquier forma de acción gubernamental concertada en la que se requiera el concurso, la opinión o la participación de todas las fuerzas sociales; tal rasgo era llamado "hybris" por los antiguos griegos y era considerado el peor de los males, la característica más odiosa y recriminable, la transgresión imperdonable que debía ser castigada a toda costa pues suponía concebirse a sí mismo por encima de su "moira", es decir, de las facultades o capacidades que cada persona tenía como herencia del destino. Me refiero por supuesto a la soberbia, esa deleznable y ridícula pretensión de infalibilidad; la misma que llevó a Ícaro a la muerte tras batir sus alas confeccionadas con plumas y cera demasiado cerca del sol, la que llevó a Apolo a matar a la numerosa prole de Níobe quien se burlaba de la diosa Leto por haber tenido sólo dos hijos. La "hybris", a menudo era seguida por "áte", la ceguera y la obcecación que conducen a la fatalidad. Y es que todo aquel que incurre en "hybris", que se supone superior a los demás, que recurre al camuflaje de la sobrevaloración enfermiza de sí mismo para compensar su ajada autoestima y sus sentimientos de inferioridad, prefigura el desastre. La soberbia jamás cederá ante ninguna pretensión o argumento de la contraparte; de ahí la sordera presidencial, la descalificación a ultranza, la infravaloración de la opinión experta, el desprecio por la intelectualidad y por la ciencia. Toda decisión emanada de su capricho resulta irreductible pues, desde su desmedida altivez, no hay espacio para el error; sus medidas y disposiciones no deben explicaciones y así, ignorando la crítica o la evidencia, se ratifican sin enmiendas a contraflujo de su irracionalidad. Pero la "hybris" explica también otro elemento característico del proceder presidencial; el menosprecio sistemático por el otro, por el "adversario", por el que asume despreciable e insignificante. De ahí su narrativa injuriosa, su compulsión a la ofensa y a la sorna.

Pero hay una consecuencia aún más funesta y preocupante; quien se encumbra a sí mismo frente a los demás, impone a ultranza sus decisiones e ideas, emprendiendo el camino sin retorno a la intolerancia y al autoritarismo. Toda opinión contraria a sus designios será despreciada y descalificada de inmediato. La "hybris" supone la exención de todo yerro; jamás rectifica ni corrige, oye sin escuchar, se regodea en sus pensamientos y considera infructuoso todo propósito que no concuerde con el suyo. Se llena la boca de "logros" y de éxitos imaginarios que se desmoronan a pedazos al paso del viento. Es prepotente, cínica y en su desmesura extrema se equipara a los dioses; de ahí el aura mesiánica de nuestro extraviado presidente, su afán inconcebible de inscribirse en la historia, de añadirse a la galería de los próceres de la patria. Pero a toda "hybris" le persigue su "áte", la inevitable fatalidad de quien se engaña a sí mismo, de quien pretende en su pequeñez suplantar a los dioses.

Los hilos invisibles de la manipulación

El poder manipulativo de López Obrador

La vida en sociedad y la expresión de las libertades individuales resultan imposibles en el marco de la anarquía. El poder como garante de las libertades, ejercido desde la transparencia y la legitimidad, apegado a códigos éticos y al imperio de la ley, abierto a la deliberación y a la crítica, ajeno a la coerción, apegado a la argumentación y a la persuasión racional, atento al bienestar comunitario y a los principios básicos de reciprocidad entre gobernantes y gobernados, favorece el consenso, promueve el avance y fortalece la cohesión de los actores sociales alrededor de las mejores decisiones. Este clase de poder, enraizado en el liberalismo de corte democrático, que pondera y propugna la igualdad ante la ley, el fortalecimiento de las instituciones, el orden constitucional, el derecho a la libre expresión, al debido proceso, a la libertad de prensa y a la propiedad privada, favorece el pluralismo y la tolerancia, y ha sido el rasgo más sobresaliente de las democracias desarrolladas que en el terreno de los paradigmas encabeza la canciller de Alemania Angela Merkel. En contraposición, ha surgido desde diversos puntos del espectro político derecha-izquierda una forma particular de poder y de narrativa política, sin más propósito que el de la autoperpetuación y el logro de la hegemonía política mediante la manipulación, la dominación y el control de las masas, que amenaza las libertades y la supervivencia de la democracia. Esta forma de poder coercitivo y perverso, ha salpicado la geografía latinoamericana y ha encontrado numerosos exponentes como Hugo Chávez y Nicolás Maduro en Venezuela, Evo Morales en Bolivia, Rafael Correa en Ecuador, Daniel Ortega en Nicaragua y, por supuesto, Andrés Manuel López Obrador en México. Se trata en realidad de un poder Maquiavélico, pues asume que el fin justifica los medios, por lo que se muestra inescrupuloso, atropellando sin reparos los preceptos de la ética o dinamitando a conveniencia los diques de la legalidad. Tal forma de entender el poder explica en México la cancelación de importantes proyectos como el aeropuerto de Texcoco o la cervecera Constellation Brands, en atención a un supuesto "mandato popular", que sirve en realidad de telón a los verdaderos motivos y fines de la acción. La decisión no es del pueblo; se impone desde las cúpulas del poder a través de una coerción mental sobre la masa, que apela a una dimensión instintiva e inconsciente de la mente colectiva, que acicatea odios y viejos rencores de corte clasista para inclinar la balanza en el sentido pretendido, para que ocurra ese acto deseado que, en el imaginario popular, consumará la venganza por el rezago social. De ahí la necesidad de alimentar el encono, de hurgar en el pasado, de resaltar a toda costa las diferencias de clase, de fomentar la división, o de encontrar a los "responsables" de la desgracia popular; un juego manipulativo simple y tendencioso. Cabe destacar que en este engaño malicioso, el pueblo está excluido de las decisiones trascendentales, aunque se le haga creer que dirige la orquesta. Ni siquiera en la consulta popular ejerce su capacidad de análisis racional, pues emite su opinión en un estado mental de alineación. ¿Qué respuesta, por ejemplo, cabría esperar en una consulta sobre un eventual juicio a los expresidentes de México tras la repetitiva perorata presidencial que los presenta como los responsable inequívocos de todas las desgracias?

No cabe duda alguna, enfrentamos a un hábil prestidigitador que intenta mantener invisibles los hilos de la manipulación; de ahí que todo intento de desciframiento, toda crítica o todo intento de análisis racional sea automáticamente descalificado; de ahí la intolerancia, los ataques reiterados a la prensa, las descalificaciones de la ciencia o de la intelectualidad; todos serán combatidos bajo el mismo esquema, agregándolos a las filas de los "enemigos del pueblo", a las élites

rapaces ", a los "depredadores del bienestar ". No extraña pues la división y el encono, la polarización y el enfrentamiento, la imposibilidad de conseguir los acuerdos de unidad. Debemos estar prevenidos; el poder manipulativo amenaza la vida democrática y presagia la escisión y el combate entre mexicanos.

De la imprudencia, la soberbia y la impericia: Las enseñanzas del mito de Faetón

López-Gatell o el "Faetón" de la pandemia

El poder o los asuntos de gran transcendencia e importancia no pueden ser encomendados a quien demuestra ser incapaz de manejarlos; el que sobrestima sus capacidades personales engañado por la imprudencia, el desconocimiento, la ambición, la inexperiencia o la soberbia, aporta el ingrediente más común en la fórmula de los desastres.

De acuerdo con un antiguo mito griego, Faetón fue el hijo ilegítimo de la Ninfa Clímene y de su amante Helios, el Dios-Sol, que día tras día iluminaba la tierra con su radiante corona, conduciendo por los cielos una veloz cuadriga de la que tiraban cuatro briosos corceles. Faetón se ufanaba constantemente de su origen solar y se jactaba de su linaje divino, hasta que sus aseveraciones fueron puestas en duda por uno de sus amigos.

Aguijoneado por la incertidumbre, pidió a Clímene una prueba clara de que Helios era su padre. Conmovida, juró a Faetón que era hijo del sol y para mayor satisfacción, le indicó que se encaminará a la mansión de su progenitor, quien podría dar fe de sus palabras. Una vez frente a Helios, le suplicó que disipara su zozobra. El Dios le aseguró que Clímene no mentía y, para despejar toda duda, juró concederle cualquier cosa que pidiese. El sobresalto que le causó su inusitada petición, pronto cedió el paso al arrepentimiento: Faetón deseaba conducir el carro del sol y, al mando de los alados caballos, trazar el curso del reluciente astro. En vano Intentó disuadirlo haciéndole notar que ni siquiera Zeus, soberano del Olimpo, sería capaz de conducir el carro. Todo fue en vano: Faetón ocupó su sitio en la cuadriga y los caballos emprendieron su curso ascendente. Incapaz de reconocer el camino y de gobernar a los impetuosos corceles, fue embargado por el miedo. Al fin soltó las riendas y los caballos sin rumbo, desbocados y enloquecidos, embistieron las estrellas. Luego descendieron y en vuelo rasante, desecaron la tierra y quemaron a su paso la línea del Ecuador. Faetón contempló entonces las llamas sobre el mundo y los secos océanos. Para evitar un mayor desastre Zeus derribó a Faetón con su fulgurante rayo.

Así, quien ahora intenta conducir las acciones y domar el irrefrenable curso de la pandemia, ha perdido las riendas y, extraviado en su curso, lo ha quemado todo a su paso; sólo es capaz de contemplar impotente su rastro de muerte y destrucción, la desolación y la desgracia con la que su negligente proceder ha enlutado a miles de familias.

Ni en su desmedida soberbia conseguirá corregir el errático curso de los briosos corceles, mientras las víctimas de su impericia esperamos ansiosos el rayo flamígero que derribe por fin al Faetón de la pandemia.

De cómo los rufianes y los espíritus vulgares "fomentan la cultura"

Tiempo de usurpadores

"La vulgaridad es el blasón nobiliario de los hombres ensoberbecidos de su mediocridad: la custodian como al tesoro el avaro. Ponen su mayor jactancia en exhibirla, sin sospechar que es su afrenta".

José Ingenieros

No es de extrañar que el presidente López Obrador haya calificado a Paco Ignacio Taibo II como un "gran intelectual con una vasta dimensión social": En su ajustado cajón de las ideas, en su retorcida visión del mundo, la sumisión se equipara a la valía, el fanatismo a la convicción, el servilismo a la lealtad, la pertinacia a la firmeza de carácter, el dogmatismo al fervor por la verdad, el apetito de notoriedad a la ambición intelectual, la incontinencia verbal a la claridad y la elocuencia, la complicidad al mérito, la cortedad de miras al pragmatismo. Soez, vulgar, maledicente y coprolálico, atrófico de cerebro y largo de lengua, el director del Fondo de Cultura Económica, fiel al perfil de su benefactor, impregnado de la misma intolerancia y fanatismo, enceguecido por la inflexibilidad de sus corsés ideológicos, se lanza furibundo en contra del que disiente, del que no empata con sus amojonadas creencias, con su reducida concepción de la realidad, ajena a la diversidad o a la libertad de pensamiento. Si estuviera a su alcance implementaría el terror, convocaría a la quema de libros, reconstruiría los campos de exterminio o restauraría la inquisición. Proscribiría en masa a todo el que se le opusiera o encendería la hoguera para quemar a los herejes. Su visión en blanco y negro no distingue matices; de ahí sus ataques despiadados, su diarrea verbal, su descaro combativo al amparo del poder.

Como un hueco cajón de resonancia, el esbirro se une ahora a la intolerancia oficial, invitando al historiador Enrique Krauze y al periodista Héctor Aguilar Camín a que se cambien de país. No me sorprende; jamás el Sancho Panza de la inmediatez, de los apetitos, de la vulgaridad y el desenfado, entenderá por qué el Quijote arremetió contra los molinos. Es tiempo de usurpadores; la pequeñez quiere llenar ahora el espacio de los grandes. Pero ni las más prístinas aguas disimularán la podredumbre, que inevitablemente hiede y flota. Las aportaciones de Krauze al entendimiento de nuestra historia y sus reiterados señalamientos de los abusos del poder son irrefutables, pero están fuera del alcance de esta clase de seudointelectuales mediocres, que ahora aplauden y festejan a rabiar el más descarado autoritarismo del que tengamos memoria. Culmino señalando algunas de las frases célebres de tan desafortunado personaje, que sus leales querrán grabar en letras de oro como legado a la posteridad:

"Niños y niñas aquí presentes, vamos a abolir el machismo a putazos".

"Si (las empresas) te quieren chantajear, Andrés Manuel, exprópialos. Chinguen su madre, exprópialos".

"Un presidente de México puede gobernar por decreto presidencial, como hizo Cárdenas en su día".

"Sea como sea, se las metimos doblada, camarada" (jactándose de que sería director del fondo a cualquier precio, y a pesar de la ley).

¡Menudo barbaján barriobajero! !Otro elemento más en el estercolero de los impresentables!

El camino de la ineptitud, la negligencia y la degradación moral

De la ineptitud a la podredumbre moral

Nadie pone hoy en duda la nefasta gestión gubernamental de la pandemia por Covid-19 en México, calificada a nivel mundial como errática, ineficaz y desestructurada. Los numerosos errores y omisiones han sido destacados y analizados en un completo documento preparado por seis ex secretarios de salud de México. En retrospectiva resulta evidente, tal y como lo señalan, que la severidad de la epidemia inicial y el alto riesgo del virus fueron claramente subestimados. Desde el podio mismo del ejecutivo, se minimizó continuamente la amenaza y se conminó a la población a continuar con su vida. Las medidas sanitarias iniciales tuvieron un carácter limitado con escasas restricciones a la movilidad y tímidas medidas de confinamiento. La información epidemiológica recabada fue por demás insuficiente y, a pesar de los reiterados llamados de la OMS, se persistió en la incomprensible negativa a realizar las pruebas recomendadas y el seguimiento de los contactos. Esto supuso la adopción de un modelo pasivo de atención sanitaria, limitado exclusivamente a recabar los datos de aquellos enfermos que, debido a su estado crítico, acudían a clínicas, hospitales y centros de salud, dejando de lado la búsqueda activa de contactos. El subregistro resultante de contagios y muertes, aunado a la naturaleza precaria e incompleta de la información que a menudo carecía de validez estadística, explicó en parte la imposibilidad de prever la trayectoria y los picos críticos de la pandemia. Por si esto fuera poco, cabe agregar a la fórmula de la tragedia una ausencia de coordinación nacional, que obligó a los gobiernos estatales a implementar medidas regionales heterogéneas e inconexas; un inapropiado aleccionamiento público sobre la conducta a seguir, con mensajes inconsistentes, ambiguos, confusos e incluso contradictorios sobre las medidas de prevención, la búsqueda de atención médica, las condiciones de aislamiento o de confinamiento, etc.; una reducción del gasto en salud, con renuencia evidente a los ajustes, compra a destiempo de insumos y equipamiento médico, contratación tardía de médicos y enfermeras, y un claro desorden administrativo.

Hasta este punto podríamos situar la respuesta gubernamental y sanitaria en el terreno de la ineptitud. Sin embargo, existen algunos aspectos que sobrepasan este plano: La desprotección del personal sanitario por la falta de equipamiento médico ha posicionado a México en el primer lugar mundial por el número de muertes en trabajadores de la salud; la negación anticientífica del uso de mascarillas ha ocasionado sin duda muchas muertes que pudieron haber sido evitadas. Estos datos nos sitúan ahora en el ámbito de la negligencia.

Pero hay una dimensión aún más reprochable, aún más nefanda y vergonzosa: La descalificación a ultranza de toda recomendación, de todo consejo, la soberbia y la ironía detrás de la ignorancia, en medio de los muertos y el dolor; la trivialización de la catástrofe, la impudencia supina del que a falta de ideas, califica de complot político lo que es incapaz de comprender; la compra de 500 millones de pesos en fracciones de la lotería para ser obsequiados a los hospitales, con la esperanza de que el dinero de los ganadores logre comprar al fin lo que el gobierno de este presidente le ha negado a la nación. Estamos ahora en la última dimensión: La de la degradación y la podredumbre moral.

Reflexiones sobre las variables históricas que inciden en el fracaso y el retroceso social

Las señales inequívocas del naufragio

En su extraordinario libro "Biografía de la humanidad", el filósofo José Antonio Marina y el historiador Javier Rambaud, postulan que la cultura no es sino un cúmulo de soluciones a los problemas estructurales comunes que aquejan a la humanidad.

En algunas épocas y latitudes, la convergencia de las mejores soluciones ha permitido al hombre construir esa realidad específica a la que aspira y en la que a todos nos gustaría vivir. Pero a decir de los autores, esos grandes momentos de la historia que suelen proyectarnos hacia adelante en el devenir evolutivo y que pueden traernos la anhelada felicidad, se ven a menudo obstaculizados por cinco grandes fuerzas que bloquean el avance y prefiguran el colapso y el retroceso social: El dogmatismo, el odio, la ignorancia, la pobreza extrema y el miedo

Cabe preguntarse ante esta perspectiva: ¿Hacia dónde marcha nuestro país? ¿Estamos viviendo, como se afirma, un proceso de cambio hacia un estado de bienestar? ¿Tenemos la posibilidad de romper con el pasado y establecer un nuevo orden más justo y reconfortante? ¿Nos adherimos realmente a las mejores decisiones en este gran plebiscito que es la historia? ¿Hemos eliminado en el horizonte de la nueva política los señalados obstáculos?

Todo parece indicar que transitamos por la senda incorrecta; las señales del desastre se antojan inequívocas:

El dogmatismo rampante de un gobierno acartonado, impermeable a la crítica y reacio a la rectificación, encasillado en principios ideológicos que considera inmutables, indiferente a la las lecciones de la historia, resistente al análisis racional, inconcuso ante el cuestionamiento.

El odio como bandera, la capitalización del rencor, el encono sembrado desde las cúpulas del poder, la instrumentalización del rezago y del resentimiento social, la profundización de las heridas, la obsesión por el pasado, el encauzamiento de viejos agravios al servicio de la venganza.

El imperio del miedo y la censura, de la descalificación y el ataque, de la criminalización del enriquecimiento honesto, de la ley aplicada a modo o sujetada al capricho de una multitud aleccionada. La condena que se fija desde el podio o el perdón que se otorga a conveniencia.

El encumbramiento de la ignorancia y el dominio de la mediocracia, el combate a la intelectualidad y el desprecio por la ciencia.

La pobreza extrema manipulada a placer, conveniente a la compra de voluntades, a la coerción política, al apoyo incondicional que se garantiza con la dádiva, que se empeña o se otorga para calmar el hambre.

En fin, el inevitable naufragio de nuestra historia.

La ambición de poder como enemiga del bien común: El gobierno de los malvados

¿En el peor momento el mejor gobierno?

"En el peor momento México cuenta con el mejor gobierno", reza el nuevo eslogan de lo que sea que signifique la cuarta transformación. Ante la peor debacle económica de la que se tenga memoria y frente a la aplastante evidencia de los desastres sin parangón que marcan hoy día todos los escenarios posibles del ejercicio gubernamental, el discurso se antoja inverosímil y parece revelar una nueva fase de esquizofrenia política que ha perdido todo contacto posible con la realidad circundante. El Gran Mariscal proclama la victoria cuando su pueblo entero y sus ejércitos todos, yacen ensangrentados en el campo de batalla. De acuerdo con el historiador Carlo Cipolla, existen cuatro tipos de hombres: los incautos, que atraen el beneficio de los demás aún a costa de ellos mismos; los inteligentes, que procuran el beneficio propio y el ajeno; los malvados, que persiguen sólo su provecho personal, y los estúpidos, que hacen mal a los demás sin ningún provecho individual o incluso a expensas de un daño en el proceso. No anticipemos conclusiones, en este orden de ideas el actual gobierno pertenece claramente a la categoría de los malvados: El bien común ha quedado relegado a un segundo plano y sólo prevalece la ambición de poder. Ha logrado atrapar a un amplio sector de la población, especialmente vulnerable, al que ha convencido de la legitimidad de sus acciones mediante un barniz de buenas propósitos, que disfrazan su intencionalidad perversa y explotadora. Perversa, en tanto que las víctimas son incapaces de leer, en el marco de la desinformación o la ignorancia, las verdaderos intenciones ocultas en la narrativa política; explotadora, en la medida que se emplean tácticas y estrategias para ejercer el control, apoyadas en la vulnerabilidad de amplios sectores de la población, que instrumentalizan emociones o creencias básicas como el resentimiento social, el prejuicio, el odio, los nacionalismos, la reivindicación social, las ilusiones, el miedo o incluso la fe, para ejercer en el otro su dominio ilegítimo. No se trata de persuasión, sustentada en el conocimiento y basada en el respeto a la libertad que tiene el otro de creer o de actuar; se trata de reconocer los sentimientos del otro, no para entenderlos en el sentido de la empatía, sino para encauzarlos y aprovecharlos en beneficio del manipulador. Se trata en realidad de un acto deleznable que, aprovechándose del acceso preferencial al discurso público, revestido de demagogia y de mentiras, busca insertar en la mente de sus interlocutores los esquemas mentales deseados en provecho propio. De este modo, se consigue aparentar que es la voluntad popular la que rige las decisiones; pero éstas no se basan en el conocimiento popular, se imponen a partir de la desinformación y la ignorancia o, peor aún, valiéndose del rencor que el propio gobierno genera para promover la división y el enfrentamiento social; todo para situar al manipulador, en último término, en una posición de privilegio.

"En el peor momento, el gobierno de los malvados"

El deleznable proceder de los hipócritas: El arte de esconder la mezquindad

El Tartufo de la política

Mostrarse como lo que no se es, fingir cualidades, convicciones o sentimientos que en realidad no se tienen, proclamar un principio que en conciencia se desprecia, o actuar en contrario a la ética que se pregona, supone siempre una naturaleza hipócrita, una esencia falaz y engañosa que a través del simulacro o apoyada en el ocultamiento, esconde siempre una intención distinta: Instalarse en un lugar de privilegio, encaramarse en el poder, atrapar al incauto, aprovecharse del que confiadamente se fía de lo que oye sin ahondar en el discurso, sin cotejarlo con el actuar o el proceder de su interlocutor. Las pretensiones más loables, los sentimientos más nobles, los propósitos más excelsos o las intenciones más encomiables, son a menudo el oropel del fingimiento, la máscara delante del rostro, el perfume que disfraza las más execrables inmundicias.

Pero el telón es siempre frágil y poroso. Bajo el reluciente manto con que se envuelve el hipócrita, hierve incontrolable su verdadera esencia, su inconfundible condición: La que descalifica y repudia la virtud que le es ajena, la que subestima y minimiza el logro que no alcanza, la inteligencia que no iguala, la capacidad que le supera, la grandeza que lo opaca, la lealtad que desconoce, la sensatez que lo evade, la integridad que desprecia.

Me pregunto señor Presidente: ¿A qué invocar la concordia y pregonar la unidad, sólo para boicotearla con su discurso incendiario, con sus resabios clasistas, con su labia negligente, siempre rayana en la confrontación, cercana al insulto o empantanada en la afrenta?

¿A qué tanta gazmoñería plagada de reproches si su moral acomodaticia se aplica al que le estorba, si es flexible a sus intenciones o ajustable a sus conveniencias, si es pronta en señalar con dedo flamígero los pecados de sus adversarios, pero perezosa y sumisa ante la podredumbre de los suyos?

¿A qué tanta alharaca por su combate a la corrupción, cuando aplica la ley a discreción o la somete al arbitrio del pueblo, como si fuera letra muerta o un pasquín escrito a modo? ¿Cómo hablar de transformación o de sacar a flote a este país empobrecido cuando contempla impávido el fluir de los muertos, el espectáculo grotesco de las mujeres violentadas, de los niños consumidos por el cáncer, de los angustiados padres que pierden su empleo, de los que caen abatidos por el crimen o los que lloran impotentes frente a sus mesas vacías? ¿Cómo creer que saldremos indemnes del desastre económico, si malgasta su tiempo en un sorteo, si vitupera al empresario y ahuyenta al inversor, si cancela a mano alzada los proyectos de los mexicanos, si consume días enteros rumiando el pasado, fabricando culpables, creando su nuevo y absurdo modelo de bienestar en el que es reprobable aspirar a la comodidad, a un buen salario, a un futuro digno, a viajar por el mundo, a tener un buen auto o una casa digna con el fruto de nuestro trabajo? ¿O es que, quizás, le cuadra la miseria de aquel al que somete con su dádiva interesada? ¿O es acaso que debemos vivir, conforme a su receta, de las aportaciones "altruistas" a nuestras insignes causas?

¡No señor, reprobaré el proceder de los Tartufos de la política hasta que sucumba en mi cerebro la última neurona!

De los peligros que supone la promoción del odio, la desvalorización y el prejuicio

El discurso del odio

Prolijo en calificativos, descalificaciones, categorizaciones inútiles, alusiones clasistas o arcaicas referencias a las viejas corrientes ideológicas que otrora protagonizaron las grandes confrontaciones de la historia de México, el discurso de López Obrador nos inserta siempre, de manera directa o soterrada, en una trama de confrontación y polarización, con la que mantiene viva la dinámica de pugna y de enfrentamiento que lo llevó al poder. Señoritingos, fifís de sangre azul, médicos materialistas, intelectuales orgánicos, élites rapaces, mafiosos del poder, pirruris, ñoños, politiqueros, malandros, neoporfiristas, maiceados conservadores, neoliberales y una larga lista de similares adjetivos, forman parte de su léxico cotidiano, de su incontenible verborrea visceral que, impregnada de prejuicios y de generalizaciones erróneas, se ocupa de sembrar el odio, la animadversión, el repudio o el rencor contra sus "blancos" ideológicos. Lejos de fomentar la unidad, el concurso y la colaboración de todos los estratos y sectores de la sociedad, al margen de filiaciones, condición social, ocupación o posicionamiento político, el lenguaje incendiario del presidente se afana en desvalorizar, degradar, ridiculizar, denigrar y promover prejuicios que sólo fomentan un clima de encono y de hostilidad social, que nada abona al progreso de nuestra nación.

Pero esta retórica maliciosa con la que pretende envenenar las mentes y los corazones, con la que intenta sembrar en el imaginario colectivo los estigmas, suspicacias, estereotipos o prejuicios que sirven a sus propósitos partidarios, al combate de sus "enemigos" ideológicos o a sus pretensiones insaciables de poder y de control, no resulta inocua: Incita a la violencia en contra de aquellos individuos o grupos que su discurso ha situado en el foco de su odio o en el epicentro de su descalificación. Cabe preguntarse en este orden de ideas, ¿quiénes pertenecen a la tan vituperada y vilipendiada categoría de los fifís que tan enfáticamente ha denostado nuestro mandatario? ¿Yo, quien tras haber estudiado dos carreras universitarias y dos especialidades médicas, gozo de un cierto bienestar, fruto legítimo de 25 años de estudio y de mi trabajo honesto? ¿Tú, qué tal vez has construido un negocio con esfuerzo y con dedicación, que te permite vivir dignamente y cumplir con tus obligaciones frente al estado? ¿O Usted, que con su ahorro y con el sudor de su frente se ha comprado un auto nuevo o ha salido a unas merecidas vacaciones en un hotel de lujo? Nadie, porque los dardos del prejuicio no saben de nombres y se desplazan a tientas en la niebla de las generalizaciones; todos, porque el propósito oculto es acicatear el odio contra aquellos que considera un obstáculo en el camino de su retorcido e intolerante "proyecto de nación".

No le asombre señor presidente que un sector de la población le ataque con encarnizamiento sólo porque su hijo se divierte en una playa cualquiera: Ningún pecado implica ciertamente, como tampoco el que un empresario que arriesga su capital, paga sus impuestos y contribuye a generar riqueza, reciba una ganancia justa a cambio de su inversión, o que alguien se muestre en desacuerdo con su visión política, o aspire a una vida cómoda y holgada.

¿Que esperaba recoger? ¡Sólo se cosecha lo que se ha sembrado!

Sobre los rasgos que se oponen al progreso: Intrascendencia, superficialidad, visión autocrática, cerrazón ideológica y anclaje en el pasado

Los rasgos distintivos de la 4T

Cada gobierno adopta un rostro, un perfil, una voz, una postura y un carácter determinados que, al conformar su fisonomía, lo hacen reconocible frente al espejo o de cara a los demás; un conjunto de rasgos, simbolismos, planteamientos, creencias, proyectos y convicciones que fundamentan y moldean su identidad colectiva.

Tales elementos identitarios, impulsan su proceder político y dan rumbo al conjunto de acciones gubernamentales que en materia de salud, educación, desarrollo económico, combate a la delincuencia, trabajo, progreso social, seguridad, cultura o inversión, prefiguran y esculpen el destino de los pueblos. Cabe preguntarse así, a tres años de iniciada la presente administración, ¿cuáles son las características emblemáticas y definitorias de su ejercicio gubernamental? ¿Qué rasgos de la 4T descuellan como las peculiaridades inconfundibles de su quehacer político? A mi juicio, como una mancha en la frente o una malformación inocultable, destacan cinco elementos que por su frecuencia y cronicidad, se han convertido en los rasgos distintivos de sus empresas y su narrativa: La intrascendencia, la superficialidad, la visión autocrática, la cerrazón ideológica y el anclaje en el pasado.

Una intrascendencia que se estanca en lo circunstancial, en la esterilidad de la retórica y en la fatuidad del discurso, que plagada de promesas y varada en la inacción, se aleja inevitablemente de las estrategias de fondo que transforman y mejoran la vida de los ciudadanos; una intrascendencia que se nos ofrece inútil en la compulsiva repetición de interminables mañaneras, rellenadas sin pudor con peroratas y ocurrencias.

Una superficialidad que, próxima al insulto, evade y banaliza los peores flagelos, que enfrenta el embate inmisericorde de una mortal pandemia con el poder de un "detente", con formulismos y dislates que desprecian la ciencia, con austeridad republicana que adelgaza los recursos y que priva a los enfermos del elemental cuidado; una frivolidad que pretende enfrentar la criminalidad más sanguinaria con el rigor de un regaño, la bondad de un abrazo o el llamado al orden de una tierna abuelita, que reprueba las aspiraciones legítimas de un pueblo que, acordes con su humana naturaleza, pugnan por la prosperidad y la riqueza, por el disfrute y el goce de una vida holgada, que no conseguirá saciarse con su par de zapatos ni con la dádiva tramposa de su subsidio miserable.

Una visión autocrática que desconsidera y desconoce el valor de los demás, que impone su voluntad a ultranza, que encapsulada en su soberbia megalomaniaca se vuelve sorda a la recomendación, desdeñosa frente a la experiencia, ciega ante la innegable contundencia de los hechos o las consecuencias.

Una cerrazón ideológica que no admite sesgos ni disensiones, que repudia los señalamientos y descalifica la evidencia, que de espaldas al mundo y a la modernidad se encierra en su anacrónica visión, en su hermetismo autista impermeable a la crítica, ignorante del cambio y de los retos del porvenir, que en su intolerancia desmedida encasilla al que difiere en el cajón del adversario, que censura y estigmatiza al que cuestiona o pone en tela de juicio su férrea ideología.

Un anclaje en el pasado que rumia el rencor, que nos devuelve a los viejos enfrentamientos de clase, o a las arcaicas confrontaciones entre liberales y conservadores, que rescata los antiguos agravios para atizar en sus fieles la división y el rencor.

La reflexión no es ociosa pues marchamos en sentido contrario a los valores que fomentan el avance y el progreso de nuestra nación: La trascendencia, el cambio profundo, la visión democrática, la apertura ideológica y la proyección hacia el futuro.

De las farsas y los espectáculos grotescos con que se sacia al populacho

¡Mordimos el anzuelo! Bienvenido Lozoya

Benditas coincidencias de nuestra tierra pródiga; los vientos de la casualidad, la inesperada conjunción de los astros, el imprevisible y caprichoso azar, nos han traído al ansiado testigo: Este ímprobo e impresentable personaje que, a decir de sus captores mostrará a la concurrencia, sin ambigüedades ni artilugios, la inmoralidad y la podredumbre del viejo conservadurismo frente al inmaculado rostro de la gestión en turno.

Habrá que esperar sin embargo la veraz declaratoria; lleva su tiempo el repasar los parlamentos, el verificar sin reservas que cumplirá con la encomienda.

No debe haber lugar para la duda o la desconfianza. Deberá estar dispuesto a enlodar a su propia madre si fuese necesario, pero no os preocupéis; se trata de un testigo a la medida, apegado al guión, fiel a la consigna, ajustado a los tiempos y a la dosificación del escándalo, en justa y perfecta sincronía con la narrativa gubernamental. Estéril en evidencias, aunque prolífico en revelaciones; un testigo maleable y cómodo que, a cambio de impunidad, admitirá en su boca acusaciones y nombres.

Los señalados irán fluyendo a modo y de acuerdo a lo esperado hacia el banquillo de los sentenciados, para ser llevados al patíbulo sin juicios ni evidencias. En este linchamiento sumario de corte popular, nada o poco importan las reglas y las formas; el debido proceso, la prescripción de un delito o la presunción de inocencia, son tan sólo formulismos inútiles que podrían empañar el anhelado espectáculo.

Debe correr la sangre; las bestias serán acicateadas para que muerdan sin piedad, las pruebas vendrán después, si es que vienen. Da igual, nada importan esos pormenores a quien orquestó la farsa; mordimos el anzuelo.

El pueblo entero abarrota el graderío de este circo gigantesco para observar el grotesco espectáculo, para ver correr la sangre a borbotones, aunque afuera de la arena y en torno al Coliseo, la peste se ensañe con la gente y los muertos se apilen en las calles; aunque la miseria, el desempleo y el hambre azoten sin clemencia los campos y ciudades, las víctimas tendidas en la arena habrán de saciar las pupilas del populacho. El caos y la violencia quedarán para después…¡La función ha comenzado!

A propósito del homenaje de "silencio" a los muertos de la pandemia en México

El silencio presidencial

Los muertos Señor Presidente, no reclaman sus silencios, tampoco esas pausas ceremoniosas y vanas con sabor a circo, con esencias de simulación, que a toque de clarín nos recuerdan su desdén, su actitud omisa, sus golpes presupuestarios a la deseada salud, su negativa incomprensible a ponerse un barbijo.

No estos silencios que tan rápido abandona, que en su pose de prócer transita con celeridad para volver de nuevo a su discurso fatuo, al demagógico guión que le rige y le complace. No estos silencios carentes de trasfondo, inútiles cual plañidera de entierro; huecos homenajes desfasados que no traerán de vuelta a los enfermos que abandona. No estos silencios que gritan su descuido, su falta de ejemplo en los cuidados, su austeridad insensata que dispensa a cuentagotas los medicamentos que no compra, las pruebas que no practica, el consuelo que no procura.

No, si son la única respuesta que articula desde el podio mientras miles agonizan a la puerta de los hospitales, aguardando impacientes la cama salvadora, el medicamento que no llega, los recursos que no fluyen. No los silencios vacuos con los que enjuaga su conciencia para construir entonces su tren sobre los muertos, o rifar el avión entre las viudas u organizar un desfile para huérfanos.

Sus médicos señor no demandan el aplauso; no el que los alienta a marchar hacia el abismo, a inmolarse en el engaño de la desprotección y el desamparo. No el que reemplaza al verdadero reconocimiento de un contrato permanente, del equipamiento oportuno, del sueldo justo; no cuando desprecia su ciencia y sus consejos, mientras el "Rasputín" de Palacio le endulza los oídos, le "ajusta" los muertos, le procura oportuno sus resultados a modo y le brinda justificación con su chamánico ocultismo a la inaudita negligencia de no emplear un cubrebocas.

No cuando desprecia la capacidad de sus galenos mientras ensalza la sapiencia de una isla remota, de la que ha importado a precio de oro a sus "desinteresados salvadores cubanos" con los que comparte sus aspiraciones y su anacronismo ideológico.

!No me prodigue sus silencios ni su aplauso!

De quien supone que la realidad desaparece con solo ignorarla: Los errores del pensamiento mágico

El primitivismo mágico de López Obrador

Abrir los ojos a la realidad, recogerla en su justa dimensión y entender bajo una lógica razonable las secuencias causa-efecto y los mecanismos que la explican, es premisa fundamental si se pretende modificarla.

Entre la transformación del mundo y la voluntad de cambio, debe operar el engranaje de la acción. El pensamiento mágico, propio de la infancia o del hombre primitivo, atribuye al deseo propiedades modificadoras; supone una facultad inexistente, una voluntad personal imbuida de omnipotencia, que desafía e ignora las leyes de la causalidad.

Esta forma rudimentaria de pensamiento, salpicada a menudo de rituales, supersticiones, amuletos, simbolismos, "detentes" y asomos proféticos, es el rasgo fundamental, la característica distintiva e inconfundible de quien ahora nos gobierna. Anunciar una y otra vez el inminente fin de la pandemia, en tanto se priva al sistema de salud de los necesarios recursos, se escatima en pruebas médicas, se conmina a la población a ignorar la amenaza, se convoca a los abrazos, se alienta con el mal ejemplo la inobservancia de los cuidados, se insta a una precipitada y descuidada normalización de la vida pública y se privilegia la ideología política sobre los más elementales preceptos de la ciencia, revela como fondo un dislate mesiánico, un primitivismo mágico que supone la posibilidad irrealizable de suprimir la realidad con solo ignorarla.

Similares implicaciones conlleva el afirmar que saldremos adelante, toda vez que sumidos en la peor crisis económica y social de la que se tenga memoria, se insiste en rescatar con recursos del estado nuestra golpeada industria petrolera, que sólo en lo que va de la presente administración ha registrado pérdidas por más de 900 mil mdp; si se concede al capricho de un mandatario o a la presunta bondad intrínseca de un "pueblo", poderes extraordinarios para anular sin miramientos los proyectos de los mexicanos, entre el más absoluto desprecio por las leyes y los procesos institucionales que representan el sustento y la certeza jurídica de la nación entera.

¿Cómo lograr el anhelado progreso si ante la pérdida de 12 millones de empleos se condena a la quiebra a millares de empresas, abandonándolas a su suerte como si perteneciesen a una nación extraña o a un país remoto? ¿Cómo salir del abismo si en medio de las más abultadas cifras de homicidios dolosos, feminicidios, violencia contra las mujeres, asesinatos del crimen organizado, secuestros y extorsiones, la estrategia toral contra el crimen apela a los sermones moralizantes o al poder persuasivo de las abuelitas?

¿Cómo salir de la debacle económica que ha conducido a una caída del 12% en los bienes y servicios finales que produce nuestra nación, cuando se ocupa la agenda pública en la rifa de un avión, en el desfile patrio o en el circo mediático de un "soplón" llamado Lozoya al que se le ha perdonado hasta el último pecado?

No es de extrañar la popularidad de las ocurrencias, hechizos y encantamientos, con los que nuestro mandatario subyuga a sus desprevenidos seguidores, que asombrados por sus trucos y sus artilugios baratos, aletargados por su ilusionismo y sus malabarismos ideológicos, suponen posible el crecimiento espontáneo; sin trabajo sostenido, sin el concurso indispensable de las fuerzas productivas que impulsan al país, sin inversión foránea, sin el capital de la iniciativa privada, sin proyectos ni planes concretos para combatir el flagelo de la inseguridad, la violencia o la pobreza.

La negación sistemática de la realidad que subyace al pensamiento mágico es siempre el trasfondo del engaño. ¡No lloverá en la sequía, aunque bailemos a un tiempo la danza de la lluvia!

No hay recurso demagógico que consiga silenciar los gritos de la realidad

A medida que transcurría su discurso, iban creciendo en mis adentros la furia y la indignación. Detrás de Usted, como un gran telón de fondo, se erguía el gigante alado, el magnífico avión presidencial recién lustrado, meticulosamente dispuesto en su imponente montaje, para incitar y aguijonear hasta el hartazgo el resentimiento de la gente; brillante en su magnífico escenario, desplegaba sus alas gigantescas para acoger complaciente su demagogia electorera.

Pero atrás de la mampara de acero, camuflada por la inmensa mole voladora, asomaba insistente la verdad lastimosa, esa que tanto nos duele y que tan celosamente esconde debajo de la alfombra; la realidad de los niños con cáncer, que su macabra austeridad Republicana ha condenado a morir en la desolación del desabasto; la de las miles y miles de personas que muy pronto morirán por Covid-19, conminadas por sus fieles "matasanos" a salir a las calles sin la mínima protección de un cubre bocas, y que recorrerán el vía crucis de las calles buscando al fin el hospital que los acoja; la de un gobierno que horada con su tren nuestras hermosas selvas, aunque jamás se subirán en él ni los menos pobres de entre los pobres; la de los 12 millones de personas que perderán su empleo mientras Usted organiza subastas de calzones y ofrece a sus pobres el espejismo de la lotería; la del horror de los secuestros, la de esas 10 mujeres que mueren a diario asesinadas frente a su imperturbable indiferencia; la de un Presidente que cancela por sus fueros las obras de los mexicanos, atribuyéndole al pueblo la responsabilidad de sus errores; la de una economía que se desmorona a pedazos mientras Usted ahuyenta la inversión extranjera y ataca sin piedad a nuestros propios empresarios; la de una pobreza rampante que añadirá a sus filas, sólo en este año, a más de 10 millones de personas, mientras Usted reconforta su miserable existencia asegurándoles que no importa el dinero sino la alegría de vivir; la de un gobierno que acoge en su país a dictadores de otras naciones, que el mundo entero ha repudiado, para darles asilo y elogiar con empalago sus infames gestiones; la de un combate a la corrupción, que ha sido ciego ante los leales y los que se esconden y resguardan al interior de su casa; la del retorno a los regímenes más malvados y abominables de la historia, donde el pueblo o el capricho de un mandatario deciden a quién se juzga, se perdona o se condena.

¡Esa NO es la nación con la que sueño! NO esa que destina 70 millones de pesos a una escuela de béisbol, cuando no encontramos ni siquiera un lugar para los muertos; NO esa que ante la desgracia sanitaria y económica más grande de nuestra historia, anuncia con bombo y platillo su "grito y su desfile". NO esa que le pide a todos los que aspiramos a crecer en un país rico, sin carencias, sin rezagos, con libertades, seguridad y justicia, que se conformen con una República decadente y "bananera".

¡Nada me importaría a mí, y seguramente a ninguno de los ciudadanos de este país, que Usted viajara cómodamente en el lujoso avión que tanto repudia, si fuera al menos la mitad del presidente al que aspiramos los mexicanos!

ACERCA DEL AUTOR

Dr. Javier González Maciel

Curso sus estudios universitarios en Psicología Clínica, es médico cirujano especialista en Cardiología con una alta especialidad en Cardiología Intervencionista en México y en Madrid, España, Jefe de Hemodinamia y Cardiología Intervencionista y Titular del Curso de Posgrado de Cardiología Clínica de la UNAM. Actualmente es profesor universitario en la UP, Director Médico en la Industria del Reaseguro, columnista de "El Punto Crítico" y conferencista para América Latina.

www.ingramcontent.com/pod-product-compliance
Lightning Source LLC
Chambersburg PA
CBHW061927270726

48659CB00004BB/1012